"十四五"时期京津冀协同发展的新格局

刘秉镰　张　贵　等著

南闱大學出版社

天　津

图书在版编目(CIP)数据

"十四五"时期京津冀协同发展的新格局 / 刘秉镰
等著. —天津 : 南开大学出版社,2021.12
　　ISBN 978-7-310-06176-1

　　Ⅰ.①十… Ⅱ.①刘… Ⅲ.①区域经济发展－协调发
展－研究－华北地区 Ⅳ.①F127.2

中国版本图书馆 CIP 数据核字(2021)第 240393 号

"十四五"时期京津冀协同发展的新格局
SHISIWU SHIQI JINGJINJI XIETONG FAZHAN DE XINGEJU

南开大学出版社出版发行
出版人:陈　敬
地址:天津市南开区卫津路 94 号　　邮政编码:300071
营销部电话:(022)23508339　营销部传真:(022)23508542
https://nkup.nankai.edu.cn

天津市蓟县宏图印务有限公司印刷　全国各地新华书店经销
2021 年 12 月第 1 版　　2021 年 12 月第 1 次印刷
230×170 毫米　16 开本　16.25 印张　2 插页　261 千字
定价:88.00 元

如遇图书印装质量问题,请与本社营销部联系调换,电话:(022)23508339

摘 要

京津冀协同发展是以习近平同志为核心的党中央在新的历史条件下做出的重大战略部署，是习近平总书记亲自谋划、亲自部署、亲自推动的国家战略，也是十八大以来首个重大区域战略。京津冀协同发展是一项长期的系统工程，不可能一蹴而就。当前和今后一个时期，京津冀协同发展进入了滚石上山、爬坡过坎、攻坚克难的关键阶段，不仅要积极应对当前全球面临着大国关系与贸易失衡、新冠肺炎疫情引发的经济断崖式下降等来源于外部环境的多重问题，也将面对提升缩小南北经济差距、打造全国创新驱动增长的新引擎、建成世界级城市群建设、构建全国区域整体协同发展改革引领区等来自内在的发展需求。这也意味"十四五"时期更应注重内外部新的发展机遇与挑战，以谋求京津冀协同发展的新局面。

本报告结合京津冀协同发展七年多来的现实情况，从创新治理、产业治理、空间治理和城乡治理等几方面展开研究，试图为促进京津冀协同发展提供新思路与新方案。本报告由九个项目的最终成果构成，适当调整组成总报告、分报告和专题报告三部分。

总报告认为，京津冀协同发展是十八大以来中央提出的第一个重大区域战略，习近平总书记亲自谋划、亲自指挥。该战略旨在打破传统的行政区划，从区域协调上升到协同发展，在目标上，提出了构建世界级城市群的宏伟蓝图；在空间上，把区域经济规划扩大到跨市、跨省乃至跨国，力图使生产要素摆脱行政区划束缚，在更大的空间内进行流动和组合；在管理上，结合我国深化改革的总体思路，探索央地、地地新型的治理结构。京津冀协同发展战略对于统筹推进"五位一体"总体布局，协调推进"四个全面"战略布局，牢固树立和贯彻落实创新、协调、绿色、开放、共享的新发展理念，全面建成小康社会和实现中华民族伟大复兴的中国梦，具有重大现实意义和深远历史意义。本报告首先对京津冀协同发展的历史任务和国内外新形势进行了分析，在此基础上围绕经济一体化、产业一体化、交通一体化、城市群一体化、公共服务一体化等多方面研判京津冀协同发展的基本现状，进而结合"十四五"时期的新特征与新要求，构建了京津冀协同治理绩效评价体系，将经济发展、产业结构、创新能力、社会公平等多方面纳入了可考察的变量体系进行定量分析，进而反映区域间协同治理绩效在经济、社会、文化、环境等多个方面的差异程度，为更好地促进"十四五"时期京津冀协同发展提供对策建议。

分报告在对京津冀协同发展进行客观评价的基础上，从创新、产业、空间和城乡四个方面论述京津冀协同治理的新路径和建议。在创新治理方面，本报告构建了京津冀区域协同创新共同体指标体系，研究结果发现，京津冀地区整体协同度有所优化，态势较好；但京津冀地区局部性协同创新水平在创新环境支撑、创新资源投入和创新绩效产出等方面均存在显著差异，三地创新共同体发展尚不平衡。基于此，本报告提出了构建京津冀区域协同创新共同体的建议。在产业治理方面，本报告指出区域产业协同是京津冀协同发展的关键，而区域产业链融合则是京津冀产业协同发展的重要路径。首先从产业同构程度测算、产业链协作现状评价以及产业协同政策演进等三个方面对京津冀产业链融合的发展现状进行了分析，揭示了京津冀产业链融合过程中存在的主要问题，在总结对比国内外区域产业一体化经验和教训的基础上，提出了促进京津冀产业链深度融合的政策建议。在空间治理方面，综合分析了京津冀世界级城市群的建设背景与意义，本报告认为应以优化京津轴线空间布局为导向，立足世界级城市群建设要求和既有空间格局特点，扬长补短、双管齐下，以靠近北京、服务北京为导向进行空间主轴的调整完善，提出京津都市连绵带战略构想。构建规模有序分布、功能合理分工、城乡协调互动、生态和谐宜居的现代化空间体系，使其成为京津冀世界级城市群主骨架。在城乡治理方面，本报告强调新型城镇化推进世界级城市群建设的重要切入点。从城镇化率、城乡融合程度、城市规模、基础设施和基本公共服务、城市生态环境以及城镇化发展机制体制等层面分析了京津冀城镇化发展现状，围绕地区间城镇化发展差异化显著、城乡差距依然明显、城市规模体系亟待完善、城市综合承载能力和资源配置效率有待提高、特色小镇有待向规范健康发展转型等维度剖析了京津冀城镇化发展的主要问题，提出以分类推进方式促城市群空间格局优化、以产业结构与布局调整促产城融合发展、以城乡融合促城乡实现共同繁荣、加快提升城市综合承载能力和资源配置能力等对策建议。

专题报告结合国内外经验，提出通过新开发、新举措、新格局和新产业的"四新"模式来培育京津冀协同发展新动能。在新开发方面，由于外部环境、新冠肺炎疫情以及一些本地化因素多重叠加的影响，京津冀协同发展面临着增长动能缺失的问题，阻碍了京津冀协同发展战略的进一步推进。本报告认为新基建是京津冀协同发展新动能落脚的重要战略选择，建议抢抓机遇，加快布局新基建，推动新旧动能转换；在发挥好"国家队"作用的同时，要注意引入社会生力军，形成多元化的投融资体系；既聚焦科技创新也带动其他产业；处理好传统基建与新基建的关系；以打造新能源汽车产业链为突破口，推进新基建布局。在新举措方面，要面对百年未有之大变局，提升经济韧性和发展活力成为一个区域应对外部剧烈变化的重要法宝。本报告首先对城市经济韧性的概念和基本内涵进行了总体阐释，揭示了经济韧性的构成要素和作用机制；其次研究总结了京津冀城市群的经济韧性发展现状；最后提出从七个方向增强京津冀城市经济韧性和发展活力的举措与建议。在新产业方面，本报告以会展业为例，从立足国家新战略、支持发展新格局、完善产业新驱动三个层面阐述了京津冀发展会展业的必要性；以"现象—困境—机制—途径"的研究脉络，分析了京津冀各地区会展业发展现状、制约因素和战略定位；深入探究京津冀区域会展业发展的动力机制；从协同发展和差异化发展两个方面，提出多条发展路径和对策建议。

目　录

Ⅰ 总报告

第一章 "十四五"时期京津冀协同发展的新方向与新对策

摘要： "十四五"期间，国家对京津冀协同发展提出新的战略要求，京津冀协同发展面临新格局。本报告首先对京津冀协同发展的历史任务和国内外新形势进行了分析，在此基础上围绕经济一体化、产业一体化、交通一体化、城市群一体化、公共服务一体化等多方面研究判断京津冀协同发展的基本现状，进而结合"十四五"时期的新特征与新要求，提出"十四五"时期京津冀协同发展的新趋势与发展对策。

关键词： 新方向　新对策　京津冀协同发展

京津冀协同发展是一项长期而复杂的系统工程。实施京津冀协同发展战略七年多，在顶层设计、疏解非首都功能、对接产业转移、加快交通一体化、联合防治生态环境等方面取得了重大进展，但是经济下行压力加大、空间布局亟待优化调整、区域发展环境有待改进等问题依然突出，现已进入滚石上山、爬坡过坎、攻坚克难的关键阶段。"十四五"时期，我国正处于由全面建设小康社会，向基本实现社会主义现代化迈进的关键阶段，为积极应对国内外复杂变化，中央提出加快构建以国内循环为主体、国内外双循环相互促进的发展新格局，为京津冀协同发展提供了新的发展环境，同时，对京津冀高质量发展提出新要求。鉴于此，本章将以剖析京津冀协同发展的历史任务为切入点，系统识别京津冀协同发展所面临的机遇与挑战，阐明京津冀协同发展的综合现状与核心问题，进而提出京津冀协同发展的未来趋势与行动方案。

一、京津冀协同发展的历史任务与国内外新形势

（一）京津冀协同发展的历史任务

伴随着我国区域发展战略"均衡导向—效率优先的非均衡导向—协调发展导向—重点优先与区域协调并进导向"的演进历程，京津冀地区也经历了"京津冀三地行政区划调整""首都经济圈"和"大北京""环渤海经济圈"和"京津冀都市圈"等不同阶段，2014年上升为国家重大区域发展战略，这也是党的十八大以来第一个区域重大发展战略。

由于中国生产力布局的调整，京津冀地区的发展方向也经历了几次重大调整：从"沿海与内地工业并举"、到"沿海城市开发开放"、再到"区域协调发展""区域统筹发展"。京津冀地区发展大致经历了"京津冀三地行政区划调整""首都经济圈""大北京""环渤海经济圈"和"京津冀都市圈"等几大阶段。党的十八大以来，以习近平同志为核心的党中央从国家经济发展总体布局和区域均衡发展视角出发，提出了京津冀协同发展重大国家战略，《京津冀协同发展规划纲要》明确提出京津冀总体定位为：

1. 以首都为核心的世界级城市群：疏解非首都核心功能，优化首都功能，强化京津双城联动，提升区域性中心城市功能，培育一批集聚能力较强的城市，打造现代化新型首都圈，建设以首都为核心、生态环境良好、经济文化发达、社会和谐稳定的世界级城市群。

2. 区域整体协同发展改革引领区：积极推进战略规划、政策体系、管理体制等方面的统筹协调与融合互动，加快破解制约协同发展的行政壁垒和制度障碍，促进生产要素自由流动，加快改革创新步伐，建立健全协同发展机制体制，推动成为环渤海地区合作发展的中心区，率先基本形成区域一体化新格局，为全国其他地区的协同发展发挥引领带动作用，提供可复制、能推广的经验。

3. 全国创新驱动经济增长新引擎：充分利用北京科技创新资源富集、天津研发转化能力突出、河北转型发展势头良好的综合优势，大力实施创新驱动发展战略，坚持走内涵式发展道路，推进经济结构优化升级，进一步提高综合经济实力和国际竞争力，更好发挥对全国经济社会发展的重要支撑和引领带动作用。

4. 生态修复环境改善示范区：以区域大气污染防治和水生态系统修复

为重要突破口，推进经济发展、人口布局、资源开发与环境保护相协调，落实主体功能区制度，科学划定和严格执行生态保护红线，健全生态环境保护机制，推动绿色低碳发展，促进人与自然和谐相处，率先建立系统完整的生态文明制度体系。

当前，中央提出加快构建新发展格局，这对京津冀协同发展提出了新要求新任务：一是加快落实《京津冀协同发展规划纲要》提出的战略定位；二是实现新发展格局之下的经济与社会全面发展，为新发展格局提供有力支撑。

（二）京津冀协同发展面临的新形势

一是国际环境风险加大，全球经济不确定性增强。在全球经济放缓、逆全球化和大国博弈等因素作用下，外向型经济对于我国经济增长的拉动力正在减弱。一方面，随着我国的崛起引起了美国等发达国家的恐慌，国际贸易摩擦加剧不仅影响国际需求规模，还通过限制高新技术输出及外商直接投资等干扰我国制造业升级，增加我国经济发展的外部风险。另一方面，新冠肺炎疫情大规模爆发重创全球经济，强化了全球经济发展的产业链区域化与本地化态势，给国内经济增长带来的挑战。在这一背景下，京津冀地区应发挥东北亚经济圈的中心地带和连接欧亚大陆桥的战略要地的重要作用，以高质量对外开放成为国际大循环的重要支点。

二是我国提出加快构建以国内大循环为主体、国内外双循环相互促进的发展新格局。在新发展背景下，京津冀协同发展既面对新环境，又为高质量发展提出新要求：首先，京津冀面对复杂多变的外部环境。全球经济下滑、市场萎缩、外需对我国经济拉动效应减弱等现实问题，迫切地需要京津冀地区打破行政分割与市场分割，通过构建区域共同市场，有效降低交易成本，促进内需潜力释放和市场规模优势发挥，为国内大循环体系构建提供战略支点；其次，面对全球产业链本地化趋势，京津冀产业链重塑任务艰巨，迫切需要抓住新一轮技术革命和产业革命的历史机遇，补充产业链和供应链的不足、优化区域产业链布局，努力提高产业链和供应链现代化水平，提高供给体系对国内需求的适配性；再次，中国融入经济全球化的大趋势不可逆转，京津冀地区迫切需要激发海空口岸等战略资源的协同发展潜力，塑造新的国际竞争优势，在全球价值链和产业链中占据有利地位，为实现国内国际双循环相互促进提供有力支撑。①

三是我国将进一步推进区域协调发展战略，努力构建更高效的区域协调发展机制。随着社会主要矛盾的变化，在解决发展不平衡、不充分问题的基础上，我国将以全方位、系统化视角深入推进区域协调发展，努力提高各层级、各区域的战略联动性与全局性，增强区域发展的协同效应和整体效应。京津冀协同发展是基于国家总体战略、实现"两个一百年"目标的重要举措，将对我国长期经济社会发展和总体空间布局产生深远影响。京津冀协同发展应把握机会、实现跨越式发展：一方面，建设世界级城市群和经济新高地，为缓解南北分化、拉伸我国南北均衡发展做出贡献；另一方面，探索以中心城市引领城市群发展、城市群带动区域发展的新模式，为我国其他区域协调发展起到示范和引领作用。

二、京津冀协同发展现状分析

"十四五"时期，如何正确把握京津冀协同发展的新方向，首先要研判京津冀协同发展的基本现状，从经济一体化、产业一体化、交通一体化、城市群一体化、公共服务一体化等多方面进行现状评价，揭示京津冀协同发展亟待解决的现实问题，为"十四五"时期京津冀协同发展路径提供决策依据。

（一）京津冀协同发展战略的进展

1. 经济发展水平逐步提升，区域经济整体实力持续增强

从经济规模看，2020 年京津冀地区生产总值为 86393.2 亿元，比上年增长 2.3%，是 2014 年的约 1.5 倍（参见图 1-1）。其中，京、津、冀三地的地区生产总值分别为 36102.6 亿元、14083.7 亿元和 36206.9 亿元。从居民收入看，京津冀三地居民收入稳定增长。2020 年京津冀三地全体居民人均可支配收入分别为 69434 元、43854 元和 27136 元，分别比上年增长 2.5%、3.4%和 5.7%，比 2014 年增长 52%、47%和 54%。从城镇化进程看，2019 年京津冀地区城镇化率为 66.7%，比 2014 年提高了 5.6 个百分点，北京、天津、河北城镇化率分别为 86.6%、83.5%和 57.6%，分别比上年提高 0.1、0.4 和 1.2 个百分点，与 2019 年我国城镇化率相比，京津两市的城镇

---

① 李兰冰. 新发展格局与京津冀协同发展[N]. 天津日报，2021-03-08.

化远远高于我国的平均水平,河北省城镇化率低于全国平均水平(60.6%),但呈现增长势头强、增速较快的趋势。①

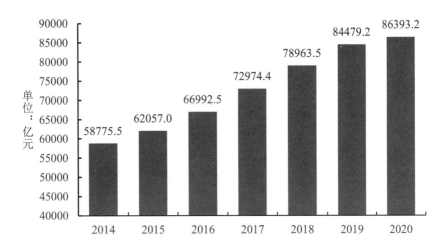

图 1-1 2014—2020 年京津冀地区生产总值

数据来源:北京市统计局官网。(1)根据第三次全国农业普查结果,天津市对 2013 年以来地区生产总值数据进行了修订;河北省对 2013 年以来地区生产总值数据进行了修订。(2)北京、天津、河北 2018 年为第四次经济普查修订数据,2019 年为年度最终核实数据,2020 年为初步核算数据。2013—2017 年已进行普查历史数据修订。

2. 产业结构逐步优化,产业一体化趋势明显

京津冀地区产业结构不断调整优化,三次产业构成由 2014 年的 5.9:34.9:59.2 转变为 2020 年 4.9:27.9:67.2。具体来看,第一产业比重比 2014 年降低 1.0 个百分点,第二产业比重比 2014 年降低 7.0 个百分点,第三产业所占比重比 2014 年提高 8.0 个百分点,高于全国平均水平 12.7 个百分点。2020 年京津冀三地第三产业占比均超过 50%,分别为 83.9%、64.4%和 51.7%,与 2014 年相比分别提高 3.9、9.3 和 9.8 个百分点。如表1-1 所示。

① 数据来源:北京市统计局官网。

表 1-1 2014—2020 年京津冀三次产业结构 单位：%

地区	产业	2014	2015	2016	2017	2018	2019	2020
京津冀	第一产业	5.9	5.5	5.0	4.7	4.6	4.5	4.9
	第二产业	34.9	32.9	31.9	30.7	29.4	28.4	27.9
	第三产业	59.2	61.6	63.1	64.6	66.0	67.1	67.2
北 京	第一产业	0.7	0.6	0.5	0.4	0.4	0.3	0.3
	第二产业	19.3	17.8	17.3	16.9	16.5	16.0	15.8
	第三产业	80.0	81.6	82.3	82.7	83.1	83.7	83.9
天 津	第一产业	1.5	1.5	1.5	1.4	1.3	1.3	1.5
	第二产业	43.4	41.3	38.1	36.7	36.2	35.2	34.1
	第三产业	55.1	57.2	60.5	62.0	62.5	63.5	64.4
河 北	第一产业	12.6	11.7	10.8	10.2	10.3	10.1	10.7
	第二产业	45.5	43.6	43.3	41.7	39.7	38.3	37.6
	第三产业	41.9	44.6	45.9	48.1	50.0	51.7	51.7

数据来源：北京市统计局官网。(1) 根据第三次全国农业普查结果，天津市对 2013 年以来地区生产总值数据进行了修订；河北省对 2013 年以来地区生产总值数据进行了修订。(2) 北京、天津、河北 2018 年为第四次经济普查修订数据，2019 年为年度最终核实数据，2020 年为初步核算数据。2013—2017 年已进行普查历史数据修订。

产业协同趋势日渐增强，三地多次推动产业合作并签署产业协同发展备忘录，推动产业链协同、共建产业合作载体、搭建产业合作交流平台，形成了产业协同的推进机制，巩固京津冀产业协同发展：

一是北京非首都功能进一步疏解，产业服务化明显，制造业进一步向"高精尖"倾斜。2020 年，北京高技术制造业和战略性新兴产业增加值分别增长 9.5%和 9.2%，分别高于规模以上工业增速 7.2%和 6.9%。[1]实施京津冀协同发展战略七年来，北京已有 20 多所市属学校、医院迁往京郊，近 3000 家一般制造业企业得到疏解，约 1000 个区域性批发市场和物流中心得到改善，北京向天津、河北输出的技术合同成交额累计超过 1200 亿元，中关村企业在天津和河北累计设立了 8300 多家分支机构。[2]

---

① 北京市统计局官网. 京津冀经济持续恢复 高质量发展动能增强——2020 年京津冀地区经济运行情况分析[EB/OL]. 2021-07-13. http://tjj.beijing.gov.cn/zt/jjjjdzl/sdjd_4304/202107/t20210713_2435668.html.

② 彭飞. 推动京津冀协同发展迈上新台阶[N]. 人民日报，2021-03-24.

二是天津先进制造业研发进一步集聚,初步形成了高端化、链条化、集群化的制造业集群。2020 年,天津高技术产业、战略性新兴产业增加值占规模以上工业增加值的比重分别达到 15.4%和 26.1%。部分电子及新产品产量保持快速增长。信息安全、动力电池入选全国 20 个先进制造业集群,"中国信创谷""细胞谷""生物制造谷""北方声谷"、天津市数字经济产业创新中心等新增长点正在形成。[①]

三是河北利用产业溢出效应搭建产业承接平台,促进产业转型升级,新的驱动力不断集聚。2020 年规模以上工业中,战略性新兴产业增加值比上年增长 7.8%,快于规模以上工业 3.1 个百分点,规模以上工业八大重点产业[②]增加值增长 6.4%,其中生物医药健康产业、新能源产业、信息智能产业、新材料产业分别增长 15.0%、13.7%、6.1%和 6.2%。规模以上服务业中,高技术服务业营业收入增长 3.1%。新产品产量快速增长,新能源汽车、工业机器人、太阳能电池产量分别增长 25.3%、26.5%和 21.7%。[③]

3. 海陆空立体交通网络基本建成,交通一体化有序推进

京津冀地区基本形成了以"四纵四横一环"(如表 1-2 所示)运输通道为主骨架、多节点、网格状的区域交通新格局。

一是城际铁路主骨架基本建成。京津冀"1 小时交通圈"有序推进,京张高铁正式通车,乘高铁从北京到张家口最快只需 47 分钟,京张高铁是世界上首条时速 350 公里的智能高铁,开启了世界智能高铁的先河。

二是正式投入运营的北京大兴国际机场可辐射京津冀核心区。北京大兴国际机场正式通航,并利用联通机场的"五纵两横"[④]的交通网络,1 小时可以通达北京、雄安新区、天津等京津冀核心区。

三是公路网络进一步优化。京雄高速(北京段)开工建设,北起西南五环,南至京冀界,全长约 27 公里,全线建成后,从北京到雄安新区将实现 1 小时通达。此外,道路沿线还串联了丰台河西、房山长阳、良乡等多个城市组团,建成后将新增一条南部地区进出中心城区的快速联系通道。

---

① 数据来源:2020 年天津市国民经济和社会发展统计公报。

② 包括节能环保产业、新一代信息技术产业、生物医药健康产业、高端装备制造业产业、新能源产业、新材料产业、新能源汽车产业、数字创意产业。

③ 数据来源:2020 年河北省国民经济和社会发展统计公报。

④ "五纵"包括轨道交通新机场线、新机场高速公路、京雄城际铁路、京开高速和京台高速;"两横"包括新机场北线高速和城际铁路联络线。

表 1-2   四纵四横一环分布表

布局形式	具体内容
四纵	沿海通道（重要的港口集疏运） 京沪通道（京津同城化） 京九通道（京津冀沟通华中、华南） 京承—京广通道（京津冀沟通东北、华东）
四横	秦承张通道（京津冀沟通西北） 京秦—京张通道（京津冀联系东北、西北） 津雄保通道（天津港疏港通道） 石衡沧通道（黄骅港疏港通道）
一环	首都地区环线通道（缓解北京过境交通压力）

资料来源：河北省交通运输厅网站，京津冀综合运输大通道布局示意图。

4. 生态环境质量全面改善，生态一体化初步形成

京津冀三地空气质量明显改善。2014 年至 2020 年期间，北京市 PM2.5 年均浓度从 85.9 微克/立方米降至 38 微克/立方米，降幅 56%；河北省从 95 微克/立方米降至 50.2 微克/立方米，降幅 47%；天津市从 82 微克/立方米降至 48 微克/立方米，降幅达 41%。[①] 如图 1-2 所示。

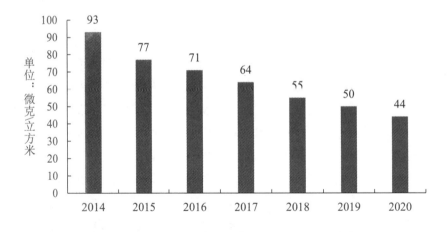

图 1-2   2014—2020 年京津冀区域 PM2.5 平均浓度

数据来源：2014—2019 年数据源于北京市生态环境局；2020 年数据源于：京津冀协同发展领导发展办公室. 牢牢把握北京非首都功能疏解"牛鼻子"，努力推动京津冀协同发展迈上新台阶取得新成效[N]. 人民日报，2021-03-12.

---

① 2014—2019 年数据源于北京市生态环境局；2020 年数据源于：京津冀协同发展领导发展办公室. 牢牢把握北京非首都功能疏解"牛鼻子"，努力推动京津冀协同发展迈上新台阶取得新成效[N]. 人民日报，2021-03-12.

京津冀地区节能减排工作已初见成效，2019 年，河北省完成压减炼钢产能 1402.55 万吨、煤炭 1006 万吨、焦炭 319.8 万吨、水泥 334.3 万吨、平板玻璃 660 万重量箱，淘汰火电 50.6 万千瓦，累计完成打赢蓝天保卫战三年方案目标任务的 65.8%、69.4%、83.7%、129.5%、63.9%、70.4%，累计完成 46 家重点污染企业退城搬迁；对 4504 家"散乱污"企业进行调查整改，实现动态清零。[①]天津已对 2.2 万家"散乱污"企业进行整治，有效地破解了"钢铁围城""园区围城"；提标改造 110 座污水处理厂，优良水质断面占比由 15%提高到 55%，劣V类水质断面占比由 65%降为零；12 条入海河流全部消劣，近岸海域优良水质比例由 7.8%提高到 70.4%。[②]

区域生态环境协同治理能力得到加强，三地加强大气污染联合防治，生态环境执法部门建立了京津冀环境执法联动工作机制，明确了定期协商、联动执法、联合检查、信息共享等工作制度，统一了空气重污染应急预警分级标准、与生态环境部等十部委联合印发京津冀及周边地区秋冬季大气污染综合治理攻坚行动方案以改善区域秋冬大气环境质量，北京与河北共同形成水污染联合保护与治理机制，进而有效地改善了京津冀生态环境。

5. 民生红利不断释放，公共服务一体化逐步实现

京津冀教育资源逐步实现优化配置。《京津冀教育协同发展行动计划（2018—2020 年）》强调优化提升教育功能布局、推动基础教育优质发展、加快职业教育融合发展、推动高等教育创新发展、创新教育协同发展体制机制等五大方面。北京、天津和河北签署了医疗保障协同发展合作协议，在异地就医住院、直接门诊结算、药品集中采购和医疗保障协调监管方面开展合作。2019 年，三地 411 家医疗机构、36 项临床检验结果实现互认，176 家医疗机构、20 项医学影像检查资料实现共享。[③]京津冀逐步实现医疗合作，天坛医院与张家口市第一医院共同打造出可复制、可推广的"天坛模式"；同仁医院与张家口市第四医院建立"同仁模式"，探索合作共建、利益共享的新路径；积水潭医院等市属医院先后与张家口市相关医院实现

---

① 数据来源：河北省人民政府新闻办公室，河北举行持续推进空气质量改善工作新闻发布会。

② 天津市人民政府官网.天津市第十七届人民代表大会第五次会议政府工作报告[EB/OL]. 2021-03-08. http://www.tj.gov.cn/zwgk/szfgb/qk/2021/2site/202103/t20210308_5377342.html.

③ 北京市人民政府官网. 2019 年京津冀协同发展取得新的进展和成效系列数读：医疗协作方面[EB/OL]. 2020-03-23. http://www.beijing.gov.cn/gongkai/shuju/shudu/202003/t20200323_1838356.html.

合作共建，为推进普及京张冰雪运动、筹办 2022 年冬奥会和冬残奥会提供医疗保障；中日友好医院建立远程医疗中心，与雄安新区三县医院组建远程医疗平台，实现远程医疗网络联通。①

6. 科技联动逐步增强，构建协同创新共同体

京津冀三地之间科研合作逐渐加强。京津冀科技资源的流动性进一步增强，专利转移与联合申请成为科技合作的主要形式。2014 年至 2018 年，北京向津冀输出的技术合同成交额从 83.2 亿元增加到 227.4 亿元，年均增长率达到 28.6%，而从北京输出到其他省市的技术合同成交额年均增长率为 15.0%，前者是后者的 1.9 倍；北京向天津、河北输出的技术合同成交额占流向外省市的技术合同成交额的比重也由 4.8%上升至 7.5%；就联合申请专利而言，北京、天津和河北共有 4278 项联合授权专利，其中北京和天津共有 1798 项联合授权专利，占比为 42.0%，北京和河北共有 2013 项联合授权专利，占比达 47.1%。②

产业项目对接带动要素流动。自京津冀协同发展成为国家战略以来，河北和天津承接了大量疏解北京非首都功能的项目，带动了各类要素的区域间流动。截至 2020 年底，北京和天津已累计有 24771 家法人单位和 9045 家产业活动单位转入河北省，河北省积极承接北京商贸物流疏解，累计签约批发市场商户 4 万余户，项目多、规模大，且覆盖多个产业、多个领域。③天津积极承接北京非首都功能，构建起以滨海新区为综合承载平台、各区专业承载平台为支撑的"1+16"④承接格局。⑤截至 2020 年，滨海—中关村科技园累计注册企业达 2012 家，国家科技中小企业由 2019 年的 7 家增加到 2020 年的 35 家⑥。

（二）京津冀协同发展存在的主要问题

1. 整体经济实力和核心竞争力有待提高

京津冀协同发展的目标是要建设世界级城市群，基本特征应该是经济

---

① 熊争艳，曹国厂. 从十大亮点看 2019 年京津冀协同发展[N]. 新华社，2019-07-19.

② 陈璐. 河北蓝皮书：京津冀协同发展报告（2020）[M]. 北京：社会科学文献出版社，2020.

③ 潘文静. 河北累计承接京津转入法人单位 24771 个[N]. 河北日报，2021-02-13.

④ "1"是天津滨海新区；"16"是除去滨海新区以外的天津 15 个区的 16 个重点承接平台，包括宝坻中关村科技园、静海团泊健康产业园、津南高研园等。

⑤ 郝杰. 京津冀协同发展提质增速[J]. 中国经济信息，2019（03）：36-37.

⑥ 刘茜，陈建强. 天津：多举措承接北京非首都功能[N]. 光明日报，2020-12-28.

发达、市场繁荣、要素集聚的区域。但从经济发展来看,京津冀国内生产总值(Gross Domestic Product,以下简称 GDP)总量及 GDP 在全国总量的占比均有待提高。例如,与长三角和珠三角相比,京津冀在三大区域中处于劣势。根据 2020 年相关数据,长三角地区 GDP 达到 244713.2 亿元,是京津冀地区的 2.8 倍;珠三角地区仅广东省一地 GDP 已达到 110760.9 亿元,是京津冀地区的 1.3 倍,京津冀 GDP 增速也明显落后于长三角、珠三角。①与此同时,外向型经济发展存在差距,京津冀地区的货物进口和出口额均低于长三角和珠三角地区,2018 年京津冀进出口总额仅占长三角的 35%、珠三角的 65%;京津冀外商直接投资额仅为长三角的 38%,外商投资企业数仅为长三角的 29%。②

2. 空间布局优化配置尚未形成

《京津冀协同发展规划纲要》明确提出了"一核、双城、三轴、四区、多节点"的空间布局,致力于解决京津冀地区北京过度集聚,二级城市发展不足等问题,城市规模体系落差明显,与世界级城市群的网络化空间结构差距明显的问题。但是,自京津冀协同发展战略实施以来,空间调整主要体现为通州副中心与雄安新区建设的单点式建设,双城、三轴、四区、多节点尚未全面推进。首都双翼的重要性毋庸置疑,但仅靠首都双翼难以改变京津冀地区固有的空间结构形态,缺乏点、线、轴、面之间的联动效应与规模效应,世界级城市群的空间结构难以真正形成。

3. 区域现代产业体系建设有待加强

根据产业结构数据,2020 年北京第三产业占比高达 83.9%,已进入后工业化时代。天津第三产业虽然已达到 64.4%,但第二产业仍在经济发展中占有重要地位,已经进入工业化后期,而河北省总体上仍停留在工业化中后期阶段,三地产业结构存在明显的差异。从三地的定位来看,北京位于产业链的研发端,天津处于向新兴产业转型阶段,河北仍然处在产业链的中低端。此外,三地产业上下游关联程度不高,特别是河北,很有可能会出现"产业承接能力过弱""无产可转"等问题。与此同时,产业体系发展优势不突出,亟待推进产业链条化、集群化、生态化等新方式,对标世

---

① 腾讯网. 两大经济区:长三角和珠三角,2020 年 GDP 对比[EB/OL]. 2021-04-13. https://xw.qq.com/amphtml/20210411A09V8J00.

② 刘秉镰,王钺. 京津冀、长三角与珠三角发展的比较及思考[J]. 理论与现代化,2020(03):5-9.

界级城市群定位存在一定差距。尽管京津冀地区电子信息、高端装备、生物医药等多个产业已有一定规模，但行业内缺乏龙头企业、关键核心技术的供给能力不足，产业链比较成本竞争力较弱等产业体系问题尤为突出。

4. 区域协同创新能力有待提升

首先，区域协同创新的机制体制有待完善。虽然三地先后签署了多项促进区域协同创新的合作协议，但京津冀三地区域科技创新规划机制、科技创新政策机制以及重大项目联合推进机制等尚不健全。其次，创新要素流动和积聚力量不足。从人才流入流出状况来看，2020年长三角、珠三角、京津冀城市群人才净流入占比分别为6.4%、3.8%、-0.7%，长三角、珠三角人才集聚，京津冀整体人才处于净流出状态。向北京流入人才的前十城市中津冀城市有4个，合计占比达20.6%，这也造成北京与津冀两地高层次人才呈现断崖式落差，北京对津冀地区科技创新发展带动不足[①]。最后，企业的创新活力需要进一步释放。2019年规模以上工业企业研发（R&D）人员折合全时当量排在第一名的是广东，为642490人年，其次是江苏，为508375人年，京津冀合计为166022人年，仅为广东的25.8%，江苏的32.7%。[②]

5. 区域发展环境仍存在短板

一是体制机制改革有待进一步创新。京津冀协同发展战略实施七年来，中央及三地出台的相关政策主要分布在交通、环保、产业等领域，主要政策导向为对京津冀三地的渐进式改革，而对涉及京津冀区域的体制机制、规划管理、项目管理、财税分享、公共服务标准等根本性改革问题的体制机制创新相对较少。二是管制类政策工具应用较多，市场型政策工具使用有待增加。目前京津冀协同发展的政策普遍采取跨区域、跨组织的联合出台的形式，包括人力资源与社会保障、公安交通、科技卫生等领域政府机构联合发文，而针对社区、企业、社会组织等市场主体的政策工具则偏少，对于税制、补贴、保险、利益补偿等刺激市场活力的制度性设计相对较少。三是投资结构有待调整，营商环境需进一步优化。2018年，长三角和珠三角地区固定资产投资额较上年分别增长了29.6%和8.2%；京津冀

---

① 泽平宏观. 2021中国城市人才吸引力排名[EB/OL]. 2021-05-24. http://www.199it.com/archives/1249517.html.

② 数据来源：根据国家统计局相关数据整理。

地区则呈现负增长趋势，较上年下降了 5.1%，地区投资水平下降将影响该地区未来竞争力和增长质量。①中国企业联合会、中国企业家协会发布《2019 中国企业 500 强》榜单中，入围国有企业有 265 家，民营企业有 235 家，民营企业主要分布在长三角和大湾区，京津冀地区在这方面仍存在不足。

三、"十四五"时期京津冀协同发展的未来走势

随着京津冀协同发展战略的不断推进和国内外形势的变化，国家对京津冀协同发展提出新的战略要求。"十四五"期间，京津冀协同发展需要大力度地推进工作，着力解决协同发展中更为实质性、关键性的问题。

（一）探索提振区域经济与加速发展新格局

以习近平新时代中国特色社会主义思想为指导，全面贯彻党的十九大和十九届二中、三中、四中、五中全会精神，深入贯彻落实习近平总书记历次有关京津冀协同发展的重要讲话和指示精神。以有序疏解北京非首都功能为"牛鼻子"，坚持问题导向与价值导向相结合，坚持重点突破兼顾均衡发展，坚持创新的核心地位。以资源环境承载能力为基础、以京津冀城市群建设为载体、以优化区域分工和产业布局为重点、以资源要素统筹利用和有序流动为主线、以构建长效体制机制为抓手，着力调整优化经济结构和空间结构，着力增强区域整体实力和吸引力。②加快探索区域发展源动能的新路径、城市群空间发展的新样板、协同创新共同体建设的新方式、人口经济密集地区优化开发的新模式。着力构建现代化综合交通网络系统，着力提高中心城市辐射力和城市群综合承载力，着力推动公共服务共建共享，推动京津冀协同高质量发展，为尽快形成新发展格局做出新贡献。

（二）探索京津冀功能分工与区域合作新机制

京津冀协同发展应立足于南北经济均衡、世界级城市群建设、整体协同发展改革引领等战略视角，明确城市功能分工、深化区域合作机制是实现京津冀协同发展总体目标的根本保障。京津冀三地应积极推进各地功能定位，着力建立短期与长期、地方与整体发展的目标、利益和实施的统一

---

① 刘秉镰，王钺. 京津冀、长三角与珠三角发展的比较及思考[J]. 理论与现代化，2020（03）：5-9.

② 京津冀区域一体化格局 2030 年基本形成——访京津冀协同发展领导小组办公室负责人[J].中国经贸导刊，2015（25）：14-19.

框架，解决长期规划纲要与政策实施计划的有序衔接，这仍然是京津冀面临的一个重要问题。特别是在北京市与廊坊北三县、通武廊、静沧廊等交界地区融合发展机制、京津冀区域市场一体化发展机制、区域内人才资源的自由流动机制、产业链对接协作机制、政务服务一体化、区域公共服务供给便利化等方面的合作新机制探索是"十四五"期间需要着重思考的问题之一。

（三）探索京津冀新增长极与均衡耦合发展的新模式

在"双循环"发展背景下，围绕新一轮区域经济一体化而形成的都市圈与城市群建设，处理好京津冀地区新增长极与区域均衡发展之间的关系十分重要。尤其需要思考如何处理好两方面问题：一是雄安新区新增长极建设与城市连绵带发展之间的关系。在雄安新区建设过程中，如何处理与周围城市之间的竞争与合作关系，避免产生"核心—周边"区域之间因相对利益造成的差距过大问题。二是京津雄的新极化与功能疏解的关系。对雄安新区来说，仅依靠承接非首都功能的"输血式"发展模式风险过大，如何培育具有比较优势的内生性产业生态体系，提高高新技术产业的地区供给能力和核心竞争力，形成新产业培育、功能承接、产业生态之间彼此支持、相互补充发展模式是非常关键的；对北京来说，"疏解"是一个过程，而不是优化自身发展结构的结果，如何在"疏解"的基础上，按照功能定位进行"造血"，优化提升自身的造血能力，值得思考；对天津来说，如何在发挥"一基地三区"的战略优势、积极承接北京非首都功能"疏解"的同时，加快以新产业、新业态、新商业模式推动城市发展十分重要。

（四）探索京津冀地区新动能与旧动能有序转化新路径

京津冀高质量发展任务艰巨，如何处理好京津冀地区旧动能与新动能的关系，完成新旧动能转换是"十四五"时期的关键任务。一方面，要将新旧动能转换放在"十四五"时期京津冀协同发展的思维中考虑，要具备"一盘棋"思维，梳理好如何利用京津两地的新动能优势改造旧动能、发展新经济；另一方面，京津冀整体依然存在新动能规模过小、新旧动能转换速度相对过慢等问题。因此，要把握产业周期规律、明确产业发展水平、认清新动能的基本特征，打造重点领域、重点产业、重点区域，形成新动能培育示范区，推动一批高端高新产业集群向创新集群升级，加强京津冀人工智能、工业互联网、物联网等新兴基础设施建设，需进一步研究和规划如何提升区域产业互联网平台的技术创新能力和服务能力。

"围绕产业链部署创新链"是培育京津冀新动能的关键。对于京津冀而言，能否实现创新链与产业链的一体化发展，主要涉及两个层面的问题值得思考：一是创新链是否形成，京津冀需要打通创新链、贯通产业链和延伸园区链，推进产业链现代化水平提升和产业链高级化发展。京津冀需要进一步形成一体化联动式产业链、创新平台甚至创新生态，构筑京津冀协同创新的核心支撑、形成区域内成果转移转化共同体、提升三地联合利用科技创新资源和科技成果培育发展新兴产业的能力，带动产业链转型和新旧动能转换的根本动力。二是创新链与产业链的融合需要完善两链融合发展的机制和模式。特别是在提供政策支持、促进创新资源自由流动与高效配置的体制机制、探索区域完善的制造业转型升级支撑体系与公共服务均等化等方面需要有所突破。

（五）探索生态保护与民生改善协同发展新思路

解决好生态保护与民生改善问题仍然是京津冀协同发展的重中之重。特别是京津冀地区大气污染，经过多年的综合治理，三地空气质量逐步改善，但仍呈现由北向南递增的分布趋势，且存在时间上的黏滞效应。"十四五"期间，京津冀仍需在以下方面探索发展新思路：一是如何构建更为有效的京津冀大气、水污染应急联动、流域上下游生态环境保护联动等机制，强化生态环境联建、联防、联治意识。"绿水青山就是金山银山"不应该仅仅是一种理念，更应成为一种行动。二是如何构建以"人民为中心"的交通互联互通与基本公共服务共建共享机制，应进一步深化教育、医疗、养老、就业、应急、防汛防疫等公共服务合作机制，坚持区域公共服务普惠和便利化，健全完善医疗卫生、劳动就业等基本公共服务跨区域流转衔接制度；完善农产品供应保障机制、资源领域利益补偿机制，从衣食住行等多方面改善京津冀民生环境。

四、"十四五"时期京津冀协同发展的对策建议

通过对国内外环境背景分析、京津冀协同发展现状分析以及未来趋势识别，对"十四五"时期京津冀协同发展提出如下对策建议。

（一）发挥京津中心引领和辐射带动作用，推进多中心空间结构优化

一是"舍"存量。严格实施负面清单管理，及时调整《北京市新增产

业的禁止和限制目录》），实现禁止和限制类项目"零准入"，坚持严控增量和疏减存量相结合，处理好局部与整体、眼前与长远之间的利益关系。推进燕山石化搬迁、北汽福田搬迁、京城机电产业园、北京控股集团海水淡化项目等一批重大项目有实质性进展。天津在推进实施"腾笼换鸟"的同时，更应该解决"园区围城"现象。河北继续钢铁、石化、食品等传统优势产业提质增效，逐步形成"传统新兴双轮驱动、沿海冀南两翼齐飞"的发展格局。

二是"优"增量。北京应注重传统优势产业转变发展模式、调整结构，既要做到内部功能的重组与重建，又要做到向外疏解转移，实现产业发展的双向发力。聚焦新一代信息技术、集成电路、医药健康、智能装备、节能环保、新能源智能汽车、新材料、人工智能、软件和信息服务以及科技服务业等 10 个"高精尖"产业发展，加强产业协同创新载体建设。①天津应将"三新经济"作为城市发展新标志，即以新产业、新业态、新商业模式促进新动能快速积聚，尤为重要的是由于市场需求更迭变化而催生的新服务业，成为推动区域经济增长的重要动力。河北应大力发展新兴产业，培育未来产业，发展数字经济，推进产业基础高级化、产业链现代化，推动工业经济体系优化升级，提高工业经济质量效益和核心竞争力。

三是"强"功能定位。"十四五"期间，北京规划建设综合性国家科学中心和区域性创新高地，大力加强"四个中心"功能建设，提升"三城一区"主平台功能，加快构建高精尖经济结构，深入对接国家科技创新重大项目、重点研发计划，主动承接 5G 等领域关键核心技术攻关重大任务，重点在光电、量子、医疗健康等方面进行提前谋划，重视基础性研究、应用性研究及国际前沿技术研究，加速形成具有国际影响力和竞争力的科技创新中心。天津紧紧围绕"一基地三区"的功能定位，深入挖掘自身优势，以构建"1+3+4"产业体系②为战略抓手，推动产业结构转型升级，加快建设"全国先进制造研发基地"。河北省力争"全国商贸物流基地、产业转型升级试验区"建设取得明显成效。

---

① 2017 年 12 月，公布了北京市《加快科技创新发展新一代信息技术等十个高精尖产业的指导意见》。
②"1"代表智能科技，"3"代表生物医药、新能源和新材料，"4"代表航空航天、装备制造、石油化工、汽车工业。

四是"活"空间布局。北京调整优化市域内功能和空间布局,优先引导符合副中心功能定位的优质资源要素集聚,推动市域内南北均衡发展、城乡融合发展、生态涵养区绿色发展。①高标准、高质量稳步推进河北雄安新区和北京城市副中心规划建设,加速成型北京新"两翼",加快京津同城化发展。调整优化区域城镇体系,加快沧州、廊坊、武清等区域节点城市。北京要严格按照"一核一主一副、两轴多点一区"的城市空间布局,兼顾省际合作和市域内各区统筹协调发展,培育次级中心城市、三级中心城市等,构建多中心、多层级、多节点的网络型城市结构,增强各级中心城市对其所在区域的带动作用。

(二)探索建立京津冀利益共享机制,以体制机制创新推进区域治理现代化

一是探索建立统一编制、联合报批、联合实施的规划管理体系。首先,要实现国土空间资源的统一规划,构建"总体规划—单元规划—详细规划"的系统规划体系,实现"三个"统一,即统一规划目标和核心指标、统一基础底板和用地分类以及统一规划基期和规划期限。其次,要实现"一个平台"管规划实施,建立基于地理信息系统(GIS)数据库的统一规划管理信息平台,促进京津冀协同发展,实现各级各类规划成果的统筹衔接、管理信息的互通共享。②探索项目跨区域协同管理服务机制。从商定的部分领域开始,制定统一的项目准入标准,统筹招商引资政策。统一项目管理平台,赋予通武廊、静沧廊等协同发展示范区开发建设管理机构更多项目管理权限,统一管理跨区域项目。

二是探索利益分享协调机制,实现跨区域投入风险共担与产出利益共享。推动京津冀电子税务一体化建设,逐步实现税收征管一体化、税务服务平台数据交互、异地办税、区域通办;探索财税分享机制,结合建设进程与区域经济发展需求,建立三地财政共同投入机制,研究对新设企业形成的跨地区税收增值分享的新方式。开展生态补偿试点工作,建立京津冀三地流域上下游河流断面达标保障机制,建议跨行政区河流、沟渠的水环

① 2020年10月,北京市出台《关于建立更加有效的区域协调发展新机制的实施方案》。
② 刘秉镰,李国平,侯永志,武义青,张贵.构建新发展格局,共谋区域协调发展新思路——新发展格局下我国区域协调发展展望暨京津冀协同发展战略七周年高端论坛专家发言摘编[J].经济与管理,2021,35(03):23-30.

境保证金制度，改善流域内生态环境质量；建立由国家、京津冀三地财政共同组成的生态综合补偿试点基金，开展生态产品价值实现机制。

三是加强区域基本公共服务标准和制度的完善。以国家基本公共服务项目清单为基础，以突破京津冀基本公共服务"堵点"为目的，探索部分基本公共服务项目共享共建、跨区域财政支出结转的新模式。推行不受行政区划限制、不受户籍限制、不受身份限制的公共服务政策；促进统一基本医疗保险政策的实施，探索建立跨区域医疗联盟，完善医保异地结算与远程结算机制。加快实现基本公共服务的均等化，加大京津冀公共服务合作。建立适宜都市圈空间战略落地的体制机制，充分发挥各地比较优势，建成高质量发展的动力系统，以及提高中心城市和城市群等经济发展优势区域的经济和人口承载能力。①

四是完善京津冀政府协同治理体系，提升政府治理能力。从政府治理的角度，形成"中央政府引导+地方政府主导+社会力量参与"的治理模式，完善"十四五"规划重大问题解决方案的政策体系。加强中央政府的权威，完善相关法律制度。设立地方办事处，在中央政府指导下进行地方政府结构性整合，构建开放的区域公共政策体系，完善区域财税政策体系，打破区域协同发展过程中的路径依赖，理顺区域治理中政府间的关系。建立政府间的行政协议、边界协议、发展协议、规则协议以及再分配协议等合作机制，地方政府治理以公民需求为方向、整合公共服务网络、放松管制、扩展公共服务的制度空间、动员区域民众的政治参与，地方政府职能性整合，构建跨界政策网络。完善区域协同治理的企业与社会参与机制，促进社会力量有效成长，构建区域公共治理多元主体体系。

（三）增强京津冀区域内生吸引力，以城市群建设破解京津冀内外差距扩大趋势

一是补齐都市圈"短板"。以"单核城市+中心城市+都市圈+可持续城市+城市连绵带"理念，提升北京、天津和京津冀城市群综合承载能力，抓紧建设北京、津沧唐圈、雄—保—廊、石邢邯等都市圈，弥补城市群建设的不足，紧紧扭住空间结构、交通结构、生态环境、产业发展、历史文脉等五个城市群关键要素，在城市功能、城际距离、城际通道、城市规模、

---

① 沈昊婧. 增强中心城市和城市群承载能力研究[J]. 经济研究导刊, 2020（11）：64-66.

建设顺序等方面做足文章，构建"疏密有秩""多中心、网络化""功能互补"和"层级合理"等区域空间形态，引导人口、公共资源、产业等各类要素在城市及区域范围内合理布局。

二是完善都市区的组团结构。以可持续城市破解"大城市病"，重视"紧凑城市""新城市主义""精明增长"等重要思潮和重要内容，形成"北京中心主城区—（通州、雄安）新两翼—周边新城—临县中心（自贸区、临空经济区）"的城市群组团结构，促进首都核心功能更加优化。雄安新区规划建设不仅要与北京城市副中心形成北京新的两翼，与张北地区形成河北两翼，还要打造成京津冀城市群的重要一极。按照"主城—新城"和"主城—卫星城"的思路，城市格局设计实现"大分散、小集中"，形成功能分区、空间分散、大城市与小城市有机联系的空间格局，这既是有机分散又是有机联系。①创新城市管理体制，既要有前瞻性的城市空间规划和轨道交通规划，又要创新规划实施的机制保障，包括规划体检、监督机制、追责机制等，避免任期制带来的短期化行为，否则只能成"饼"不能成"圈"。②

三是推进京津都市连绵带建设。京津两市人口超过 4000 万，产业结构互补性强，发展基础雄厚，且两地最近距离仅十几公里，在"通武廊"探索试验的基础上，可沿"北京中心城区—通州—高村—杨村—北辰—天津中心城区—滨海新区"加速新型城镇化建设，以通勤轨道交通为先导，以中关村、滨海新区等多个国家级平台为载体，抓紧布局战略性新兴产业和未来产业，打造我国首个都市连绵带。

（四）加快区域创新资源要素集聚，引育京津冀协同发展新动能

一是促进京津冀创新要素共建共享。第一，共享共用基础资源平台。促进京津冀关键信息资源的共享共建，特别关注科技项目数据库、成果数据库、人才数据库和专家数据库等。进一步提高科研基础设施、科学仪器设备、科学数据平台、科技文献、知识产权和标准等各类科技资源的共享共用和服务能力。第二，继续推进科技创新联盟建设，加强三地的企业、行业协会和科研院所，共同构建产业、科技、大学、园区、产权保护等多种形式的创新联盟，以联盟为纽带，促进重点实验室、工程技术研究中心、

---

① 张贵. 雄安：建设国际一流的创新型城市[J]. 前线，2019（09）：62-64.
② 张贵，刘霁晴，李佳钰. 以京津雄创新三角区领航京津冀世界级城市群建设[J]. 中共天津市委党校学报，2019（01）：64-70.

博士后流动站、企业技术开发中心的合作。第三,联合开展国际科技合作交流。充分利用国际交流合作平台,包括技术转移服务协作网络、驻外科技外交官服务平台等,推动国际要素资源共享,包括专家资源、技术信息资源等。此外,建立科技资源开放共享服务绩效考评机制。

二是着力打造创新的重要支撑平台。第一,高质量自建和共建多个众创空间。新建、改造提升"育成中心—孵化器—加速器—生产基地"等多种众创空间,支持京津众创空间在河北省设立分支机构。推动京津冀各类众创空间联盟和创新联盟的发展。第二,共建创新成果中试基地,促进北京和天津的相关创新研发成果在河北省进行中试、孵化,推进其产业化发展,实现京津冀创新资源在本地产业中应用、转化和升级。①第三,共管共享一批科技成果转化基地。围绕北京、天津、河北三地企业、科研机构的技术需求,对接三地创新资源和科技成果,以总部—孵化基地、整体托管、创新链合作等模式,重点推动中关村在津冀科技成果产业化基地的建设和布局,推进北京和天津的创新创业团队、投资融资机构等在河北省进行成果转化。第四,建设多个区域协同创新合作示范区。把雄安新区、通武廊、静沧廊等作为协同创新的突破口,加快北京新机场临空经济合作区、涿州国家农业高新技术产业示范区、秦皇岛北京大学科技产业园、固安肽谷生命科学园、环首都现代农业科技示范带、北京·沧州渤海新区生物医药产业园、津冀涉县天铁循环经济产业示范区、亦庄廊坊产业园等协同创新园区建设。

三是率先开展要素市场化配置体制机制综合改革试点。推进落实中共中央、国务院发布的《关于构建更加完善的要素市场化配置体制机制的意见》,在全国率先开展综合改革试验。加强地区间市场准入和监管的协同性,形成互联互通的人才市场、技术市场和多层次的资本市场,促进人口、技术、资本、数据等各类要素跨区域顺畅流动和集聚,激发全社会创造力和市场活力。建立以发展改革、科技、人力资源和社会保障等多部门统筹协调为保障、以项目建设与人才发展相结合的人才培养引进新机制,吸引更多国内外高端人才聚集在企业、项目等创新前沿。率先开展要素市场化配置体制机制综合改革,助力体制改革创新,实施跨区域土地指标统筹和空

---

① 刘启生. 推动河北优势产业转型升级的路径及应注意的问题[J]. 经济研究参考,2016(19):4-8.

间资源盘活的土地管理机制，建立统一的建设用地指标管理体系，盘活存量土地，建立统一的建设用地征收、储存、流转管理机制。[①]

四是完善区域创新服务体系。第一，推进一体化技术交易服务体系建设。以石家庄、廊坊、保定、唐山为重点，推动中国国际技术转移中心、北京中关村技术交易中心、京津冀技术交易等在津冀的建设布局，鼓励科研机构和高等学校设立专门的技术转移机构，构建"政府、行业、机构、技术经纪人"四位一体的技术市场服务架构。第二，完善便利化的科技金融服务体系，促进京津冀协同创新科技成果转化创业投资基金、京津冀产业协同发展投资基金、京津冀产业结构调整引导基金等金融资本服务便利化，引导社会资本加大投入科技投融资市场。构建高效协同的"天使投资—风险投资—私募股权投资"股权投资链，为实现与京津冀协同创新提供充足"血液"。[②]拓展融资服务体系，设立硅谷式科技银行，引导京津冀区域内商业银行等金融机构与园区企业开展金融对接，共同参与开展银政合作模式，健全创新引导基金和天使投资、创业投资、众筹基金、创业风险援助资金等一系列引导支持资金。第三，建设高质量的研发服务体系。围绕人工智能、生物医药和新能源汽车等重点产业需求，支持京津冀联合攻关研究院共建，建设一批集研发、产业化、企业运营为一体的新型科研机构，联合开展资源型产业和战略性新兴产业可持续发展的关键技术研究，为京津冀产业转型升级提供技术支撑与产业示范。第四，健全专业化的知识产权服务体系。在京津冀知识产权发展联盟的基础上，共建区域知识产权保护协作网、专利信息平台和知识产权专家库，支持京津等地服务机构在河北省设立分支机构，探索共建京津冀知识产权服务业集聚区。

（五）推进区域现代产业体系建设，促进产业链和创新链深度融合

一是积极推进京津冀产业链区域集群化发展。依托各类的园区、平台和基地等载体，按照"强点、集群、组链、结网"的思路，加快京津雄产业分工与空间布局。梳理京津冀三地主导产业和战略性新兴产业的主要产业链的关键环节，明确优势、劣势和缺失环节，以"缺链补位、短链拉长、弱链增强、同链错构"为思路，组织企业家、行业、机构打造多层次、多

---

① 张贵，刘霁晴，李佳钰. 以京津雄创新三角区领航京津冀世界级城市群建设[J]. 中共天津市委党校学报，2019（01）：64-70.

② 张恩泽. 京津冀协同创新共同体的构建与实施路径[J]. 中国商论，2019（22）：191-194.

领域、多范畴的彼此相互链接的创新"空间",积极打造大数据、物联网、产业互联网、生命科学与医药、高端生产性服务等若干条高端高新产业链,提升产业链现代化水平。形成若干个创新枢纽,实现"1+1+1>3"的协同效应,完善以"2+4+46"①为代表的京津冀协同发展合作平台,拓展"点—链—线—集群—园区—网络"的产业合作格局,促进形成若干特色产业集群。**三是**将京津冀产业链的各个环节有机统一起来,"黏合"形成由多主体构成的聚集体,促进产业链的相互融合、无缝对接,形成"研发—转化—生产"良性循环的产业生态体系,突出各地优势,形成北京——知识技术创新源集聚地,天津——创新转化基地,河北先进制造转化地,打造产业一体化架构,促进区域创新空间与物质空间的融合,最终,将京津冀建设为"创新中心+研发转化+高端制造+高端服务+高品位宜居生活"分工协作的世界级城市群和创新中心。②

二是推进京津冀重点产业带建设。将京津冀产业体系下的子模块统一起来,沿现有、在建和规划的"一环四横四纵"高速和高铁等干线的交通网络,以技术"进链"、企业"进群"、产业"进带"、园区"进圈"为主线,以共建一批研究院、产业园区和承接平台为抓手,探索共建"飞地经济",三地联合引导资源、要素和项目,促进产业转移精准化、产业承接集聚化和平台建设专业化,在工信部的"1555N"③产业布局的基础上,着力建设京津冀新一代信息技术产业带、中国北方高端装备制造产业带、京津冀大数据产业带、京津冀新能源产业带、环渤海石油海洋化工产业带、渤海湾船舶修造产业带、环京津商务休闲旅游产业带、京津冀区域的现代物流产业带、县域特色产业带、农业特色产业带。④此外,积极推进以天津港与曹

---

① "2"代表北京城市副中心和河北雄安新区两个集中承载地,"4"代表曹妃甸协同发展示范区、北京新机场临空经济区、天津滨海新区和张承生态功能区四大战略合作功能区,"46"代表46个专业化、特色化承接平台。

② 张贵. 积极拓展承接平台 着力优化承接环境[N]. 河北日报, 2019-03-27.

③ "1555N"即"一个中心、五区五带五链、若干特色基地"。"一个中心"即打造一个科技创新中心。"五区"即北京中关村、天津滨海新区、唐山曹妃甸区、沧州沿海地区、张承地区,"五带"即京津走廊高新技术及生产性服务业产业带、沿海临港产业带、沿京广线先进制造业产业带、沿京九线特色轻纺产业带、沿张承线绿色生态产业带为支撑优化区域布局,"五链"即汽车、新能源装备、智能终端、大数据和现代农业,N个特色产业基地。

④ 张贵, 贾尚键, 苏艳霞. 生态系统视角下京津冀产业转移对接研究[J]. 中共天津市委党校学报, 2014(04): 105-112.

妃甸港口、黄骅港、秦皇岛港形成沿海产业带；张家口、北京、保定和廊坊共同打造汽车装备制造产业带；北京—廊坊—天津综合性现代产业带，邢台—邯郸—天津—唐山专业化产业带，主要通过专业化建设，提升钢铁产业链和纺织产业链现代化水平；构建邢台—保定—天津—唐山—秦皇岛新能源产业带，大力发展新能源高新技术产业链。

三是加快推进"六链"融合发展。从政策链、产业链、创新链、金融链、服务链和市场应用链构建现代产业体系，提升产业链现代化水平，均衡南北发展格局，引领打造全国创新驱动经济增长新引擎，提升国际影响力：（1）完善政策链，确保产业规范发展，建立更加完善清晰的知识产权管理体系，完善产业容错机制，为有重大价值的技术攻关保驾护航；（2）强化主导产业链，聚焦京津雄主导产业技术关键核心环节，培育引进科技型龙头企业，充分利用 5G、产业互联网、物联网、人工智能等新技术与新模式，逐步实现高、精、尖技术与实体经济的融合发展，采取"育小引大"的策略，培育本地高成长性企业、引进国内外集聚龙头企业；（3）围绕产业链部署创新链，围绕产业链构建创新组织，将创新前端的基础研究和前沿研究、中端的关键共性技术研发、后端的应用研究和规模化生产有机结合起来，重点关注两链融合的薄弱点、脱节点和障碍点，提升产业基础能力；（4）完善金融链，创新产业链全领域全生命周期的金融与服务能力，拓宽企业直接融资渠道，重点把握风险投资重要支撑作用；（5）优化服务链，打造科技服务产业生态，积极引进科技服务品牌，健全科技服务人才队伍，形成覆盖人工智能全产业链的服务联盟；（6）拓展市场应用链，提升新兴产业的多元市场需求，引导和拓展智能科技的应用场景。

四是加快厚植现代产业体系的"新根基"。新型基础设施建设为产业复苏、产业转型升级带来发展新契机，京津冀应重点推进基于 5G 等新一代网络基础设施的"新网络"建设；不断完善以中关村及其在津冀分园等创新基础设施能级建设；加快建设以人工智能等综合基础设施为重点的"新平台"建设和以智能化终端基础设施为重点的"新终端"建设；形成以改善社会民生、完善社会治理为目标的"新服务"布局，努力创造新供给、激发新需求、培育新动能，打造经济高质量发展新引擎。

（六）完善"轨道上的京津冀"，构建京津冀现代化综合交通网络系统

一是完善京津冀区域交通，构建以快速轨道交通为支撑的"一张图"。

构建以公共交通为主、以服务大众需求为目标的轨道交通运输体系，发挥京津冀快速轨道交通的支撑和引导作用，实行"公共交通轨道化，轨道交通公交化"，串联京津冀城市群，着力打造快速轨道交通网络，实现京津保、京津唐、京津廊等金三角有效连接，引导城市轨道交通向大众化、高效化、低耗化、可持续化趋势转变；城市轨道交通要具有科学合理的规模和等级层次结构，应根据各级城市的交通强度与密度、地理环境、沿快速轨道交通线路及站点，实现快速轨道交通与换乘枢纽、公共交通客运（车辆、场站、线路等）密切结合，按照组团式发展城镇市区。①

二是围绕中心城市打造综合交通枢纽。首先是铁路联运，要充分发挥京津核心和环渤海优势，建立以城际轨道交通为主，城市轨道交通和城郊铁路为辅的快速铁路网，加强冀北开发带与东部沿海的综合运输通道体系建设。其次是港口联运，要继续强化港口优势，依托服务辐射功能协调发展，进一步建立健全集散体系和高效便捷的服务体系。在提升服务质量与效率的基础上，在完善港口基础设施建设的同时，提升港口管理和运营水平。最后是空港联运，要将北京大兴机场、天津机场、石家庄机场以及区域内的其他机场联网，既充分发挥通用航空自身的通达性和快速性优势，又与区域公路、铁路、水路等地面集疏运枢纽进行系统整合、无缝衔接，不同的交通方式之间形成了便捷的联系和有机的匹配。

三是围绕经济带形成综合交通网络体系。对区域内交通基础设施进行有效整合，特别关注京津保、京津廊、京唐秦、京保石、京张承三角经济区域的建设发展，持续改善重要节点城市的内部交通基础设施，着重关注秦皇岛、沧州、邢台、邯郸和衡水等地区，加快海陆空交通枢纽建设，实现交通网络与产业布局、交通网络与城市空间优化的有机结合，实现交通体系由单极中心向多极中心、环状结构向网络结构转换，最终形成环状节点城市群。改变以北京市为中心的放射状交通网络格局，推进张家口、承德、秦皇岛、保定等环城"一环六射"的高速公路网建设，减轻北京交通负担。②加强区域中心主要节点城市之间的联系，建设和完善京港澳、张石

---

① 张贵，李佳钰.构建京津冀现代化交通网络系统的战略思考[J].河北工业大学学报（社会科学版），2015，7（02）：1-8.

② 张贵，李佳钰.构建京津冀现代化交通网络系统的战略思考[J].河北工业大学学报（社会科学版），2015，7（02）：1-8.

（邯）、石（津）港、青银等综合运输通道，基于石家庄市的陆上交通枢纽功能，不断扩大对多功能现代化交通设施的需求，尽快实现石家庄市与京津现代化交通网络的对接，促进城际铁路交通网络的优化。

四是围绕新增长极带动城乡统筹发展。京津冀现代化交通网络体系应重点服务新增长极，重点建设新经济区和新城镇。将新城镇建设与新型城镇化相结合，解决城乡二元结构问题。依托北京大兴机场的交通优势、港口优势和区位优势，推动河北雄安新区、廊坊市、永清县、固安县形成新的城镇格局。规划建设空港新区，以曹妃甸新区与毗邻港口的渤海新区作为渤海经济圈和京津冀都市圈的重要节点，应努力发展以循环经济为主导的产业体系，促进唐山和沧州形成以滨海新城为中心的沿海城市群，加速城市生产力布局向沿海转移。①邯郸市在依托高铁向东发展的同时，要重点推进与京津冀地区的对接与联动。

（七）探索区域生态环境和公共服务共建机制，共享京津冀协同发展成果

一是进一步优化京津冀生态环境。积极推进三地协调沟通对接机制，加强三地联防联控，努力改善生态环境。深化京津冀及周边地区大气污染防治协作机制，实施区域大气污染防治统一规划、统一标准、统一监测、统一执法，着重推进冀中南通道火电结构的优化和重污染企业的退城搬迁，推进中东部平原通道唐山市优化钢铁产业结构及布局。开展钢铁、焦化、水泥、平板玻璃和火力发电等五大重点行业越低排放和深度治理，全面削减污染排放。加强跨界河流系统治理，落实京冀密云水库上游、津冀引滦入津上游横向生态补偿机制，推动潮白河、永定河、滦河等重点跨界河流污染治理，综合分析确定重点领域、行业治理攻坚方向，规范入河、入湖、入库、入淀、入海排污口建设管控，推进污水治理基础设施建设，加强农村分散排污口管控，限制排污口排放浓度，有效改善河流水质。大力实施重大生态工程，针对京津冀东部由于地下水超采造成的地面沉降问题，强化地下水超采治理，重点推进"节、引、调、补、蓄、管"六大行动，持续回补地下水，逐步实现地下水采补平衡。大力实施京津风沙源治理、京

① 张贵，李佳钰.构建京津冀现代化交通网络系统的战略思考[J]. 河北工业大学学报（社会科学版），2015，7（02）：1-8.

津保生态过渡带等重大生态工程，大规模开展国土绿化，持续改善京津冀生态环境。

二是促进公共服务共建共享，推动三方要素顺畅流动。从教育、医疗、文化、社会保障入手，努力缩小三地公共服务差距，促进公共服务水平均衡。首先，加强教育合作。通过教育集团、学校联盟、配对帮扶、委托管理、开设分支机构等方式，推动京津优质中小学（幼儿园）与河北省中小学（幼儿园）开展合作，促进优质数字教育、设施场所、实习基地和其他资源共享共建。①稳步推进高职院校开展跨省市高职单独考试招生试点，探索共同建立高素质技术技能型人才协同培养体系，推进三省市职业教育一体化建设。优化高等教育协同育人体系，在师资队伍建设、学科专业建设、人才培养模式创新等方面不断深化合作，提升河北省校长教师能力素质。其次，开展医疗共建，推动雄安新区国家医学中心、北京援建的宣武医院等重大工程项目建设，全方位提升张家口冬奥会医疗卫生服务保障水平。发展"互联网＋医疗健康"发展，推进信息化建设和远程医疗，鼓励河北省医疗机构与京津开展远程协作，搭建健康信息平台，不断提高河北省医疗卫生服务水平。最后，加强文化交流，探索公共文化设施建设交流机制，打造具有区域代表性的群众品牌文化活动，深化三地图书馆和展览活动交流，加强京津冀博物馆合作共建和交流活动。此外，积极促进社会保障对接，推动京津冀养老服务资源对接合作，不断优化养老保险转移接续服务，支持京津优质养老服务机构通过合作或设立分院等形式进入河北省养老服务市场；建立"救急难"异地转办及三地协同办理工作机制，落实京津冀人力资源服务区域协同标准，逐步推进人力资源服务机构等级评定，通过缩小公共服务差距为三地要素自由流动创造条件。

参考文献

[1] 李军凯等. 京津冀教育协同发展实践策略研究[M]. 北京：科学出版社，2017.

[2] 张贵，李佳钰. 京津冀协同发展的新形势与新思路[J]. 河北师范大学学报（哲学社会科学版），2017，40（04）：5-12.

---

① 樊未晨. 京津冀将实现基础教育跨区域合作办学[N]. 中国青年报，2017-02-20.

[3] 崔丹，吴昊，吴殿廷. 京津冀协同治理的回顾与前瞻[J]. 地理科学进展，2019，38（01）：1-14.

[4] 何磊. 京津冀跨区域治理的模式选择与机制设计[J]. 中共天津市委党校学报，2015（06）：86-91.

[5] 祝尔娟. 推进京津冀区域协同发展的思路与重点[J]. 经济与管理，2014，28（03）：10-12.

[6] 陈璐. 河北蓝皮书：京津冀协同发展报告（2020）[M]. 北京：社会科学文献出版社，2020.

[7] 中国社会科学院京津冀协同发展智库京津冀协同发展指数课题组. 京津冀协同发展指数报告（2020）[M]. 北京：中国社会科学出版社，2020.

[8] 刘秉镰，王钺. 京津冀、长三角与珠三角发展的比较及思考[J]. 理论与现代化，2020（03）：5-11.

[9] 李国平，罗心然. 京津冀协同发展战略对北京人口规模调控的影响研究[J]. 河北经贸大学学报，2021（03）：15-23.

[10] 薛领，陈宥伶. 非首都功能疏解对北京经济结构的影响评估[J]. 河北经贸大学学报，2020（04）：89-99.

[11] 李文鸿，曹万林. 科技创新、对外开放与京津冀高质量协同发展研究[J]. 统计与决策，2021，37（07）：122-126.

[12] 曾春水，申玉铭，李哲等. 京津冀城市职能演变特征与优化对策[J]. 经济地理，2018，38（09）：67-77.

[13] 李军凯等. 京津冀科技创新园区链构建模式与路径研究[M]. 北京：科学出版社，2020.

[14] 孙久文. 京津冀协同发展的重点任务与推进路径研究[M]. 北京：北京教育出版社，2018.

[15] 温科，张贵. 京津冀三地区域创新生态发展评价及耦合研究——生态位视角[J]. 科技管理研究. 2020，40（10）：112-119.

II 分报告

第二章　创新治理：京津冀区域协同创新共同体建设

摘要：本报告构建了京津冀区域协同创新共同体指标体系，基于京津冀地区2015—2019年的数据，采用熵权法对三地协同创新水平进行测度，结果发现：对比2015年和2019年各项指标得分指数，京津冀地区整体协同度有所优化，态势较好；但京津冀地区局部性协同创新水平在创新环境支撑、创新资源投入和创新绩效产出等方面均存在显著差异，三地创新共同体发展较不平衡。北京是全国的政治中心，是我国最重要的科技创新源，各项协同创新指数远高于天津和河北。天津和河北创新能力也在逐渐上升，但与北京相比仍有较大进步空间。基于此，本报告提出了京津冀区域协同创新共同体建设建议，以雄安新区为支点打造良好的区域协同创新体系；坚持人才培养与引进两策并行，打造京津冀"创新人才高地"；优化京津冀区域科技创新人才的发展环境；构建"三位一体"机制与京津冀区域治理机制。

关键词：区域协同　创新共同体　指标体系

在京津冀协同发展重大国家战略中，协同创新、共同体创新既是核心内容又是基本动力。自2015年4月《京津冀协同发展规划纲要》通过以来，从中央到地方都致力于推进京津冀协同创新和打造京津冀协同创新共同体。随着京津冀三地签署《京津冀协同创新发展战略研究和基础研究合作框架协议》、北京市出台《关于建设京津冀协同创新共同体的工作方案（2015—2017年）》、河北省出台《河北·京南国家科技成果转移转化示范区建设实施方案（2017—2020年）》以及"雄安新区"的设立等推动京津冀协同创新的大量政策和措施相继落实，协同创新与京津冀协同发展的关系越来越清晰。在区域层面，是构建京津冀协同创新共同体，由北京带动津冀地区创新发展，均衡区域发展布局，提升三地的整体性协同创新水平。在产业层面，是以协同创新提升产业创新能力，实现产业转型升级，在产业对接过程中，调整产业结构，优化京津冀地区城市布局和空间结构。在微观层面，是以协同创新打造京津冀地区科技成果转化共同体、培育企业创新主体、搭建创新创业平台等来实现创新驱动发展。

一、区域协同创新共同体的基本理论

（一）协同创新与创新治理内涵

1. 协同创新

"协同"是系统中一种有序的状态，目的在于通过协调，使得系统内的各个子系统和要素相互协作、分工互补，形成良性共振，产生个体之和优于整体的效应，实现制度和系统环境的改善。协同论是研究协同的代表性理论和协同学的基本研究范畴，以系统论、控制论和信息论为理论基础，研究处于失衡状态的开放系统如何通过内部协同和自组织与外部世界进行物质和能量的交换。

创新理论最早可以追溯到英国古典政治经济学代表亚当•斯密的《国富论》，他认为"某些机械的发明"对经济增长促进作用的阐述间接可以看作是"创新"作用。新古典学派运用新古典生产函数证明了经济增长率取决于资本和劳动的增长率、资本和劳动的产出弹性以及技术创新。熊彼特将创新理论总结为"一个概念、两个模式、三种观点"，他强调创新是技术和经济的有序整合，并指出创新与发明之间的关系。从一般意义上来说，创新是一种基础的概念化过程，包括线性式创新，即产品、方法、市场、原材料等的更新与改变，多体现在企业内创新，经历"设计－开发－生产－销售"这一线性过程，属于狭义创新的范畴。就广义而言，创新代表一种能够对外界环境造成冲击和影响的变革，可称为提出一种新思想，做出一项新科学发现，变革出一种新的组织形式、政策机制、制度框架以及相关的发明创造活动。同时，对创新不同领域的广泛研究，创新又表现为系统中多种要素的交互过程，体现出开放性、社会性、非线性等多种特性。创新从最初的线性模式变化为网络模式，创新范围从小范围的生产研究发展到地理和空间上的扩散，从简单的资源整合到制度、文化、组织协同和资源集成，在此基础上创新模式、范围和形式等不断演化，衍生出了新的创新理论。

其中，开放式创新被认为是协同创新的前范式。与局限于企业内部的封闭性创新不同，开放式创新强调突破企业组织边界，通过与高校科研院所、用户和供应商等的合作，将内外部创新资源整合到一个结构中，如创新联盟或者创新平台等，运用企业内外部创新资源，弥补企业创新能力的不足。这一概念涵盖合作创新、用户创新、网络创新等内容，合作和集聚是其主要运作方式。对于开放式创新是否更适合技术密集型行业，不同实证研究有不同的结论。亨克尔（Henkel）认为高技术行业的开放程度并非完全大于传统行业，创新过程的开放程度与行业差异之间没有显著关系。不过，现有研究均认同中小企业更倾向于从外部获取创新所需资源。进一步，劳伦和索尔特（Laursen & Salter）的研究发现了行业专属性与开放式创新意向之间的关系。开放式创新可划分为外向型开放式创新和内向型开放式创新。前者是利用外部渠道实现内部技术商业化，或者通过向市场提供知识、出售知识产权获利，并通过把创意结合外部环境来获得技术突破的过程；后者是一种企业引入外部创新资源，进行技术研发的模式。现有文献研究表明，在开放式创新模式下，一方面，企业获取外部创新资源的投入减少、成本降低；另一方面，搜寻和获取外部科学知识的过程能够激发企业的创新潜力，这被认为是开放式创新模式能够提升创新效率的原因。

协同创新是国内学者提出的具有中国特色的创新理论。目前，对其内涵的解释尚待统一。陈劲、陈钰芬等学者提出协同创新是企业、政府、高校科研院所、中介机构和用户等为实现重大创新而深度合作的创新模式。疏腊林等学者将其完善化，提出协同创新是一项复杂的创新组织方式，其关键是形成以高校、企业、研发机构为核心，以政府部门、金融机构、创新平台、非营利性组织等为辅的多元化主体协同互动的创新模式，并通过知识创造主体和技术创新主体间的纵深合作，产生系统叠加的非线性效用。唐清泉等学者则基于协同学理论，从规模经济和范围经济的角度加以诠释。尽管视角不同，但现有文献都将产学研合作的过程视为协同创新的主要表现。影响产学研模式的主要要素，如企业的吸收能力、高校的知识转移能力、交易费用和管理成本、知识类型、学习壁垒、企业投入、双方的物理距离、信息泄露风险、利益分歧等也是影响协同创新效率和质量的重要因素。

基于以上分析，本报告认为，"协同创新"是指对创新性要素进行有序整合，进而打破创新主体间的壁垒，激发创新主体内部"人才、资本、信息、技术"等多种创新要素的活力，实现更有效的合作。协同创新是创新治理的一种模式，它强调系统内部资源和要素的有序整合以及充分释放和融合，打破障碍，实现放大效益的协同合作。从微观层面来看，协同创新具有整体特性，创新主体依靠现代信息技术构建文化、技术、专业技能等多种创新资源的共享平台，多方创新主体进行全方位交流和多样化协作。从宏观层面来看，协同创新具有动态特性，人才、资本、信息、技术等创新要素能在各领域、行业和区域间无障碍流动与扩散，实现创新体系内各子系统的协同。

2. 创新治理

国际知名人士发起成立的"全球治理委员会"在1995年发表的《我们的全球伙伴关系》中指出，治理并非规则与活动，而是一个动态过程；治理的核心并非控制，而是协调；治理也不是一种正式制度，而是一段持续的互动。治理体现的是系统治理、依法治理、源头治理、综合施策。作为治理内容的进一步延伸，目前学界关于创新治理的概念还未有一致的界定。顾新等学者认为创新治理是网络治理与创新理论的结合，基于"以治理目标为导向、治理结构为框架、治理机制为核心、治理模式为路径、治理绩效为结果的复杂运作系统"的网络治理概念，界定创新治理突破了网络治理的基本范式，依赖于其所属的创新网络，形成高科技企业创新生态系统。党兴华等学者则将创新治理看作一种具有技术创新特征的网络组织，成员间往往通过知识交流、协作研发相互联系，形成网络上的多节点，因此网络治理是创新治理的基础，技术创新网络治理是保持网络平稳及网络中知识信息流畅运行的关键。也有学者认为创新治理要依托于地域，区域治理作为一种新型实践过程，它目的在于规范区域公共事务管理的体系，以有效处理复杂的区域事务。

基于网络治理和区域治理的相关内容进行总结，本报告认为创新治理是在一定区域范围内以经济、政治、社会、文化等要素为基础，依托多元主体形成的网络化组织体系，同时以区域内外利益相关者为支撑，建立正式与非正式的制度化安排，通过创新型技术、模式等协调区域公共事务，并且进行自主治理的过程。

（二）区域创新共同体的解释

1. 文献梳理和概念界定

区域创新共同体是一个多创新主体参与以寻求共同发展的载体。林恩（Lynn）等认为"区域创新共同体"包括"一定地理空间内与新技术商业化中有关的所有个体和机构"，这些个体和机构体现了共同体中不同元素的相互作用。索内和普兰德利（Sawhney & Prandelli）则认为，传统以研发部门为核心的封闭式管理难以很好地整合主体之间的创新活动，而创新共同体的开放性和稳定性能有效地发挥参与者的个体创新力和集体创造力。还有一种观点是"从全世界知识源中获取专业性的社会文化知识，形成包容性区域创新共同体"。根据知识产生、知识应用、知识商业化这三个知识价值链节点，将区域创新共同体分为以下两类：知识生产、应用共同体，是区域创新过程中的一部分；商务共同体与社会文化驱动共同体，向区域创新过程带来外部性影响。目前国内学者们对区域创新共同体概念界定也并未形成完整的体系。王志宝等学者认为，创新共同体是指各个创新主体之间进行整合创新要素，主要以非线性的相互作用产生多元主体组织系统效用最大化的协同体。而区域创新共同体演进过程是在区域内部的科学技术跨地区联动发展，人员、机构和项目打破地区壁垒，实现区域内协同合作，最终实现区域创新收益最大化和区域科技创新能力的提高。随着研究深入，有学者也指出区域创新共同体既包括技术协同创新体，又有主体创新、知识创新和机制创新等，微观层面的打破区域壁垒，实现技术、人才、信息、资本等创新要素的自由流动，中观层面的城市布局、产业布局、交通系统、生态环境、公共服务的优化，以打造和谐共存系统发展的良好环境。

基于学界现有的对区域创新共同体的阐述，本报告认为区域创新共同体并非一个理论层面的概念，而是指在创新研究、创新技术、创新生产等领域的多种创新主体在一定地理范围内相互作用，使得一体化发展从经济一体化过渡到经济、社会、科技、创新融合发展一体化而形成的一种空间形态。从理论方面看，作为协同创新理论的纵深发展，区域创新共同体的出现也进一步完善了区域协同理论和创新系统理论。从实践方面看，区域创新共同体极大地促进了各大主体之间的有效协同，使之能够实现资源共享和深度发展，在不同的领域实现优化、提升。

2. 演进历程

分析总结创新共同体的演化发展历程，可将其分为产学研协同创新阶段、集群式创新网络阶段和跨区域创新共同体形成阶段，这是一个逐步包含的关系，研究维度和尺度逐步扩大，使得区域的协同创新能力得以提升。

（1）初级阶段：产学研协同创新

企业的创新活动突破内部的生产、销售等环节，开始搭建和外部机构的合作平台，从上游供应商、下游销售渠道、科研院所等获得有用的创新活动。基于此，何郁冰提出以微观主体创新需求为导向，围绕企业这一核心主体，高校、科研机构、政府和中介机构等创新主体围绕企业的技术需求进行产学研合作。一方面，为企业提供无形资产；另一方面，可以帮助企业防控研发，获取规模收益，进而提高企业的科技成果转化率。在这一阶段，政府还需要通过强化基建、加强金融监管、完善政策保护等为企业自主创新创造更好的外部环境。

（2）中级阶段：集群式创新网络

与传统的线性创新机制不同，集群式创新是基于专业化分工，有关联的产业布局于临近的地理空间上，微观创新主体相互作用，从而形成集群式创新网络。创新网络中的企业、高校等机构通过关系链达成长效的合作关系，关系的形成带来了集聚效应以及知识溢出，最终形成创新共同体。

（3）高级阶段：跨区域创新共同体形成

张宗法、陈雪提出跨区域的创新共同体实际上是由多维子系统的相互协作而产生的一个复杂性开放系统。它包括不同区域的子系统和某一区域本身所包含的各类创新要素形成的二级子系统。因此，本报告认为在跨区域创新共同体中，各创新主体必须明晰自身在共同体中的定位，通过多重互补性和城际关系的可达性，形成跨区域创新共同体。

3. 构成要素

区域创新共同体的构成要素可从创新主体、功能要素和环境要素进行分类。创新主体包括政府、企业、中介组织、高校及科研机构。政府是组织层，它通过协同、引导、组织、推动、保障和协调，形成合理的制度和规则，搭建服务平台，促进创新主体有效协同。企业和包括高校在内的科研机构是主体层，它们是培养创新人才，进行技术创新、集聚创新资源及拉动经济发展的原动力。中介机构和组织是支撑者，充当信息沟通的桥梁，提供专业的服务。功能要素有技术、资源、人才和资金等，是区域创新共同体的基本条件，提供创新动力和创新平台。环境要素是区域创新共同体运行的机制、法律、环境等框架环境，在一定的历史时期是稳定地为系统运行提供推力和引力。

主体要素、功能要素与环境要素相互结合、相互联系、相互作用，推动区域创新共同体的发展，三者之间的关系可形成一个金字塔。功能要素位于金字塔的底层，属于先天性存在要素，在区域创新共同体中，通过创新主体自身具备的技术投入、人力资源、资金投入等因素显现。环境要素在金字塔中位于功能要素的上层，属于外生因素，属于要素体系中的成长性要素，在区域创新共同体萌芽以后，对其发展起到越来越关键的作用，并通过政策因子、基本建设投资、教育经费支出、国内生产总值（以下简称 GDP）、地方财政支出等指标反映。主体要素位于金字塔的顶层，创新主体在协同创新的各个阶段充分发挥主体功能，形成合力，实现对创新资源的配置，并完成经济优势的转化。

（三）区域协同创新的影响因素及模式机制

对于影响区域协同创新的因素，学者们从不同角度开展了研究。张贵等学者以产学研为创新主体，以制度环境、基础设施、金融环境等代表创新环境，以社会资本等代表网络资源，从这三个角度分析了京津冀协同创新的驱动因素。马永红等学者的研究表明，影响区域协同创新的因素主要受政府、市场和企业驱动，模型的分析结果显示，区域经济发展水平、环境质量和创新主体能力对区域协同创新有正向作用；主体之间距离越远，协同创新能力越弱。高怡冰基于哈肯模型，阐述了创新要素投入和创新效率的重要性，认为协同创新呈增长趋势根源上得益于技术驱动。

区域协同创新的模式多种多样，现有文献主要从三个角度加以说明：一是根据合作的创新组织数量，分为创新主体间的点对点协同、点对链协同（单一主体与多元主体间的协同）和网络协同方式。网络协同方式是最为普遍的区域协同创新模式，网络协同创新模式下，多元主体间的关系复杂，合作目标较难统一。二是根据协同创新过程中创新组织的定位，将区域协同创新模式分为政府主导型、企业主导型、高科院所主导型以及中介机构为纽带的产学研协同创新。三是按照创新主体间交流方式，将区域协同创新的微观模式分为契约型协同创新、联盟型协同创新和基地型协同创新。契约型协同创新是以合同形式确定的合作创新，一般是企业或者政府为了实现某项创新，与高科院所签订合同，由高科院所提供前沿技术知识，由企业及时进行商业化转化，以合同形式明确各方权责利益，保证创新项目顺利进行。联盟型协同创新更为复杂，适合产业层面的创新，当存在产业共性方面的创新瓶颈问题时，一般会采取联盟模式，由企业、高科院所和中介机构共同出资，调动人力、知识、技术进行研发，实现互补和科研成果共享。联盟型创新协同可以增进参与各方的沟通和合作，进而加快建立长效的创新联盟。基地型创新联盟是创新主体联合组建创新基地，采用基地合作为主的协同创新方式，来提高企业创新力和地区产业竞争力，促进区域经济持续增长。

对于区域协同创新机制的论证一般包括动力机制、运行机制和治理机制三类，如图2-1所示。动力机制分为内部利益驱动和外部利益驱动。前者的动力机制是根据创新主体的不同而有所差异，对于企业而言，追求技术进步、利润最大化和提升竞争力是其愿意同其他创新组织开展创新合作的主要驱动力。而高科院所不同，高科院所的技术体制、管理体制和考评体制在进行改革后，以往科研项目与经费由国家拨款的做法被打破，开始重视科技成果转化率，这是其日益重视与企业创新合作的原因。后者的动力机制是外部推力，主要来自行政部门，为了促进跨区域经济协同发展，政府在制定规划和政策时，更加注重以市场需求为导向，并采取税收优惠等奖励来激励区域协同创新。运行机制涉及区域经济的创新投入、创新产出以及投入产出关联等方面，需要整合各创新主体的资源数量进行优化配置，并将创新产生的经济效益回馈地方经济，保证经济可持续发展。治理机制主要包括风险管控机制和利益分配机制，区域协同创新过程中风险和收益并存，如果创新技术不能与实践相匹配，就会极大增加风险，如果创新产品无法满足消费者需求，就存在市场风险，有效的治理机制可以通过协商和订立协议的方式明确各自的责任和义务，分担风险，合理分配收益，从而降低创新成本，减少风险损失。

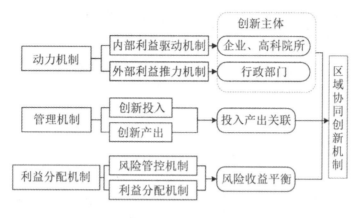

图 2-1　区域协同创新机制

二、区域协同创新共同体的综合评价体系构建

（一）指标选取

根据区域协同创新的影响因素，结合其运行模式和机制，总结京津冀协同创新共同体的形成有两个重要方面：一是局部性协同创新。京津冀三地在提高各自协同创新能力的基础上进行跨区域的要素融合、资源流动，完善整体的创新布局，有效推进京津冀协同创新。以"创新资源投入—创新绩效产出"为核心、以"创新环境"为辅助的协同创新模式是局部性协同创新的根本路径。创新环境是局部性协同创新重要的外在条件，可以通过影响协同创新微观主体作用于区域协同创新，涉及教育环境、人才环境、对外开放程度、金融环境等。创新资源投入是协同创新的起点，主要包括与创新有关的各项支出，是创新活动出现的原动力和创新效益产生的必备要素。创新绩效产出往往由人均 GDP、专利授权量等来表示，是创新共同体成员的最终追求和协同创新的目标所在。二是整体性协同创新。构建京津冀协同创新机制，以调节三方的关系，使协同各方有内生的动力来进行协同创新，缩小区域创新差距，实现区域内科技平台共建、整体利益共享、重大技术协同共创，是京津冀协同创新共同体的长期化、可持续的基础。局部性协同创新和整体性协同创新两方面缺一不可。基于以上分析，并借鉴孙瑜康、李国平等学者的研究成果，构建了京津冀区域协同创新共同体建设综合评价指标体系，包括地区创新环境支撑、地区创新资源投入、地

区创新绩效产出和协同创新水平4个一级指标和进出口额占地区生产总值的比重、科研机构数量等17个二级指标,具体指标如表2-1所示。

表2-1 京津冀地区协同创新共同体建设综合评价指标

一级指标	二级指标	单位	熵权
地区创新环境支撑	进出口额占地区生产总值的比重	%	0.052
	金融机构本外币贷款余额	亿元	0.033
	研究与开发机构数量	所	0.102
	高等学校数量	所	0.050
	每万人大专以上学历人数	人/万人	0.053
	科技企业孵化器管理机构从业人员数	人	0.032
地区创新资源投入	研发支出占地区生产总值比重	%	0.051
	财政科技支出占一般公共预算支出比重	%	0.042
	规模以上企业R&D经费内部支出	亿元	0.031
地区创新绩效产出	地区人均生产总值	万元	0.042
	每万人发明专利授权量	件/万人	0.084
	规模以上工业企业新产品销售收入	亿元	0.052
	有R&D活动的规模以上工业企业数量	家	0.056
协同创新水平	资金输出地域合同金额	亿元	0.082
	资金流向地域合同金额	亿元	0.066
	技术输出地域合同数	项	0.085
	技术流向地域合同数	项	0.086

注:R&D,Research and Development,研究与发展。

(二)数据处理

鉴于数据完整性、可比性、可操作性,本报告中评价指标时间跨度为2015—2019年,数据来源于《中国统计年鉴》《中国科技统计年鉴》《北京统计年鉴》《天津统计年鉴》《河北经济年鉴》《中国城市统计年鉴》。在搜集整理数据过程中,发现几项二级指标缺失2019年的数据,考虑到指标体系的全面性,采用二次移动平均法对位于序列末尾的缺失值进行插补,以解决预测值滞后于实际观测值的矛盾,计算步骤如下:

计算第t期的一次移动平均值:

$$S_t^{(1)} = \frac{Y_t + Y_{t-1} + \cdots + Y_{t-N+1}}{N}$$

计算第t期的二次移动平均值:

$$S_t^{(2)} = \frac{S_t^{(1)} + S_{t-1}^{(1)} + \cdots + S_{t-N+1}^{(1)}}{N}$$

计算截距项，即第 t 期现象的基础水平：

$$a_t = 2S_t^{(1)} - S_t^{(2)}$$

计算斜率，即第 t 期现象的单位时间变化率：

$$b_t = \frac{2}{N-1}\left(S_t^{(1)} - S_t^{(2)}\right)$$

预测：

$$F_{t+T} = a_t + b_t T$$

其中，N 为计算移动平均值的跨越期，T 为未来预测的期数。

将处理后的面板数据以矩阵形式列示。设数据包括 h 个年份，m 个地区，n 项指标，构成一个 hm×n 阶矩阵，矩阵中指标值记为 $x_{\alpha ij}$，其中 $\alpha = 1, 2, \cdots, h$；$i = 1, 2, \cdots, m$；$j = 1, 2, \cdots, n$。

$$X_{\alpha ij} = \begin{bmatrix} x_{11} & x_{12} \cdots & x_{1n} \\ x_{21} & x_{22} \cdots & x_{2n} \\ \vdots & \vdots & \vdots \\ x_{hm1} & x_{hm2} \cdots & x_{hmn} \end{bmatrix}$$

（三）权重确定与得分测算

首先，由于不同的指标有不同的量纲和单位，这会影响整个综合评价体系的测算结果，需对数据进行无量纲的标准化处理。因为文中 16 个指标都为正向指标，本报告将采取极差标准化的方法，即 min—max 标准化方法，对原始数据进行线性变换，使得结果映射到 0—1 之间。设 $Z_{\alpha ij}$ 为标准化后的数据矩阵，则公式为：

$$Z_{\alpha ij} = \frac{X_{\alpha ij} - min(X_{\alpha ij})}{max(X_{\alpha ij}) - min(X_{\alpha ij})}$$

其中，$min(X_{\alpha ij})$、$max(X_{\alpha ij})$ 分别代表第 j 项指标的最大值和最小值；$X_{\alpha ij}$、$Z_{\alpha ij}$ 分别代表第 j 项指标无量纲化处理前和处理后的值。

指标归一化处理：

$$P_{\alpha ij} = Z_{\alpha ij} \Big/ \sum_{\alpha=1}^{h}\sum_{i=1}^{m} Z_{\alpha ij}$$

计算各项指标的熵值及其冗余度：

$$E_j = -k\sum_{\alpha=1}^{h}\sum_{i=1}^{m}P_{\alpha ij}lnP_{\alpha ij} \qquad D_j = 1 - E_j$$

其中 $k = 1/\ln(h \times m)$ 。

然后，计算各项指标的熵权：

$$W_j = D_j / \sum_{j=1}^{n}D_j$$

最后，按照下方公式测算出各级指标的得分：

$$C_{\alpha i} = P_{\alpha ij} \times W_j$$

三、京津冀地区协同创新共同体的现状评估

（一）京津冀地区整体性协同创新水平

由表 2-2 可以看出，京津冀整体性协同创新指数从 2015 年的 0.0498 增加到 2019 年的 0.07491，三地之间的协同创新水平有了较明显提升。深入区域协同创新内部结构来看，区域创新环境支撑指数从 0.06954 增加到 0.09128，区域创新绩效产出指数从 0.01292 增加到 0.05125，京津冀协同创新效率有大幅度提高。但区域创新资源投入指数有所下降，可能由于2015—2019 年期间，天津市创新资源投入指数的降低见表 2-3、表 2-4 和表 2-5，其中财政科技支出占一般公共预算支出的比重从 3.74% 下降到3.09%，规模以上企业 R&D 经费内部支出从 352.67 亿元下降到 213.43 亿元是主要原因。总体来看，对比 2015 年和 2019 年各项指标得分指数，京津冀地区整体协同度有所优化，态势较好。

表 2-2　2015—2019 年京津冀三地协同创新指数

指数	地区创新环境支撑指数	地区创新资源投入指数	地区创新绩效产出指数	京津冀协同创新指数
2015 年	0.06954	0.03845	0.01292	0.0498
2016 年	0.07349	0.03809	0.02020	0.05864
2017 年	0.07866	0.03077	0.03413	0.06415
2018 年	0.08327	0.02769	0.04148	0.07215
2019 年	0.09128	0.02642	0.05125	0.07491

表2-3　2015—2019年北京市区域协同创新指数

指数	地区创新环境支撑	地区创新资源投入	地区创新绩效产出
2015 年	0.04145	0.01247	0.01561
2016 年	0.04162	0.01194	0.01993
2017 年	0.04281	0.01291	0.02294
2018 年	0.04526	0.01406	0.02395
2019 年	0.04639	0.01597	0.02892

表2-4　2015—2019年天津市区域协同创新指数

指数	地区创新环境支撑	地区创新资源投入	地区创新绩效产出
2015 年	0.00774	0.00956	0.02116
2016 年	0.00781	0.00904	0.02124
2017 年	0.00851	0.00879	0.01747
2018 年	0.00864	0.00920	0.01985
2019 年	0.00952	0.00922	0.02168

表2-5　2015—2019年河北省区域协同创新指数

指数	地区创新环境支撑	地区创新资源投入	地区创新绩效产出
2015 年	0.00895	0.00172	0.00225
2016 年	0.01076	0.00277	0.00667
2017 年	0.01249	0.00377	0.01387
2018 年	0.01474	0.00479	0.01195
2019 年	0.01550	0.00635	0.01541

（二）京津冀地区局部性协同创新水平

1. 地区协同创新环境支撑指数趋势分析

创新环境是影响区域协同创新的关键因素，本报告主要选取了研究与开发机构数量、科技企业孵化器管理机构从业人员数等6个二级指标，指标得分越高，说明该地区创新环境越好，越有利于协同创新共同体的形成。

图 2-2 是 2015—2019 年京津冀三地创新环境支撑指数趋势图，从图中看出，三地得分走势整体呈缓步上升趋势，因为北京拥有的人才、资金、技术等方面的优势十分明显，起到科技创新引领作用，所以得分远高于其

他两地。以 2019 年为例，北京的进出口额占国内生产总值的比重为 81%，比天津和河北分别高出 29 个百分点和 70 个百分点；而同年，其每万人大专以上学历人数约是天津的 2 倍，河北的 4 倍。从创新环境的影响因素上来看，研究与开发机构数量和高等学校数量对创新环境支撑指数的影响较大，而因为人口基数的原因，河北的这两项指标均高于天津，导致天津市创新环境支撑指数值低于河北省。从创新环境支撑指数值增长幅度上来看，京津冀地区指标得分处于稳步上升通道，年均增长率分别为 2.38%、4.6%、14.63%。天津市是产业创新中心和科技成果转化基地，河北省利用要素成本优势，承接京津两地转移产业，创建国家科技成果转移转化试验区，两地指标增长幅度都较大，协同创新基础环境的质量不断有所优化，对缩小京津冀三地创新发展指数差距产生了明显的作用。

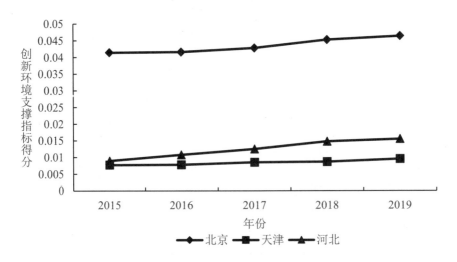

图 2-2　2015—2019 年京津冀三地协同创新环境支撑指数

2. 地区协同创新资源投入指数趋势分析

协同创新资源投入主要以科研经费投入为主，是进行后续协同创新活动的基本保障，投入力度的大小直接影响协同创新活动的进程。

将京津冀三地协同创新资源投入指标得分趋势表征在图上，如图 2-3 所示。从图 2-3 中可以看出，2015—2019 年北京市协同创新投入指标得分整体呈波动上升趋势，2015—2017 年平稳上升，自 2017 年开始投入力度加大，年均增幅为 5.61%，趋势向好。天津市协同创新投入指标得分有所下降，尤其是 2016 年，主要在于规模以上企业 R&D 经费内部支出的大幅度下降，从 2016 年的 349.96 亿元下降到 2017 年的 241.14 亿元。这与天津市 2017 年发布的《关于集中开展"散乱污"企业整治取缔工作的通知》有关，从 2017 年 4 月份开始，仅仅两个月，关停取缔了 17.4 万家企业，落实了京津冀大气污染防治工作，为优质化企业发展提供空间。河北省协同创新投入指标得分处于快速的上升通道，且年均增幅较大，由 2015 年的 0.00172 持续增加到 2019 年的 0.00635，与京、津两地差距缩小。但 2019 年河北省财政科技支出占一般公共预算支出比重仅为 1.09%，远不及北京市的 6.23% 和天津市的 3.09%，拉低了其区域协同创新资源投入指标的得分。

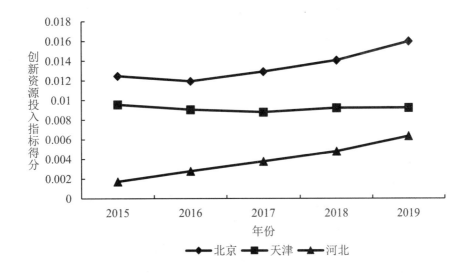

图 2-3　2015—2019 年京津冀三地协同创新资源投入指数

3. 地区协同创新绩效产出指数趋势分析

协同创新产出成果可以体现创新主体投入创新要素所产出的成果数量，一定程度上可以衡量区域协同创新资源的利用情况。

图 2-4 展示的是 2015—2019 年京津冀三地协同创新产出成果指标得分趋势图。在绩效产出方面，北京市一直处于领先地位。在 2019 年，北京日均设立高新技术企业数量达 250 家；每万人发明专利拥有量达 132 件，技术合同成交额同比增长 14.9%。从测算指标上来看，北京协同创新产出

成果指标得分在这五年间增长幅度达 85.27%, 年均增长率达 17.03%。天津市协同创新产出成果指标得分的走势较复杂, 呈先上升后下降然后再回升的 U 字形, 节点是 2017 年。协同创新绩效产出涉及的三级指标包括地区人均生产总值、每万人发明专利授权量、规模以上工业企业新产品销售收入和有 R&D 活动的规模以上工业企业数量, 除熵权最高的每万人发明专利授权量外, 天津市其余三个指标数据都出现一定幅度的下降, 尤其是有 R&D 活动的规模以上工业企业数量 5 年间由 2084 家降为 1298 家, 大大拉低了其区域协同创新绩效产出指标的得分。而在近两年, 天津市深入落实"海河英才"行动计划后, 累计引进人才 35 万人; 科技企业快速发展, 国家级高新技术企业、国家级科技型中小企业数量增加; 2019 底, 每万人发明专利拥有量为 22.3 件, 较上年大幅度增长, 由此带动协同创新绩效产出指数逐渐回升。河北省协同创新产出成果指标得分态势良好, 4 个二级指标都呈上升趋势, 协同创新环境改善明显。例如 2019 年, 河北省新增国家级高新技术企业、科技型中小企业分别为 2000 余家和 1.1 万家, 正向拉动区域协同创新产出成果数量的增加与质量的优化。

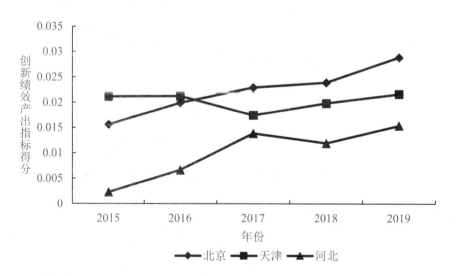

图 2-4　2015—2019 年京津冀三地协同创新绩效产出指数

(三)京津冀地区协同创新共同体建设存在的问题

尽管京津冀地区在科技创新方面具有明显的比较优势, 但是仍面临着创新链链接不足的问题，需进一步优化创新环境，激励京津冀地区协同创新来提高科技成果转化的效率和质量。

1. 创新主体及环境空间分布不均衡

总体来讲，京津冀地区的创新要素比较丰富，创新环境比较有优势，但是区域内部各地创新能力差距较大。北京是全国的政治中心，是我国最重要的科技创新源，协同创新环境支撑指数远高于天津和河北。天津和河北是北方重要的经济体，创新能力也在逐渐上升，但与北京相比创新要素显得相对不足，创新环境也有很大的优化空间。创新主体及环境空间分布不均衡主要体现在以下两个方面：一是高校、科研院所量质不均。截至 2020 年底，北京拥有普通高等院校 92 所，其中"211"高校 26 所，占全国比例接近 1/4；天津高校 56 所，河北高校 125 所，略高于北京，但天津、河北"211"高校都只有 3 所，与北京差距悬殊。在研究与开发机构及国家重点实验室方面，2019 年北京研究与开发机构数量为 383 个，天津研究与开发机构数量为 57 个，河北研究与开发机构数量为 74 个，略高于天津；北京国家重点实验室 79 个，占全国 31.1%，天津国家重点实验室数量为 6 个，河北国家重点实验室数量为 1 个（2016 年底数据），略低于天津。可以看出，在研究与开发机构及国家重点实验室存量上天津与河北差距不大，北京远高于天津、河北。二是人才分布的极化现象。由于京津冀地区内事业单位与科技型企业存在壁垒，使得高校和科研机构人才向企业的流动率较低，创新成果转化困难。京津冀各地区在就业岗位、基础设施等方面差别较大，导致大量人才向更发达的地区聚集，北京的"极化效应"十分明显，而天津和河北吸引创新人才较为困难。此外，天津和河北民营科技型企业在工作薪酬、福利补贴、生活保障等方面缺乏吸引力，导致该地企业即使引进人才后，也难留住人才。

2. 基础研究与应用研究缺乏衔接，成果转化存在难题

科技创新产出成果应该综合衡量质和量两个维度。产出成果的最终目标是转化成生产力，对经济增长和社会进步做出贡献，因此科技成果必须从生产实践出发，进一步强调其实用性。

根据京津冀地区统计年鉴的数据显示，2019 年北京市 R&D 经费中企业、科研机构和高等学校的经费支出 908.2 亿元、994.2 亿元和 280.8 亿元，占比 40.7%、44.5% 和 12.6%。其中，科研机构在基础研究、应用研究和试

验发展 3 类活动经费支出分别为 237.3 亿元、325.0 亿元和 431.8 亿元，占比 23.9%、32.7%和 43.4%，比例为 1∶1.37∶1.82；高等学校为 102.3 亿元、156.8 亿元和 217.1 亿元，比例为 1∶1.53∶2.12；企业为 6.4 亿元、59.0 亿元和 842.8 亿元，占比为 0.7%、6.5%和 92.8%，主要是试验发展。天津市 R&D 经费支出总共 462.97 亿元，其中企业 R&D 经费支出中用于基础研究、应用研究和试验发展领域的分别为 0.99 亿元、6.99 亿元和 336.11 亿元。河北省 R&D 经费支出中用于基础研究、应用研究和试验发展领域的分别为 14.9 亿元、58.0 亿元和 493.8 亿元，占比为 2.6%、10.2%和 87.1%。同期全国数据中，企业、政府所属研究机构、高等学校 R&D 经费支出所占比重分别为 76.3%、13.9%和 8.7%。其中，研究机构 R&D 经费中用于基础研究、应用研究和试验发展方面的比重分别是 16.6%、30.3%和 53.1%；高等学校 3 类活动经费分别为 722.2 亿元、879.3 亿元和 195.1 亿元。全国数据表明，企业的 R&D 活动主要是在试验发展阶段，高校主要从事科学研究，科研机构 3 类活动比例为 1∶1.83∶3.2，说明科研机构是科学研究与试验发展并重型的。京津冀地区与全国趋势相似，只是科研机构投入科学研究比重高于全国平均水平，而投入试验发展活动的比重偏低。

从京津冀来看，北京的研发活动偏重科学研究，试验发展活动不足，天津市和河北省 R&D 活动特点是以企业为主的试验发展研究，但在绝对量上低于北京。试验发展研究的投入比例较低，一方面，表明京津冀地区在技术开发环节存在企业创新力不足问题；另一方面，也会影响创新成果的商业转化。因此，在推进京津冀协同创新以提升科技成果转化效率和质量的过程中，应发挥科研院所在技术开发环节的科研优势，协同创新平台在科技成果转化中的辅助作用，在高校和企业之间起到桥梁作用，激发协同创新意愿，解决企业创新瓶颈。

3. 技术输出"跳跃式"传播，"一高两低"状态明显

由上述分析可知，京津冀地区在试验发展方面的投入不足，使得北京的创新成果很难在区域内得到转化。从 2019 年来看，京津冀协同创新指数为 0.07491，还有很大的提升空间，这也反映在技术市场交易中。截至 2020 年底，中关村企业在津冀设立分支机构 8600 多家，北京流向津冀技术合同成交额累计超 1400 亿元。近几年数据显示，三地技术市场交易额逐年提升，但是三地之间的技术交易占比较低，流向津冀两地的技术成果虽然比

2015年只有3%的情形有所改善，但是所占比重仍然偏低，北京的技术输出越过津冀，流向东南沿海地区，说明北京还不能充分发挥对周边津冀地区的扩散与辐射作用，没有有效地促进京津冀地区分享技术外溢效应，同时津冀两地的关键核心技术与高端装备对外依存高，河北省大中型工业企业引进境外技术的经费支出远高于购买境内技术的支出。

技术流动方面的困境是导致三地"一高两低"状况的关键因素。北京科技创新居绝对优势地位。从全国来看，北京是我国科技发展水平最高的地区之一，天津处于中上游，河北省的科技实力十分薄弱。由于北京市是我国的政治文化中心，经济实力雄厚，因此政府对于科技发展的支持力度高，政府研发投入占GDP的比重在全国居首位；高校聚集、人才汇聚为研发提供了丰富的人才资源，每百万人平均发明专利授权数、规模以上工业企业就业人员中R&D人员比重均位列第一。天津市科技实力与北京市相比略逊一筹。2019年，在全国31个省市自治区中，财政科技支出占一般公共预算支出比重为3.09%。河北科技创新总体薄弱，河北省的政府研发投入占GDP的比重、规模以上工业企业就业人员中R&D人员比重、市场交易额和万人平均发明专利授权数等与其余两地相比都有非常大的差距。

4. 创新要素流动和产业协作存在难题

在京津冀协同创新共同体演进过程中，以资金、知识和信息等创新要素的跨行政区划自由流动为主要特征的市场机制还未形成。根据《北京城市总体规划（2016—2035年）》，北京以"三城一区"为重点，打造全国科技创新中心和"一体两翼"空间新格局。北京市创新的主要承载区就是中关村核心区，核心区在我国创新发展中具有引领性作用，已成为具有全球影响力的原始创新策源地和自主创新主阵地。但要素流动和产业转移在以下几个方面仍存在难题。一是"疏解"与"虹吸"难以存在平衡。中关村核心区的创新发展，离不开高端创新要素的集聚效应，北京在进行"疏解非首都功能"时，对于高端创新性要素，不是采取简单的"疏解"措施，而是为创新要素在本地区的集聚提供各种优质政策，如2021年颁布的《北京市"十四五"时期高精尖产业发展规划》，在战略前沿和尖端领域抢占发展制高点，率先形成引领全球科技创新的产业方阵。二是"一体两翼"定位重复。中关村要打造成为全球高端创新资源配置中心；北京城市副中心致力于发展公共行政、商务服务、文化旅游等功能；河北雄安新区要建设成为创新驱动发展引领区。三地定位都聚焦于创新发展，都提出要发展高技术产业，目前还没有从京津冀区域协同整体角度形成创新产业链和价值链的分工和合作新局。三是三地创新合作体系还比较薄弱，在制度、资金、人才等多方面存在"难题"。虽然中关村、北京城市副中心和河北雄安新区三地之间已经签署了一些合作协议，但是多限于低水平的技术合作，三地之间的创新合作交流仍然不够深入，科技成果在区域内流动不畅，科技项目合作不足。

四、"十四五"时期的协同创新重点任务及对策

基于上述分析结果，本报告从以下几个方面提出"十四五"时期京津冀区域协同创新共同体建设的重点任务、创新治理措施。

（一）以雄安新区为平台，打造区域协同创新体系

雄安新区肩负着打造京津冀世界级城市群新经济增长极的重任，也是协同三地发展的最重要一环。为发挥雄安新区对京津冀协同创新的推动作用，在其建设方面要注意协同创新吸引、聚集科技创新资源，以上两者作为雄安新区创新发展的重要前提和基础，其吸引速度和聚集规模直接关系到创新驱动发展功能实现与示范带动能力。对此，一是吸引聚集一批与雄安新区发展相适应的高层次人才，特别是领军人才和创新团队，这对建设全球有重要影响的科技创新中心非常关键。二是吸引聚集一批科技研发机构、大学，这是聚集创新人才的最佳途径，也是创新能力的核心载体。三是吸引聚集一批科技创新服务机构，包括科技金融、科技企业孵化器、众创空间等科技中介服务机构。在此基础上，对入驻新区的科创型企业、研发机构等进行全方位筛选，通过各种政策有意识地引导创新主体"结合""聚集"，实现区域协调分工，促使京津冀三地之间形成有序循环的物质流、能量流和信息流，在三地建立一致性的创新激励制度，并且通过设立分校区、研发机构分部等使得京、津与雄安新区有效对接。

（二）以人才合理流动为基础，协调区域协同创新体系

北京一些企业疏解到周边城市，但面临"搬迁就是人才流失""搬出去也存活不下来"的严峻挑战，其背后一个重要原因在于京津冀三地的医疗保险、养老保险等社会保险的缴费标准和享受待遇落差大，医疗保险难以实时结算，养老保险异地转移实施机制不顺畅，很多人不愿意转移到河北

就业。基于此，京津冀三地应在社会保障衔接方面尽快取得实质突破，促进人才随着产业转移而顺畅流动、有效集聚。建议加快推进京津冀定点医疗机构互认和医疗保险异地结算工作，方便长期驻外的参保人员异地就医；联合设立专项资金，对北京户籍外出就业人员按照北京标准与外地的差价进行社会保险补贴，对异地创业的北京生源高校毕业生给予社会保险补贴等。此外，要加快落实三地人才资质互认相关政策，实现三地专业技术资格和人员职业资格名称对应一致、评审标准统一、资格证书互认。

（三）以产业链创新链融合发展为核心，完善区域协同创新体系

京津冀三地可以规划、项目、企业、载体、政策五个方面为重点，在工信部"1555N"产业布局的基础上，三地联合引导资源、要素和项目"入链""进群""成带"，促进产业转移精准化、产业承接集聚化和平台建设专业化，加快打造多条从研发、制造到服务，特色鲜明、竞争力强、具有世界影响力的产业链。建议打造若干世界级产业集群。抢抓"两新一重"建设为产业复苏升级带来的重要机遇，完善以"2+4+46+N"为代表的京津冀协同发展合作平台，探索共建一批新型研究院、产业园区和"飞地经济"，探索组建区域性的产业园区联盟，把各园区整合形成一个不同层次、功能多样、优势互补的园区网络，拓展"点—链—线—集群—园区—网络"的产业合作格局。开展京津冀产业转移对接活动，避免招商引资的恶性竞争。此外，津冀产业园区也可采取以商招商、产业链招商、创新链招商、以市场换产业等策略从北京引进一批关联产业项目，实现就近配套、成果转化或市场化应用。

（四）建立以协同创新共同体为载体，形成京津冀创新共同体的多元协同治理模式

京津冀协同发展的根本出路在于创新驱动和区域协同创新，应促进要素共建共享、做实支撑平台、建设创新共同体，协力推进京津冀国家技术创新中心建设，加快区域协同创新共同体建设。建议：一是强化京津冀创新要素共建共享。进一步提高科研基础设施、科学仪器设备、科学数据平台等各类科技资源的共享共用和服务能力。以联盟为纽带促进重点实验室、工程技术研究中心、博士后流动站、企业技术开发中心的协同协作，充分利用各国形成的技术转移服务网络和驻外科技外交官服务平台，促进国际人才资源和科学技术共享。二是全力做实创新重要支撑平台。从区域创新资源优化配置、协同创新服务升级、区域创新创业生态培育等方面入手，以雄安新区、通武廊、静沧廊等作为协同创新的突破口，重点推动中关村在津冀科技成果产业化基地的建设和布局。高质量自建共建一批众创空间，共管共享一批科技成果转化基地，加快共建北京新机场临空经济合作区、渤海新区、北京生物医药园等一批协同创新园区。三是积极谋划增设京津雄创新特区，推动三地逐步实现协同创新常态化、创新资源配置市场化、创新产业适配化及区域创新效能最优化，以此开创区域协同创新发展新格局。四是建设多种类型的京津冀创新共同体。围绕区域主导产业、战略性新兴产业的关键核心和"卡脖子"技术，由创新型主导企业牵头，形成企业技术创新共同体。根据产业技术创新链一体化的需要，形成具有创新生态的前沿技术创新共同体。借助数字技术的蓬勃发展，形成互联网平台创新共同体。支持成立跨协会、跨企业、跨空间的交融组织创新，形成互补的产业创新共同体。着力打造一批科技园、创新基地等公共科技创新服务平台，形成创新要素集聚的区域创新共同体。同时，特别强调的是，政府与非政府的社会主体之间的结构安排对于创新共同体建设也起着关键性的作用，要充分调动各类社会力量，广泛吸纳代表性院所、大中型企业、各领域专家、创新联盟以及服务于中小企业、民营经济的商会、行会、协会等社会组织，形成多元主体协同治理模式。

参考文献

[1] 陈劲，陈钰芬. 开放创新体系与企业技术创新资源配置[J]. 科研管理，2006（03）：1-8.

[2] 户艳领. 京津冀区域科技创新指数构建及协调度测度研究[M]. 北京：科学出版社，2020：120-126.

[3] 胡志坚. 国家创新体系理论分析与国家比较[M]. 北京：科学文献出版社，2000：24-26.

[4] 解学梅. 协同创新效应运行机理研究：一个都市圈视角[J]. 科学学研究，2013，31（12）：1907-1920.

[5] 刘爱君. 城市群协同创新体系研究[M]. 武汉：武汉大学出版社，2019：76-79.

[6] 柳天恩，田学斌. 京津冀协同发展：进展、成效与展望[J]. 中国流

通经济，2019，33（11）：116-128.

　　[7] 马海龙. 京津冀区域治理协调机制研究[M]. 南京：东南大学出版社，2014：110-119.

　　[8] 疏腊林，危怀安，聂卓，黄曼. 创新 2.0 视角下协同创新的主体研究[J]. 科技与经济，2014，27（01）：16-20.

　　[9] 孙瑜康，李国平. 京津冀协同创新水平评价及提升对策研究[J]. 地理科学进展，2017，36（01）：78-86.

　　[10] 唐清泉，巫岑. 基于协同效应的企业内外部 R&D 与创新绩效研究[J]. 管理科学，2014，27（05）：12-23.

　　[11] 文余源. 区域科技合作：推动京津冀协同发展研究[M]. 北京：经济管理出版社，2017：10-16.

　　[12] 王书华，陈诗波. 京津冀协同创新理论与实践[M]. 北京：科学出版社，2016：15-17.

　　[13] 王峥，龚轶. 创新共同体：概念、框架与模式[J]. 科学学研究，2018，36（01）：140-148+175.

　　[14] 熊小刚. 跨区域创新系统的协同发展研究[J]. 科技与管理，2013，15（01）：39-43.

　　[15] 叶振宇. 京津冀产业转移协作研究[M]. 北京：中国社会科学出版社，2018：55-58.

　　[16] 赵弘. 京津冀协同创新的战略与路径[M]. 北京：北京教育出版社，2018：40-43.

　　[17] 臧欣昱，马永红，王成东. 基于效率视角的区域协同创新驱动及影响因素研究[J]. 软科学，2017，31（06）：6-9.

　　[18] 张贵，徐杨杨，梁莹. 京津冀协同创新驱动因素及对策建议[J]. 中国高校科技，2016（10）：38-40.

　　[19] 张贵. 推动京津冀协同发展向更高水平迈进[J]. 国家治理，2021（31）：15-18.

　　[20] 庄涛. 区域产学研协同创新关系及时空演化——来自合作专利的证据[J]. 技术经济与管理研究，2020（10）：123-128.

　　[21] 祝尔娟，鲁继通. 以协同创新促京津冀协同发展——在交通、产业、生态三大领域率先突破[J]. 河北学刊，2016，36（02）：155-159.

[22] 尹金宝. 京津冀区域治理与三位一体机制设计研究[D]. 河北工业大学，2015.

[23] 刘颖. 分布式协同创新网络任务冲突对创新合作行为影响研究[D]. 哈尔滨工业大学，2019.

[24] 吴晓松. 国家创新体系对企业创新能力及创新绩效影响研究[D]. 昆明理工大学，2012.

[25] Joachim Henkel, Simone Schöberl, Oliver Alexy. "The emergence of openness: How and why firms adopt selective revealing in open innovation," *Research Policy*, 2014, 43(5). pp.879-890.

[26] Keld Laursen, Ammon Salter. "Open for Innovation: The Role of Openness in Explaining Innovation Performance among U.K. Manufacturing Firms," *Strategic Management Journal*, 2006, 27(2). pp. 131-150.

[27] Lynn Mainwaring, Nigel J. Moore, Philip D. Murphy. "A regional comparison of enterprise patent holdings: A study of British and Irish data," *Research Policy*, 2007, 36(10). pp.1655-1665.

[28] Mohanbir Sawhney, Emanuela Prandelli. "Communities of Creation: Managing Distributed Innovation in Turbulent Markets," *California Management Review*, 2000, 42(4). pp.24-54.

第三章 产业治理：京津冀产业链深度融合和产业区域配套

摘要： 区域产业协同是京津冀协同发展的关键，而区域产业链融合则是京津冀产业协同发展的重要路径。本报告首先从产业同构程度测算、产业链协作现状评价以及产业协同政策演进等三个方面对京津冀产业链融合的发展现状进行了分析，然后在此基础上归纳了京津冀产业链融合过程中存在的主要问题，如中心城市产业辐射带动能力不足、碎片化严重导致产业链条不完整、产业链与创新链融合不充分导致成果转化率低以及缺乏基于产业链各环节的产业规划对接等，进而在对中国长三角城市群和美国大西洋沿岸城市群产业链融合发展经验进行总结的基础上，从加强产业顶层设计、促进产业政策衔接、推动产业补链延链、深化区域协同创新以及优化区域营商环境等五个方面，提出了促进京津冀产业链深度融合的政策建议。

关键词： 区域产业链融合 京津冀协同发展 区域产业协同

以主导产业为核心的产业链竞争已成为区域间竞争的焦点所在。通过重构区域产业，打造具有特色竞争优势的战略性的区域产业链，已成为促进区域产业协同和解决区域发展不平衡、不协调、不可持续问题的实质性推动力量。在"滚石上山、爬坡过坎、攻坚克难"的全新发展阶段，京津冀协同发展新格局的构建、区域内发展差距的缩小以及圈域整体竞争实力的提升，都亟须以基于比较优势的产业链分工发展为核心对区域资源进行再配置。换言之，推动京津冀区域产业链深度融合和产业区域配套，从而在更高水平上推进京津冀地区高质量协同发展，是深化京津冀区域经济合作、打造以北京和天津为中心城市且具有国际竞争力的世界级城市群的重要路径。

本报告首先从产业同构程度测算、产业链协作现状评价以及产业协同政策演进等三个方面对京津冀产业链融合的发展现状进行了分析，然后在此基础上归纳了京津冀产业链融合发展过程中存在的主要问题，如中心城市产业辐射带动能力不足、碎片化严重导致产业链条不完整、产业链与创新链融合不充分导致科技成果转化率低以及缺乏基于产业链各环节的区域产业规划对接等，进而在对中国长三角城市群和美国大西洋沿岸城市群产业链融合发展经验进行总结的基础上，从加强产业顶层设计、促进区域政策衔接、推动产业补链延链、深化区域协同创新以及优化区域营商环境等五个方面，提出了促进京津冀产业链深度融合和产业区域配套的相关政策建议。

一、京津冀产业链融合的发展现状分析

本部分首先采用产业结构相似系数、区位熵以及灰色关联程度等相关方法，分别从宏观、中观和微观层面上量化评价京津冀三地产业同构程度；其次，考虑到以产业链为纽带的跨区域协同深化是京津冀产业对接协作的重心，因此本部分对京津冀地区产业链协作的发展现状进行了相应分析；最后，由于统筹规划以及产业政策是京津冀产业链融合的重要前提，因此本部分梳理各市五年规划中产业规划、开发区的主导产业规划以及各层面产业协同政策的演进情况。

（一）京津冀产业同构程度的量化评价

本报告采用产业结构相似系数、区位熵以及灰色关联程度等相关方法，分别对京津冀地区的三次产业宏观层面、工业结构中观层面与制造业微观层面进行量化评价①。研究发现，在三次产业宏观层面上，京津冀地区的三次产业同构现象较为严重；在工业结构中观层面上，北京的工业产业不具有地区优势，而津冀两地的工业产业已具备较高的地区专业化程度；在制造业微观层面上，京津冀三地的制造业行业同构程度不甚明显，因而京津冀地区制造业行业所呈现出的空间格局是初步的专业分工和适度的产业竞争（王冠等，2021）。

---

① 王冠，刘晓晴，张鑫红. 京津冀产业同构程度评价及制造业协同发展分析[J]. 河北科技大学学报（社会科学版），2021（03）：1-7.

1. 京津冀产业结构相似系数

本报告采用联合国工业发展组织（UNIDO）提出的结构相似系数对京津冀地区产业结构相似系数进行测算，如式（1）所示。其中，S_{AB} 代表地区 A 和地区 B 之间的产业结构相似系数；X_{Ai} 是地区 A 产业 i 增加值在地区生产总值中的比重，X_{Bi} 是地区 B 产业 i 增加值在地区生产总值中的比重，取值范围是[0,1]。由此可见，S_{AB} 值越接近 1，表示两地之间的产业结构相似程度越高。

$$S_{AB} = \frac{\sum_{i=1}^{n} X_{Ai} \times X_{Bi}}{\sqrt{\sum_{i=1}^{n} X_{Ai}^2 \times \sum_{i=1}^{n} X_{Bi}^2}} \ , \ 0 \leqslant S_{AB} \leqslant 1 \qquad (1)$$

现有文献一般以 0.85 作为产业结构相似系数的临界值，用来判断地区之间产业结构相似程度高低[1]。表 3-1 报告了根据公式（1）计算所得的京津冀三地三次产业结构相似系数。可以发现，京津与津冀的历年数值均超过临界值，说明京津与津冀的三次产业结构相似程度均比较高。其中，津冀的历年数值更是高达 0.96 以上，表明津冀两地三次产业结构几乎相同；京冀两地的数值虽然相对较低，但是呈现明显的增长态势，并且已于 2020 年突破了临界值。因此，从宏观层面上来判断，京津冀地区三次产业的同构现象相当严重，但是仅根据宽泛的三次产业宏观层面数据并不能做出准确判断，为此本报告将继续从中观层面和微观层面深入探讨三地产业同构问题。

表 3-1　京津冀三地 2010—2020 年三次产业结构相似系数

年份	京津	京冀	津冀
2010	0.8505	0.7613	0.9763
2011	0.8518	0.7470	0.9740
2012	0.8559	0.7597	0.9754
2013	0.8633	0.7582	0.9719
2014	0.8682	0.7700	0.9747
2015	0.8828	0.7937	0.9763
2016	0.8971	0.8064	0.9760

---

[1] Dunning J. The Paradigm of International Production: Past, Present and Future[J]. Journal of International Business Studies, 1988 (1): 1-31.

年份	京津	京冀	津冀
2017	0.9279	0.8011	0.9613
2018	0.9294	0.8490	0.9784
2019	0.9506	0.8883	0.9811
2020	0.9374	0.8698	0.9580

数据来源：《北京统计年鉴》（2011—2020 年）、《北京市国民经济和社会发展统计公报》（2021 年）、《天津统计年鉴》（2011—2020 年）、《天津市国民经济和社会发展统计公报》（2021 年）、《河北统计年鉴》（2011—2020 年）、《河北省国民经济和社会发展统计公报》（2021 年）。

2. 京津冀地区产业分工程度

本报告采用区位熵分析京津冀地区工业总体及制造业分行业的产业分工程度，从中观层面和微观层面继续研究京津冀地区的产业同构程度，如式（2）所示。其中，Q_{ij} 表示 j 地区 i 行业的工业总产值，$Q_j = \sum_{i=1}^{n} Q_{ij}$ 是 j 地区所有行业的工业总产值，$Q_i = \sum_{j=1}^{m} Q_{ij}$ 是 i 行业在所有地区的工业总产值，$Q = \sum_{i=1}^{n} Q_i$ 是地区总产值。LQ_{ij} 数值越大则表示地区 j 行业 i 的专业化程度越高，即行业 i 具有比较优势。

$$LQ_{ij} = \frac{Q_{ij} / Q_j}{Q_i / Q} \qquad (2)$$

表 3-2 报告了京津冀地区 2013—2019 年工业产业的区位熵测算结果，可以发现天津和河北两地工业产业的区位熵值均超过 1，这说明津冀两地的工业产业集聚程度均较高；相比之下，北京工业产业的区位熵值较低并且呈现逐年下降趋势，这说明工业产业在北京逐渐不具有优势。因此，从工业结构的中观层面来看，北京工业产业不具有地区优势，而津冀两地工业产业已具有较高的地区专业化程度。从京津冀整体来看，其区位熵值在样本期间呈现逐年下降的趋势。

表 3-2　京津冀三地 2013—2019 年工业产业的区位熵测算结果

年份	北京	天津	河北	京津冀
2013	0.4803	1.2488	1.2539	1.0046
2014	0.4823	1.2490	1.2617	1.0044
2015	0.4691	1.2429	1.2513	0.9852

续表

年份	北京	天津	河北	京津冀
2016	0.4683	1.1390	1.2625	0.9620
2017	0.4499	1.0912	1.1927	0.9111
2018	0.4344	1.0812	1.2437	0.9065
2019	0.4315	1.0670	1.2408	0.8958

数据来源：《北京统计年鉴》（2014—2020 年）、《天津统计年鉴》（2014—2020 年）和《河北统计年鉴》（2014—2020 年）。

表 3-3 报告了京津冀三地 2010—2019 年期间均具有比较优势的制造业细分行业分布情况，从中可以发现京津冀三地在过去十年间已有 20 个制造业相关行业形成了较高的地区专业化程度，亦即京津冀三地的产业专业化分工日益明确。具体而言，除了北京和天津两地同时在专用设备制造业（行业代码 C35）、计算机、通信和其他电子设备制造业（行业代码 C39）均形成地方专业化部门之外，京津冀三地具有比较优势的其他制造业行业分布则相对较为分散。

表 3-3　京津冀三地 2010—2019 年期间均具有比较优势的制造业行业分布

行业代码	行业名称	北京	天津	河北
C13	农副食品加工业			◆
C15	酒、饮料和精制茶制造业	※		
C16	烟草制品业			◆
C17	纺织业			◆
C20	木材加工和木、竹、藤、棕、草制品			◆
C21	家具制造业			◆
C22	造纸和纸制品业			◆
C23	印刷和记录媒介复制业	※		
C26	化学原料和化学制品制造业			◆
C27	医药制造业	※		
C28	化学纤维制造业			◆
C29	橡胶和塑料制品业			◆
C30	非金属矿物制品业			◆
C31	黑色金属冶炼和压延加工业			◆
C32	有色金属冶炼和压延加工业		※	

续表

行业代码	行业名称	北京	天津	河北
C33	金属制品业			◆
C34	通用设备制造业		✳	
C35	专用设备制造业	※	✳	
C39	计算机、通信和其他电子设备制造业	※	✳	
C40	仪器仪表制造业	※		

注：※、✳和◆分别表示北京市、天津市、河北省三地连续 10 年在某制造业二位码行业的地方专业化指数大于 1。

数据来源：《北京统计年鉴》（2011—2020 年）、《天津统计年鉴》（2011—2020 年）和《河北统计年鉴》（2011—2020 年）。

图 3-1 和图 3-2 分别展示了京津冀三地 2019 年的制造业细分行业分别以京津冀总体和全国范围为参照的区位熵雷达图。对比之后可以发现，医药制造业（C27）、金属制品业（C33）、汽车制造业（C34）、专用设备制造业（C35）以及仪器仪表制造业（C40）五个行业在北京和天津两地同时形成重点产业；家具制造业（C21）、橡胶和塑料制品业（C29）、工艺品与其他制造业（C41）三个行业在天津和河北两地同时形成重点产业；农副食品加工业（C13）等八个产业在京津冀三地虽然发展态势不均，但由于其在全国范围内的地方专业化程度不足，所以不能称其为京津冀三地的重点产业。

相比之下，食品制造业（C14），酒、饮料和精制茶制造业（C15），印刷和记录媒介复制业（C23）以及计算机、通信和其他电子设备制造业（C39）四个行业只在北京市形成了专业化重点产业；造纸和纸制品业（C22）、通用设备制造业（C34）与铁路、船舶、航空航天其他运输设备制造业（C36）三个行业仅在天津市形成了专业化重点产业；纺织业（C17），皮革、毛皮、羽毛及其制品和制鞋业（C18），石油加工、炼焦和核燃料加工业（C25），化学纤维制造业（C28），非金属矿物制品业（C30），黑色金属冶炼和压延加工业（C31），有色金属冶炼和压延加工业（C32）以及废弃资源综合利用业（C43）八个行业只在河北省形成了专业化重点产业。

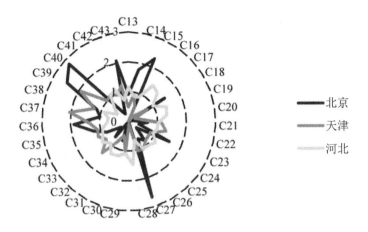

图 3-1　京津冀三地 2019 年分别以京津冀总体为参照的区位熵雷达图

数据来源：《北京统计年鉴》（2020 年）、《天津统计年鉴》（2020 年）和《河北统计年鉴》（2020 年）。

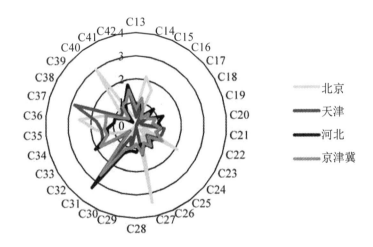

图 3-2　京津冀三地 2019 年分别以全国为参照的区位熵雷达图

数据来源：《北京统计年鉴》（2020 年）、《天津统计年鉴》（2020 年）和《河北统计年鉴》（2020 年）。

3. 京津冀产业灰色关联程度

产业结构的灰色关联度是反映两个地区产业结构相似程度、产业结构专业化以及地区产业分工的重要指标（张学良和李丽霞，2018）。如果一个行业的灰色关联度越大，从所考查范围内的城市整体来看，则该行业的总体结构与整个区域越相近；反之，则意味着该行业的总体结构与整个区域差异越大[①]。同理，若一个城市的灰色关联度越大，表明该城市总体产业结构与区域整体差异越小；反之，则意味着该地区总体产业结构与区域整体差异较大（刘怡等，2017）。本报告也使用这一指标对京津冀地区产业同构程度进行检验。

表 3-4 报告了京津冀地区各行业产业结构的灰色关联度及其排序，从中可以发现京津冀地区的产业结构具有较高的相似性。具体而言，金融业、水利环境和公共设施管理业、卫生和社会工作的灰色关联度较大，表明这些产业在京津冀地区 13 个城市处于均衡发展的状态。采矿业、租赁和商业服务业以及信息传输、计算机服务和软件业的灰色关联度相对较小，一方面，反映出采矿业受到自然资源的空间分布限制，集中分布在唐山市，扩张空间不大；另一方面，信息传输、计算机服务和软件业以及租赁和商业服务业则集中分布于北京市，这与北京所处的经济发展阶段和自身发展定位都有密切的关系，这意味着京津冀三地在这两个行业的发展差异较大，未来更应该注重产业的横向融合发展，建立更加有序的产业协作关系。

表 3-4　京津冀地区各行业产业结构的灰色关联度及其排序

行业	2009 年		2014 年		2019 年	
	关联度	排序	关联度	排序	关联度	排序
采矿业	0.750	17	0.773	17	0.764	17
制造业	0.897	7	0.898	4	0.874	7
电热燃气及水供应业	0.827	11	0.856	10	0.854	11
建筑业	0.909	5	0.886	7	0.900	4
交通仓储和邮政业	0.909	6	0.886	6	0.906	3
信息传输、计算机服务和软件业	0.809	13	0.802	16	0.810	16
批发和零售业	0.913	4	0.894	5	0.889	6
住宿和餐饮业	0.826	12	0.850	13	0.844	13
金融业	0.963	1	0.918	2	0.978	1
房地产业	0.798	15	0.850	12	0.861	10
租赁和商务服务业	0.794	16	0.817	15	0.840	15

---

① 刘怡，周凌云，耿纯. 京津冀产业协同发展评估：基于区位熵灰色关联度的分析[J]. 中央财经大学学报，2017（12）：119-129.

行业	2009 年		2014 年		2019 年	
	关联度	排序	关联度	排序	关联度	排序
教育	0.865	8	0.866	8	0.862	9
文化体育和娱乐业	0.855	10	0.852	11	0.854	12
卫生和社会工作	0.933	2	0.913	3	0.895	5
居民服务和其他服务业	0.807	14	0.819	14	0.868	8
公共管理和社会组织	0.855	9	0.860	9	0.842	14
水利环境和公共设施管理业	0.926	3	0.919	1	0.913	2

数据来源：根据《中国城市统计年鉴》（2010—2020 年）京津冀地区 13 个城市各部门的单位从业人员数计算得到。

表 3-5 报告了京津冀地区 13 个城市产业结构的灰色关联程度及其排序，从中可进一步印证京津冀地区确实具有较高的产业同构性。从 2019 年的排序上来看，京津冀地区 13 个城市的产业结构灰色关联程度由高到低分别为天津、石家庄、北京、唐山、秦皇岛、沧州、邯郸、保定、承德、衡水、廊坊、张家口、邢台。由于产业结构灰色关联度越大，则意味着该城市总体产业结构与区域整体差异越小（刘怡等，2017），因此可以推断天津、石家庄、北京等城市的行业发展综合性更强，邢台、衡水、沧州等城市的总体产业结构与区域整体差异较大。总体而言，京津冀地区各城市产业结构的灰色关联度普遍高于 0.7，这就进一步证实京津冀地区的产业结构很大程度上是相似的。

表 3-5　京津冀地区各城市产业结构的灰色关联度及其排序

城市	2009 年		2014 年		2019 年	
	关联度	排序	关联度	排序	关联度	排序
北京	0.805	3	0.806	6	0.819	3
天津	0.841	1	0.831	3	0.849	1
石家庄	0.828	2	0.864	1	0.848	2
唐山	0.773	6	0.834	2	0.785	4
秦皇岛	0.754	9	0.817	4	0.785	5
保定	0.760	7	0.807	5	0.747	8
邯郸	0.753	10	0.784	9	0.755	7
廊坊	0.794	4	0.800	7	0.741	11

续表

城市	2009 年		2014 年		2019 年	
	关联度	排序	关联度	排序	关联度	排序
沧州	0.733	12	0.778	11	0.756	6
邢台	0.712	13	0.775	12	0.698	13
承德	0.755	8	0.787	8	0.745	9
衡水	0.746	11	0.768	13	0.744	10
张家口	0.791	5	0.783	10	0.737	12

数据来源：根据《中国城市统计年鉴》（2010—2020 年）京津冀地区 13 个城市各部门的单位从业人员数计算得到。

（二）京津冀地区产业链协作发展现状

区域产业转移并不是当前京津冀产业协同发展的重点，以产业链为纽带的跨区域深度融合才是当前京津冀产业协同发展的关键所在（关威，2019）[①]，这对于增强京津冀地区高质量协同发展的内生动力，以及实现区域产业的融合互动和区域整体竞争力的有效提升均具有重要意义。京津冀地区产业链协作目前具有研发环节在京津冀三地已经呈现协同效应、生产环节呈现北京向津冀两地疏解态势以及产业链在京津冀三地间出现双向延伸现象等典型特征。

1. 京津冀在研发环节上呈现协同效应

京津冀三地以北京科技资源为依托，充分利用北京发达的科技体系、人力资源和科研机构，尤其是以中关村国家自主创新示范区为核心，设立跨省际的区域分支机构（关威，2019）。例如，依托滨海新区先进制造业基础建立天津滨海—中关村科技园，通过集聚创新要素构建保定·中关村创新中心，基于秦皇岛经济技术开发区、中关村科技园区海淀园共建产业转移合作和资源共享平台中关村海淀园秦皇岛分园等。根据"京津冀区域高新技术产业链构建课题组"调查统计（张莹，2016）[②]，目前已有 476 家中关村企业在河北设立 1029 家分支机构；清华大学与河北共同建立了清华发展研究院，在固安建立科技孵化基地；北京大学与河北合作项目超过 160

[①] 关威. 以高新技术产业链协作引领京津冀区域高质量协同发展[J]. 中国工程咨询，2019（06）：55-59.

[②] 张莹. 协同发展背景下京津冀高新技术产业链构建研究[D]. 首都经济贸易大学硕士论文，2016.

个，与天津合作项目超过170个；中科院北京分院与天津共建电子信息科技产业园，与秦皇岛共建数据产业研发转化基地，已有12家企业入驻。

2. 生产环节呈现北京向周边疏解态势

随着三地协同发展进程加快，北京的汽车、新能源、医药等制造业也呈现疏解态势，制造业的疏解力度加大（关威，2019）。天津和河北利用土地、劳动力、资源、能源优势，承接这些产业，同时加强基础建设、配套能力建设，逐步扩展了产业链条。例如，建立以高端装备和重化工产业为主导的北京（曹妃甸）现代产业发展试验区，以大健康产业为主导的滦南（北京）大健康国际产业园，以生物医药产业为主导的北京·沧州渤海新区生物医药产业园；通过"结对子"推动京冀两地区县合作共建园区，建设威县·顺义产业园、沙河·房山产业园及巨鹿·昌平产业园等。根据"京津冀区域高新技术产业链构建课题组"调查统计（张莹，2016）[①]，河北已经拥有高端装备制造业基地3个、新能源汽车基地3个、电子信息产业基地4个、新材料基地6个、新能源基地和生物工程基地各9个，对接京津的产业转移。

3. 产业链在三地间出现双向延伸现象

京津冀区域产业协同态势更加明显，以功能定位为导向的产业链配套框架基础基本形成（关威，2019）。从在营企业数量和注册资本的产业分布来看，京津冀初步形成了北京以研发设计和应用服务、天津以市场流通和资本运作、河北以制造和市场流通为主的产业链配套框架基础；同时，三地企业通过跨地设立分支机构等方式优化区域布局，以产业配套、节点联合、产业链延伸、产业集群为代表的全产业链布局模式正加速形成。根据"京津冀区域高新技术产业链构建课题组"调查统计（关威，2019）[②]，中关村企业累计在津冀设立分公司3849家、子公司3900家；天津与北京中关村管委会合作，共建武清、北辰、宝坻、东丽、滨海五大创新社区，天津市与河北省共同打造的天铁产业园正式开建。河北省的部分龙头企业，如建龙钢铁集团、恒利药业、石家庄制药集团，将研发环节及企业总部转移落户至北京。

---

① 张莹. 协同发展背景下京津冀高新技术产业链构建研究[D]. 首都经济贸易大学硕士论文，2016.
② 关威. 以高新技术产业链协作引领京津冀区域高质量协同发展[J]. 中国工程咨询，2019（06）：55-59.

（三）京津冀产业协同政策的发展现状

产业规划尤其是各市五年规划明晰了产业发展的方向和目标（张学良与李丽霞，2018），为此本报告梳理了京津冀地区 13 个城市三次五年规划中的产业规划，并按照"国民经济行业分类"目录进行分类，以此为基础分析京津冀地区产业政策的协同现状。其次，考虑到开发区在推动产业集聚和产业结构调整、促进就业和经济增长方面发挥了重要作用，推动开发区在产业方面的协同发展是京津冀地区产业链深度融合的主要平台和重要抓手（胡彬与郑秀君，2011），因此本报告也分析了国家级和省级开发区在京津冀地区 13 个城市的分布情况，以及不同类型开发区主导产业的分布情况。

1. 京津冀城市群地方产业规划的协同情况

地方五年规划对于该地的主导产业、支柱产业、优先发展产业、重点发展产业以及培育发展产业一般都有较为详细的描述①。本报告对这些产业进行了梳理，并根据"国民经济行业分类"目录进行归类。表 3-6 给出了京津冀地区 13 个城市三次五年规划中的主要产业，以及每一个行业在三次五年规划中被列为主导产业、支柱产业、优先发展产业、重点发展产业和培育发展产业的城市数量。京津冀各个城市产业规划的范围均涵盖了三次产业，其特征可归纳为如下方面。

表 3-6　京津冀地区 13 个城市五年规划中的产业政策梳理

行业	"十一五"规划	"十二五"规划	"十三五"规划
现代农业	7	10	10
林果业	2	2	3
畜牧业	2	2	1
渔业	0	1	1
煤炭开采和洗选业	1	2	0
有色金属矿采选业	2	2	0
农副食品加工业	9	8	10
食品制造业	7	2	5
酒、饮料和精制茶制造业	3	1	3
纺织业	5	2	3

---

① 张学良，李丽霞. 长三角区域产业一体化发展的困境摆脱[J]. 改革，2018（12）：72-82.

续表

行业	"十一五"规划	"十二五"规划	"十三五"规划
纺织服装、服饰业	8	5	4
木材加工和木、竹、藤、棕、草制品业	1	1	1
家具制造业	2	1	1
造纸和纸制品业	5	1	0
印刷和记录媒介复制业	2	0	0
文教、工美、体育和娱乐用品制造业	1	0	0
石油、煤炭及其他燃料加工业	6	7	6
化学原料和化学制品制造业	5	6	4
化学纤维制造业	1	1	0
医药制造业	10	10	9
生物产业	7	5	6
橡胶和塑料制品业	2	2	0
非金属矿物制品业	3	2	0
黑色金属冶炼和压延加工业	6	5	4
有色金属冶炼和压延加工业	3	3	1
金属制品业	4	1	1
通用设备制造业	5	7	2
专用设备制造业	9	8	7
汽车制造业	10	8	11
铁路、船舶、航空航天和其他运输设备制造业	3	6	10
电气机械和器材制造业	6	9	3
仪器仪表制造业	4	1	1
计算机、通信和其他电子设备制造业	2	9	5
（高端）装备制造	0	5	12
物联网	0	2	3
新材料	5	10	11
建材	5	5	4
电力、热力生产和供应业	4	2	1
新能源	5	9	8
（节能）环保产业	2	7	12
建筑业	1	0	1
物流业（现代物流）	8	12	10

续表

行业	"十一五"规划	"十二五"规划	"十三五"规划
现代商贸	5	10	7
软件和服务外包	2	5	6
互联网和相关服务	0	2	4
电子信息产业	7	9	5
软件和信息技术服务业	3	6	8
新一代信息技术	0	4	10
金融业	8	13	11
房地产业	6	4	0
商务服务业	8	12	9
电子商务	1	2	6
科技推广和应用服务业	1	1	8
教育	2	1	2
健康产业	1	3	12
旅游业	10	13	10
文化艺术业	3	7	6
体育	2	1	1
社区服务	8	8	1
居民服务业	0	1	2
批发和零售业	2	0	0
餐饮业	4	1	0

数据来源：根据京津冀地区 13 个城市的"十一五""十二五""十三五"规划整理而得。表中数字表示城市数量。

第一，从第一产业来看，实现农业现代化或者发展现代农业成为京津冀地区很多城市的发展目标。值得一提的是，2016 年发布的《京津冀现代农业协同发展规划》特别提出，"要充分立足京津冀地区的资源禀赋、环境承载能力和农业发展基础，按照核心带动、梯次推进以及融合发展的思路，将京津冀三地的农业发展划分为'两区'，即都市现代农业区和高产高效生态农业区"。根据本报告对三次五年规划的梳理，有 10 个城市在"十一五"规划、10 个城市在"十二五"规划、12 个城市在"十三五"规划中分别提出发展现代农业。

第二，京津冀地区特色产业城市或典型资源型城市的产业规划主要立足于其资源禀赋。例如，张家口在"十二五"规划中提出要充分发挥丰富的风能、太阳能、煤炭等资源优势，大力发展风电，有序推进热电，积极发展太阳能发电；唐山的"十一五"规划、"十二五"规划以及"十三五"规划中的主导产业均强调了石化产业；邯郸市的主导产业以钢材为主，并在"十三五"规划中提出实现从钢铁大市向钢铁强市的转变。此外，这些典型资源型城市还积极探索"互联网+能源"模式，并加强对高效能源的技术研发，以支撑能源结构的优化调整。

第三，从制造业来看，汽车制造业、运输设备制造业、医药制造业、新材料、新能源、节能环保产业、高端装备制造业都被 10 个以上的城市列为优先发展产业或者主导产业。京津冀地区制造业的发展现状是：北京在医药、汽车和高端制造业上具有优势，而在传统制造业、资源和能源加工业处于劣势；天津市在食品加工、石油化工、钢铁生产等传统行业以及医药制造等高端制造业上具有较为明显的优势，而在资源和能源密集型行业处于劣势；河北省在钢铁、石化等传统行业上具有比较优势，而在高端制造业上处于相对劣势。

第四，从服务业来看，京津冀地区几乎每个城市的五年规划中都提到要大力发展或者优先发展"现代服务业"。由表 3-6 可见，新一代信息技术、金融业、商务服务业、现代物流业、健康产业、旅游业被写进了京津冀地区 10 个以上城市的五年规划中。例如，金融业在"十二五""十三五"规划中被全部 13 个城市都列为重点发展产业。京津冀地区服务业发展的实际情况是，金融业所占比重呈现明显的分化趋势，北京的金融业所占比重最高，其金融业所占比重超过了 20%，天津也达到了 18%，但是河北却只有 13%，显示了京津两地是金融业主要聚集的地区；批发和零售业比重较高的地区主要是天津市，占比超过了 20%；河北的交通运输、仓储和邮政业在地区服务业中的占比超过了 15%，是河北第三产业的支柱产业。

2. 京津冀开发区及其主导产业的分布情况

开发区是各地引导产业集聚的重要平台。为了促进开发区健康发展，国家发展改革委、科技部、自然资源部、住房和城乡建设部、商务部、海关总署会同各地区对《中国开发区审核公告目录》进行了修订，并形成了《中国开发区审核公告目录（2018 年版）》（以下简称《目录》）①。根据关于

---

① 张学良，李丽霞. 长三角区域产业一体化发展的困境摆脱[J]. 改革，2018（12）：72-82.

开发区的这一审核公告《目录》，本报告整理了国家级和省级开发区在京津冀地区 13 个城市的分布情况，以及不同类型开发区主导产业在京津冀地区 13 个城市的分布情况。

第一，总体而言，京津冀地区目前拥有 30 家国家级开发区，其中 7 家高新技术产业开发区，13 家经济技术开发区，10 家海关特殊监管区域。从国家级开发区的分布情况来看，天津拥有 12 家国家级开发区，其中 6 家国家级经济技术开发区、5 家海关特殊监管区域，这三项指标均位列京津冀 13 个城市之首；北京拥有 3 家国家级开发区，需要说明的是中关村科技园区属于高新技术产业开发区，包含海淀园、德胜园、昌平园、丰台园、电子城、亦庄园、石景山园大大兴生物医药基地共计 8 个子园区。河北拥有 15 家国家级开发区，其中石家庄、唐山、廊坊均拥有 3 家国家级开发区，秦皇岛拥有 2 家国家级开发区，邯郸、保定、承德、沧州均拥有 1 家国家级开发区。

第二，除了国家级开发区之外，京津冀地区还拥有省级开发区共计 175 家。图 3-3 显示了省级开发区在京津冀地区 13 个城市的分布情况，从中可以发现京津冀地区 13 个城市拥有省级开发区的数量不等。其中，天津、保定、石家庄三个城市拥有省级开发区的数量均超过 20 家，北京、唐山、邯郸、邢台、张家口、沧州 6 个城市拥有省级开发区的数量介于 16—20 家之间，秦皇岛、承德、廊坊、衡水 4 个城市拥有省级开发区的数量相对较少，介于 8—13 家之间。

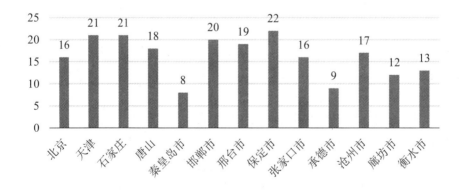

图 3-3　省级开发区在京津冀地区 13 个城市的分布情况

数据来源：根据《中国开发区审核公告目录》（2018 年版）整理而得。

第三，京津冀地区拥有的国家级开发区主要将电子信息、装备制造、新材料产业等作为其主导产业。图 3-4 显示了国家级开发区前 15 类主导产业在京津冀地区 13 个城市的分布情况，从中可以发现在京津冀地区 30 家国家级开发区中，有 9 家国家级开发区将新材料作为其主导产业，11 家将装备制造作为其主导产业，13 家将电子信息作为其主导产业。此外，还有较多的国家级开发区将光机电一体化（8 家）、生物医药（6 家）、物流（4 家）作为其主导产业。

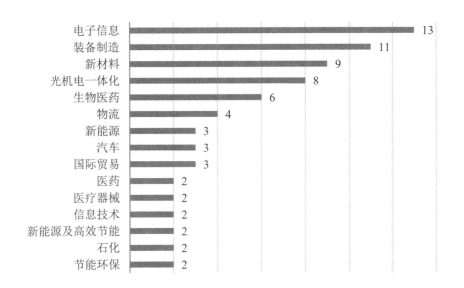

图 3-4 国家级开发区前 15 类主导产业在京津冀地区 13 个城市的分布情况

数据来源：根据《中国开发区审核公告目录》（2018 年版）整理而得。

第四，京津冀拥有的省级开发区主要将装备制造、食品加工、新材料等产业作为其主导产业。图 3-5 显示了省级开发区前 30 类主导产业在京津冀地区 13 个城市的分布情况，可以发现在京津冀地区 175 家省级开发区中，有 85 家将装备制造作为其主导产业，以食品、新材料、新能源、机械作为主导产业的省级开发区分别为 33 家、32 家、19 家、18 家，以建材、医药、节能环保、汽车零部件、电子信息为主导产业的省级开发区亦已超过 10 家。京津冀省级开发区主导产业的分布情况与国家级开发区主导产业的分布情况总体上较为一致。

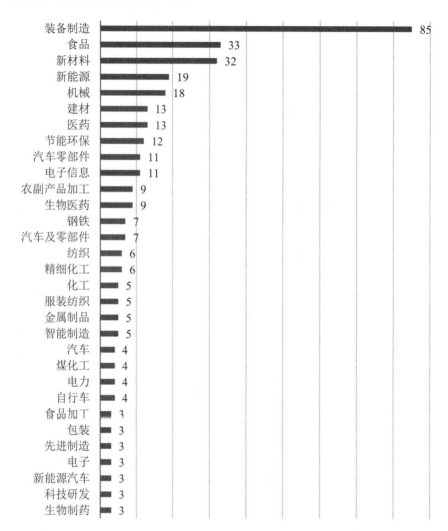

图 3-5 省级开发区前 30 类主导产业在京津冀地区 13 个城市的分布情况

数据来源:根据《中国开发区审核公告目录》(2018 年版)整理而得。

3. 京津冀产业协同政策的格局及演进情况

自 2014 年以来,京津冀区域层面的产业协同相关政策大量出现,截至 2020 年底共出台了 15 个政策文件,平均每年 5 个,而且这些政策执行得力、见效很快(马海涛等,2018)。从政策涉及范围来看,从前期的"2+7"

"2+8"逐步扩展到京津冀三地的全部行政单元；从政策实施主体来看，前期是以国家发改委推动为主，后期形成发改委、工信部、科技部、农业农村部、商务部等多部委共同推动的局面，如表3-7所示。[①]

表3-7　京津冀区域层面的产业协同相关政策

来源	名称	时间	发布机构	主要内容
国家及京津冀三地	《京津冀协同发展规划纲要》	2015.4	中共中央	明确区域整体及三省市定位，确定京津冀协同发展的近中远期目标
	《北京(曹妃甸)现代产业发展实验区产业发展规划》	2015.9	河北省工信厅、北京市经信委、唐山市政府	把曹妃甸建成京津冀产业协同发展的重要增长极
	《"十三五"时期京津冀国民经济和社会发展规划》	2016.2	国家发展和改革委员会	统筹规划，努力形成京津冀优势互补、互利共赢的发展新格局
	《京津冀信息化协同发展合作协议》	2016.4	京津冀三地信息化部门	建立三地信息化工作长效、稳定的合作机制
	《京津冀产业转移指南》	2016.6	工业和信息化部，北京市、天津市、河北省人民政府	推进产业协同发展，引导合理有序承接产业转移
	《京津冀国家大数据综合试验区建设方案》	2016.12	国家发改委、工信部和中央网信办及京津冀有关部门	明确公共数据开放共享试验探索等八项任务
	《京津冀协同推进北斗导航与位置服务产业发展行动方案》	2017.3	北京市经信委、天津市工信委、河北省工信厅	确定北斗产业成为京津冀协同发展战略实施的切入点和先行手段
	《关于加强京津冀产业转移承接重点平台建设的意见》	2017.12	京津冀发改委	引导三地产业有序转移与精准承接
	《产业转移指导目录》	2018.11	工业和信息化部	推动产业合理有序转移，促进区域协调可持续发展

[①] 马海涛，黄晓东，罗奎. 京津冀城市群区域产业协同的政策格局及评价[J]. 生态学报，2018(12)：4424-4433.

续表

来源	名称	时间	发布机构	主要内容
国家及京津冀三地	《河北雄安新区总体规划（2018—2035年）》	2019.1	国务院	承接北京非首都功能疏解、发展高端高新产业
	《关于进一步加强非首都功能疏解和重点承接平台建设合作协议》	2019.1	北京市人民政府、河北省人民政府	河北与北京的协同发展将更上一层楼，迈上全新的阶台阶
	《北京市通州区与河北省三河、大厂、香河三县市协同发展规划》	2020.3	国家发展和改革委员会	指导通州区与北三县规划建设的基本依据

数据来源：根据公开资料收集整理而得。

　　京津冀三地都存在区域产业协同的条件和需求。在区域协同发展战略的推动下，京津、京冀、津冀之间的产业协同政策不断拓展、逐步深化（马海涛等，2018），如表3-8所示。其中，北京和天津的产业协同经历了从对抗博弈向合作探索再向重点深化方向发展，直到签订《京津关于加强经济与社会发展合作协议》，京津两市协同发展才步入官方层面，开展全方位的产业转移和对接合作，实现双方互利共赢发展（冷宣荣，2020）[①]。北京与河北的产业协同经历了河北单向对接、双方部分对接、双方全面对接的过程。天津与河北的产业协同经历了从合作需求不足到协同加快推进的进程。

表3-8　京津冀省际层面的产业协同相关政策

来源	名称	时间	发布机构	主要内容
北京	《关于贯彻〈京津冀协同发展规划纲要〉的意见》	2015.7	北京市委、市政府	确定北京要在交通一体化、生态环境保护、产业升级转移三大领域率先取得突破
	《关于建设京津冀协同创新共同体的工作方案（2015—2017年）》	2015.9	北京市科学技术委员会	进一步推动京津冀协同发展，建设京津冀协同创新共同体

---

① 冷宣荣. 高质量发展视阈下京津冀产业政策转型与优化路径[J]. 经济与管理，2020（04）：1-7.

来源	名称	时间	发布机构	主要内容
北京	《关于印发〈关于推动中关村国家自主创新示范区一区多园统筹协同发展的指导意见〉的通知》	2016.8	中关村国家自主创新示范区领导小组	促进各分园与所在区实现协调发展
	《2018—2020 年行动计划和 2018 年工作要点》	2018.7	北京市发改委	描摹京津冀疏解、承接、生态等协同发展 3 年"施工图"
天津	《天津市贯彻落实〈京津冀协同发展规划纲要〉实施方案》	2015.9	天津市委市政府	明确天津市贯彻落实《纲要》的内容
	《天津自贸试验区服务京津冀协同发展工作方案》	2016.7	天津自贸试验区	积极推进自贸试验区服务辐射京津冀
河北	《关于贯彻落实〈京津冀协同发展规划纲要〉的实施意见》	2017.2	河北省人民政府办公厅	立足河北的功能定位，具体抓好六个关键点
	《河北·京南国家科技成果转移转化示范区建设实施方案》	2017.8	河北省人民政府办公厅	建设国家级科技成果转移转化示范区
	《关于吸引更多京津科技成果到河北转化孵化整改工作方案》	2018.1	河北省人民政府办公厅	提高河北承接京津科技成果转化孵化能力
	《关于进一步做好京津产业承接平台建设工作的指导意见》	2020.2	河北省发改委	以雄安新区为核心，有序承接京津产业转移提供要素支撑

数据来源：根据公开资料收集整理而得。

在京津冀区域协同和三个省级单元相互之间合作加快的情境下，城市群内部各城市间也开始了更为广泛的产业合作。从城市制定产业协同政策和城市间建立产业协同政策联系的空间格局来看，京津冀进入了产业协同发展的全面推进时期（马海涛等，2018）。总体上存在两个重要特征：第一，城市产业协同政策由北向南全面铺开。在 2008 年之后京津之外地市、区、县的产业政策陆续出现，至 2014 年地级市增加了承德、保定，区县增加了赤城、下花园、丰台、滨海新区等。在 2014 年之后，产业协同相关政策覆盖了京津冀整个区域，所有地级以上城市均制定了相关产业政策，区县单元更是增加到 47 个，主要分布在京津两地及其周边地区，占 202 个区县数量的 23%，并且这些数据目前正在快速增加之中。

第二，京津冀城市之间产业协同政策联系呈现圈层扩展状态。除了城市自身出台产业承接和转移政策推动产业协同之外，城市之间还通过制定针对性产业对接协同政策来推动两城的产业协同（马海涛等，2018）。京津冀边界紧邻的廊坊北三县及周边京津地区是城市间产业协同政策最为密集的核心圈层；京津两市及周边河北省的县市是目前京津冀城市之间产业协同政策发生的"前沿阵地"，可称之为拓展圈层；冀南及京津冀边缘区县目前的政策联系较少，可称之为辐射圈层①。这种圈层结构与京津冀产业协同发展的现实条件和实际需求是一致的，同时直观反映了京津冀城市间产业协同状态和趋势，并预示京津冀未来产业协同发展的可能走向。

二、京津冀产业链融合过程中存在的主要问题

虽然京津冀城市群已形成了规模较为庞大、结构较为完整的产业体系，但是京津冀产业链融合发展过程中缺乏优势主导产业，中心城市未能发挥优势产业的对外辐射带动作用；产业布局缺乏层次和整合，没有形成研发、制造、配套完整的产业链条；科技创新能力缺少足够规模的企业支撑，创新链和产业链缺乏深度对接；区域产业定位不明确，缺乏基于产业链各环节的产业分工规划，京津冀三地在主导产业选择上具有趋同性，产业上下游配套和互补性差。

（一）辐射带动能力不足，区域产业协同水平有待提升

京津冀三地均有发展高端产业的需求，这加剧了京津冀地区产业同构竞争。目前，京津冀高端产业结构以京津冀内部自我循环为主，打破边界的跨区域循环产业相对较少（崔志新，2021）。京津冀产业链融合发展过程中缺乏优势主导产业，产业链的协作关系完整性不足，京津等中心城市未能发挥优势产业的对外辐射带动作用。

1. 中心城市的产业辐射带动能力不足

京津冀产业链融合发展过程中缺乏优势主导产业，产业链协作关系完整性不足，未能发挥优势产业的对外辐射带动作用②。中关村科技园的产业

① 马海涛，黄晓东，罗奎. 京津冀城市群区域产业协同的政策格局及评价[J]. 生态学报，2018（12）：4424-4433.

② 崔志新. "十四五"时期京津冀产业协同发展研究[J]. 城市，2021（05）：3-10.

创新水平虽然在京津冀地区乃至全国范围内领先，但其市场化程度不高、体制机制缺乏灵活性，制约了北京对津冀两地产业的辐射带动作用。区域内部实体经济水平作为产业协同发展的关键因素，严重影响着区域增长极外溢效应的发挥；同时，京津冀地区在大力发展数字经济及现代化服务业过程中，应着力避免出现"产业空心化"现象。京津冀第二产业比重下降过快，2020年京津冀第二产业占地区生产总值比重为28.71%，相比2014年下降了12.34个百分点。

2. 高端产业定位同构加剧区域要素资源竞争

在京津冀产业转型升级过程中，京津冀三地均有发展高端产业的内在需求，北京充分发挥创新优势发展高精尖产业，天津利用港口区位优势和良好的制造业基础发展先进制造业，河北利用腹地优势在夯实制造业的基础上发展高技术制造业。京津冀三地对高端生产要素的需求促使高端生产要素快速集聚，加剧了京津冀地区的产业同构竞争。与京津两地相比，河北省高端产业发展起步较晚、产业基础较弱，高等教育和科研资源稀缺，对高端人才的吸引力相对不足，规划和利用京津冀资源要素的主动性有待加强。目前，京津冀高端产业结构以京津冀内部自我循环为主，打破边界的跨区域循环产业相对较少。

（二）产业链碎片化明显，产业链整体竞争力亟待提高

京津冀地区产业布局缺乏层次和整合，产业关联程度不高，没有形成研发、制造、配套完整的产业链条（叶堂林，2020）。京津冀地区产业存在断层现象，部分领域产业链断链、缺链、弱链现象明显。产业链各环节发展不均衡，已形成的产业链与人工智能、高端装备制造等高新技术产业上下游融合难度大（张莹，2016）[①]。

1. 碎片化现象严重导致产业链条不完整

京津冀地区产业布局缺乏层次和整合，产业关联程度不高，没有形成研发、制造、配套完整的产业链条；三地依然追求本地的全产业链发展，没有站在区域产业链的角度进行资源的合理配置，制约了区域产业链分工格局形成，没有实现相互借势发展[②]。河北与京津两地的产业技术差距较

---

① 张莹. 协同发展背景下京津冀高新技术产业链构建研究[D]. 首都经济贸易大学硕士论文，2016.
② 张莹. 协同发展背景下京津冀高新技术产业链构建研究[D]. 首都经济贸易大学硕士论文，2016.

大，在产业梯度上存在断档，产业链环难以对接；同时，除了研发和制造环节，京津冀地区能够提供完整配套服务的企业并不多，大部分配套产业只能涵盖本地企业，导致京津冀制造业企业在资源、技术、市场、项目上的争夺，也导致重复建设和恶性竞争，致使资源利用分散，中小企业和民营企业难以做大做强。

2. 高附加值环节缺失导致产业链整体竞争力不高

京津冀地区某些产业链短链、断链、弱链现象严重（叶堂林与申建军，2021）①。以生物医药产业为例，京津冀三地在中药、化学药品、生物药品等研发、生产、销售方面各有优势，但是缺乏深层次、高水平的合作，产业链条过短，产业投入相对重复，低水平的竞争现象严重，拉低了整个产业链条的竞争能力。发达的科研资源与工业基础，有效地促进了北京和天津形成以高新技术产业为主的产业结构，但是京津的高新技术产业主要处于全球垂直产业分工的中间环节，还缺少以高附加值为核心的产业链高端环节；同时，北京和天津的产业技术与创新能力难以有效实现向河北转移，导致集聚效应大于扩散效应，难以形成强大的产业链竞争力（关威，2019）②。

（三）发展梯度差距较大，产业链与创新链融合不充分

无论是在创新投入还是创新产出方面，京津冀三地都存在较大的差距，创新能力的落差在一定程度上拉大了京津冀三地产业梯度和产业发展间的落差，导致三地在新产品研发、产品更新换代等方面参差不齐，也导致产业链条的各环节发展不均衡、接续难度大，制约了北京科技成果在津冀两地的落地转化（叶堂林，2021）③。

1. 产业发展梯度差距制约区域产业承接能力

京津冀三地分处不同的产业发展阶段，分别为后工业化阶段、工业化阶段后期和工业化阶段中期。区域产业配套水平是产业转移考虑的主要因素之一，受三地产业梯度落差较大和配套产业基础薄弱等因素影响，津冀两地产业配套水平与北京转移企业的发展需求匹配度较差，一定程度制约

---

① 叶堂林，申建军. 完善京津冀产业协同创新链[J]. 北京观察，2021（04）：44-45.
② 关威. 以高新技术产业链协作引领京津冀区域高质量协同发展[J]. 中国工程咨询，2019（06）：55-59.
③ 叶堂林. 有效推动京津冀创新链和产业链双向融合发展[J]. 北京观察，2020（09）：30-31.

了区域产业承接能力，不利于发展长产业链企业，且难以实现对北京转移企业的逆向吸引。河北经济实力相对偏弱，京津冀地区人才、技术等资源倾向流入京津两地，间接限制了河北高端产业的发展。在承接北京和天津转移企业方面，河北承接了较多的批发零售、物流、蔬菜食品及传统制造等领域的低层次企业。

2. 产业链与创新链融合不充分导致科技成果转化率低

京津冀地区的科技创新能力缺少足够规模的企业支撑，在创新链和产业链提升过程中缺乏深度对接，部分产业链的融合状态处于初级层面，与发展要求较高的产业脱离（崔志新，2021）[①]。2019 年，北京每万人发明专利拥有量达到 132 件，约为全国平均水平的 10 倍，但是北京的技术输出往往越过津冀流向东南沿海地区，如北京输出津冀的技术合同成交额仅占流向京外地区的 7.8%。北京科技创新资源与天津先进制造业和河北高技术制造业对接不够紧密，津冀地区的地缘优势尚未充分发挥，与中关村科学城、怀柔科学城和未来科技城的合作有待加强，需进一步完善京津冀产业园区与上述三大科学城的科技项目对接和成果转化机制（叶堂林，2020）[②]。

（四）规划缺乏对接机制，全产业链的政策体系不完善

京津冀区域产业定位不明确，缺乏基于产业链各环节的产业分工规划，京津冀三地在主导产业选择上具有趋同性、产业上下游配套和互补性差等问题（魏丽华，2018）[③]。基于区域全产业链布局的政策体系不完善，如跨区域设立子公司面临资质标准无法互认、津冀地区存在着专业技术人才供给和生产性服务业支撑不足等问题。

1. 缺乏基于产业链各环节的产业规划对接

由于经济发展基础与条件相似，以及改革开放以来面临的国内外发展环境与机遇也相似，京津冀区域各城市产业发展的重点有相似之处，这具有合理的一面。但是，不可否认的是，京津冀区域的产业规划缺乏有效的对接机制。从京津冀各城市产业规划来看，各城市重点产业大多数都集中在汽车、电子信息、生物医药、仪器装备、新能源、环保等产业领域，有

---

① 崔志新. "十四五"时期京津冀产业协同发展研究[J]. 城市，2021（03）：3-11.
② 叶堂林. 有效推动京津冀创新链和产业链双向融合发展[J]. 北京观察，2020（09）：30-31.
③ 魏丽华. 京津冀产业协同发展问题研究[D]. 中央党校博士学位论文，2018.

多个地区都将大数据、智能制造等作为发展重点（屈庆超，2019）①。这导致京津冀地区各城市间产业同质化现象严重、彼此间恶性竞争的情况依然存在，产业配套和互补性偏弱。这就需要政府在进一步深入研究的基础上加强引导，让京津冀不同地区在同一产业的细分行业、细分领域上形成特色和分工。

2. 推动区域全产业链布局的政策体系不完善

京津冀三地共同制定了《关于加强京津冀产业转移承接重点平台建设的意见》《关于共同推进京津冀协同创新共同体建设合作协议（2018—2020年）》等诸多产业政策，但是在打破行政区划和产业分割、推动三地产业协同创新和实现区域产业优化升级、打破地区间市场分割、促进京津冀区域统一大市场的发育和形成上的政策联动效应仍然显得比较薄弱。此外，京津冀在三地之间如何推动创新链、产业链、价值链、人才链完善贯通，推动四链融合，实现三地多个相关产业深度融合，打造具有全球竞争优势的全产业链等方面，产业政策的引导作用尚未发挥（冷宣荣，2020）②。因此，未来产业政策尤其要从京津冀三地联动的角度，更多体现促进三地产业网络的整体调整和创新，更加注重强化区域内产业链上下游协同。

三、促进京津冀产业链深度融合的政策建议

遵循市场经济规律，加强产业顶层设计，充分发挥各地区比较优势，以促进产业政策衔接、健全市场运作机制、促进产业链与创新链融合为重点，强弱项、补短板，加快数字技术与产业融合，不断增强京津冀产业链融合发展的内生动力，进一步优化区域营商环境，推动京津冀产业协同发展向更高层次迈进，从而最终构建起北京主要在研发设计和应用软件、天津主要在终端制造和科技成果转化、河北主要在关键零部件配套生产的产业链分工和技术创新格局。

（一）加强产业顶层设计，形成产业链融合发展合力

要发挥顶层设计的引领、规划和指导作用，坚持在更高层面谋划京津冀产业发展，理顺三地产业发展链条，促进区域产业合理分布和上下游联

---

① 屈庆超. 数据上的京津冀产业链布局[J]. 北京观察，2019（11）：30-31.
② 冷宣荣. 高质量发展视阈下京津冀产业政策转型与优化路径[J]. 经济与管理，2020（04）：1-7.

动[①]。首先，建议国务院京津冀协同发展领导小组牵头，联合三地编制区域产业协同发展专项规划，明确三地产业定位和区域重点产业的产业链各环节分工，在此基础上由三地分别制定专项行动计划，细化产业发展路线图；其次，进一步完善三地政府常态化沟通机制，定期通报协同重点任务进展情况，推动相关任务落实。

1. 建立区域产业协同规划的协调机制与评估机制

京津冀需要建立地区之间产业规划制定的协调机制和规划制定之后的评估机制。事前的协调机制主要是确保京津冀地区产业规划能够统筹安排、互相衔接，通过协同制定产业规划，使得各个地区的发展在发挥本地比较优势、形成地方特色、明确自身功能定位的同时，有助于促进地区间合理的产业分工和协调发展，使得自身的发展有利于促进京津冀产业链融合发展。事后的评估机制主要是建立协同评估政府产业规划的有效机制，比如由第三方机构对地方政府的产业规划进行评估，对规划的后评估一方面有助于确保产业规划被较好地实施，另一方面也敦促规划制定者更加审慎地制定规划。

2. 完善产业协同系统架构并优化产业链发展体系

京津冀产业协同发展要以改变竞争大于合作的局面为目标，以三地统一的思维来梳理产业链发展中的问题，以合作的思维来解决产业链中的难题，以系统论的思想来确立三地产业协同发展体系，以空间演化的视角推动产业链的转移[②]。借鉴上海高端服务业和长三角先进制造业在空间分布上的协同定位、发展模式上的协同演化、升级动力上的协同创新三个维度的发展经验，要通过产业链的空间演化推动制造业产业链中生产要素的重组，进而实现区域产业结构、空间布局的变动。要系统考虑自然、经济与社会的优势条件，合理确立各地区在产业分工中的角色与地位，并确立地区主导产业和产业发展目录。

（二）促进产业政策衔接，健全融合发展的市场机制

探索跨区域法规、政策、规划衔接，促进区域内人才、资本、信息等

---

① 北京市政协. 聚焦全产业链布局 推动京津冀产业协同向更高层次迈进[J]. 北京观察, 2019（11）：25-27.

② 许爱萍. 京津冀协同发展视阈下天津先进制造业产业链融合路径[J]. 开发研究, 2016（03）：118-122.

要素合理有序流动。健全京津冀区域要素流动机制，推动区域公共信息交流平台建设，实现区域产业信息共享①。争取国家支持，在京津冀地区探索异地分公司经济指标属地入统试点。探索建立京津冀跨区域企业资质标准互认制度。通过共建园区等方式，推动三地优势产业政策在区域内相互延伸覆盖。创新区域利益共享机制，构建利益共同体，统筹发展新机制，构筑京津冀全产业链发展的长远保障。

1. 全面优化产业链融合发展的政策体系

全面梳理和重新定位全产业链协同发展的政策体系，提升政策的针对性、有效性和落地性（边继云，2020）②。针对当前三地协同发展当中存在的政策体系错位、末端循环不畅等问题，全面梳理政策体系，对制约或不利于协同发展的政策进行清理和修正。推进高新技术产业政策协同，争取国家跨区域产业协同专项政策支持、建立区域高新技术产业协同企业利益保障政策和区域产业协同政府利益分配等支持政策。加强三地金融、税收、财政、人才等创新发展政策的协同作用，研究制定在产值分计及高新技术企业、产品、专业技术人才和劳动用工资质互认等方面的政策措施（叶棠林，2020）。同时，制定政策实施监督保障机制，确保政策落实落地。

2. 促进区域内要素合理流动和优化配置

京津由于众多优势吸引了周围大量的人才和资本，由于要素流动成本大，削弱了京津对河北的辐射作用，与北京接壤的河北地区经济发展受到抑制就是一个典型例证。因此，应通过出台相关政策机制，如特别税收政策、基本服务均等化等机制创新，促进资金、人才、教育资源等要素跨区域流动，为京津冀产业一体化的发展奠定基础。针对三地要素市场割裂的状态，应积极推进京津冀三地共建区域性的商品物流共同市场、土地储备交易共同市场、人力资源共同市场、信用征用共同市场、金融共同市场、信息技术共同市场等③。以京津冀区域统一市场的形成，助推各类要素资源突破区域限制，在更大范围内实现自由流动和优化配置。

---

① 北京市政协. 聚焦全产业链布局 推动京津冀产业协同向更高层次迈进[J]. 北京观察，2019（11）：25-27.

② 边继云. 构建京津冀全产业链协同发展新格局[N]. 中国社会科学报，2020-07-22（06）.

③ 岳维松，邵立国，程楠. 加强"三个"融合 推动京津冀产业深度协同[N]. 中国计算机报，2021-02-08（013）.

3. 构建实质性的京津冀三地利益共同体

产业链融合与三地的经济利益高度相关，能否实现发展利益的真正融合，是各行政区能否破除自身利益局限，真正推动产业链融合发展的关键。为应对此种局面，构建实质性的利益共同体、统筹产业链发展新机制刻不容缓。一方面，创新跨行政区的投融资机制，形成全产业链协同发展的源头支撑。例如，成立京津冀协同发展基金、产业调整基金和区域开发银行，为跨行政区的重大项目建设提供资金保障[①]。另一方面，完善税收分享新机制。针对当前三地税收分享范围及分享比例划分较为简单，且税收分享协议即将到期的问题，进一步完善创新税收分享机制，探索共建共享的产业发展载体及科技成果转化落地等。

4. 统筹建设产业链融合的平台支撑体系

加快园区共建，以园区共建带动形成区域间生产要素、企业主体、产业链条的"合作网络"，进而形成区域间产业协同发展格局[②]。三地可在战略合作功能区和共建示范产业园区的基础上，再合力共建一批现代化制造业承接合作平台，推动产业链梯次布局（边继云，2020）[③]。同时，要推动三地建立基于产业链的创新联动链条体系，通过创新联动体系的构建"黏合"三地产业的发展，并为产业的深入融合与无缝对接提供支撑。例如，推动京津冀共同组织实施国家重大研发任务、共同建设科技成果转化项目库、共同出资建设科技成果转化专项资金；根据产业创新发展的需要，联合建设科技企业孵化器、产业技术研究院、工程技术研究中心、重点实验室等协作创新平台和主体孵化培育平台等，为产业链深度融合提供保障。

（三）推动产业补链延链，加快数字技术与产业融合

聚焦区域重点发展的高新技术产业开展强链、补链和延链工作。三地应联合设立产业协同发展引导基金，依托三地的重点园区，聚焦新一代信息技术、人工智能、生物医药、新能源汽车等领域，加快培育区域龙头企业和配套产业链，打造若干世界级产业集群[④]。要重点培育一批具有国际竞

---

① 边继云. 构建京津冀全产业链协同发展新格局[N]. 中国社会科学报，2020-07-22（06）.

② 边继云. 构建京津冀全产业链协同发展新格局[N]. 中国社会科学报，2020-07-22（06）.

③ 边继云. 构建京津冀全产业链协同发展新格局[N]. 中国社会科学报，2020-07-22（06）.

④ 北京市政协. 聚焦全产业链布局 推动京津冀产业协同向更高层次迈进[J]. 北京观察，2019（11）：25-27.

争力的"专精特新"中小企业，强化区域制造业体系支撑。加强重点产业链三地联合招商引资，吸引国内外龙头企业和重点产业关键零部件配套企业落地，补齐产业链短板。

1. 推动重点产业的强链、补链和延链

在推动基础材料高端化发展的基础上，围绕新一代信息技术、生物医药、节能和智能网联汽车等优势主导产业，在京津冀区域内协同构建一批产业链。明确三地的重点发力环节，大力发展中间产品和终端产品，把基础材料优势转换为终端产品优势，确实改变京津冀产业链条短、上下游协同不畅、集聚乏力等问题①。一方面，增加中间产品供给，畅通产业链。以石化产业为例，应立足现有基础，发挥京津冀在化工领域的创新和市场优势，大力发展化学原料、化学纤维等"腰部"产业，打通上游原材料和下游医药、纺织服装终端等产品整条产业链，形成联系紧密、高效协同产业链协同发展局面。另一方面，要合力做大终端市场，推动终端龙头企业在京津冀的优化布局，充分利用北京的研发设计、系统集成和营销资源，以及津冀的原材料及制造资源，着力发展汽车、智能装备、智能终端等终端产品，带动上游材料、元件和零部件产业协同发展。

2. 推动京津冀三地产业的数字化转型

以数字技术为核心的物联网、工业互联网等信息网络与传统产业融合，突破产业协同的时空限制，整合上下游产业链，使整个产业链实现运营效率提升和运营成本降低②。北京数字产业优势明显，津冀仍有大量的传统产业急需数字赋能来提高竞争力。加强产业和数字技术融合有利于为京津冀地区产业赋能，也有利于产业互联互通，加强京津冀产业链供应链协同③。一是要共同搭建支撑产业协同的数字基础设施，统筹布局数据中心和5G网络建设，规划布局车路协同网络，推动基础设施互联互通。二是在电子信息、生物医药、航空航天等领域，建设一批行业工业互联网平台，通过互联网赋能产业，整合产业链，打通供应链，形成人才、产品、生产、

---

① 岳维松，邵立国，程楠. 加强"三个"融合 推动京津冀产业深度协同[N]. 中国计算机报，2021-02-08（013）.

② 岳维松，邵立国，程楠. 加强"三个"融合 推动京津冀产业深度协同[N]. 中国计算机报，2021-02-08（013）.

③ 岳维松，邵立国，程楠. 加强"三个"融合 推动京津冀产业深度协同[N]. 中国计算机报，2021-02-08（013）.

物流相互融合的线上线下网络。三是鼓励企业积极应用人工智能、大数据、云计算、区块链等数字技术，推进智能制造，探索产业链上下游协同发展新模式，提升供应链效能和区域产业协同水平。

（四）深化区域协同创新，促进产业链与创新链融合

动态把握产业机遇，聚焦新一代信息技术、人工智能等产业开展协同创新，构建北京主要在研发设计和应用软件、天津主要在终端制造、河北主要在关键零部件配套生产的产业链分工和技术创新格局[①]。推动科技创新成果在京津冀区域内转化，加强技术联合攻关，助推津冀钢铁、化工、装备制造等传统产业转型升级。支持"中关村"等优势科技园区面向津冀移植其模式和品牌，鼓励在京高校、科研院所和科技型龙头企业在津冀建立科技合作示范基地或科技中试中心。

1. 分阶段推进重点产业的区域协同创新

三地可结合京津冀协同发展的新任务和北京打造高精尖经济体系，分阶段在区域内找出几大重点产业，如节能环保、新能源新材料、网联智能汽车等合作产业，形成三地间上中下游联动的产业分工和技术创新格局，鼓励合作建设主题型经济合作区和产业园区，通过三地产业和科技合作进而打造世界级产业集群（边继云，2020）。鼓励北京优势创新资源"走出去"，打造区域创新链。鼓励"中关村"等优势科技园区面向京津冀布局，在区域内移植其成功模式和品牌；鼓励清华、北大等知名院校和中科院等著名科研机构在津冀设立创新研究院，紧密围绕区域内协同创新的重点产业开展技术性研究；鼓励北京市龙头科技企业在津冀建立科技合作示范基地或科技中试中心，提升津冀两地的"造血功能"和内生发展动力。

2. 推动产业链与创新链资源的深度对接

加快科技与产业融合，抢抓新兴技术发展机遇，推动产业与创新资源的深度对接[②]。理顺北京主攻研发设计、天津与河北发力成果转化和生产的协同机制，形成创新能力和与产业支撑相匹配的产业协同生态。一是对于规模小而创新能力强的产业，如人工智能、集成电路、新型显示、机器人

---

① 北京市政协. 北京市政协. 聚焦全产业链布局　推动京津冀产业协同向更高层次迈进[J]. 北京观察，2019（11）：25-27.

② 北京市政协. 聚焦全产业链布局　推动京津冀产业协同向更高层次迈进[J]. 北京观察，2019（11）：25-27.

等产业，应联合加大资本投入，共同推进大项目建设，不断壮大产业规模。二是对于规模和创新都具有优势的产业，比如钢铁新材料、生物医药等产业，应实施强强联合策略，加快发展高精尖产品，联合培育区域品牌，强化竞争优势。三是对于规模大而创新弱的产业，如汽车制造、石化应梳理产业链短板，共同制定技术研发路线图，开展协同攻关，以创新注入发展新动能，提升产业竞争力。

3. 推动创新链、产业链与政策链的衔接

一是加强京津冀人工智能、工业互联网、物联网等新型基础设施建设，进一步完善区域产业链与创新链互融的基础设施。二是提升北京工业互联网平台的技术创新能力和服务能力，积极推动北京优势技术成果赋能津冀地区钢铁、装备制造等传统产业，推动其转型升级。三是优先构建北京高精尖产业的产业链与创新链在区域内布局并实现互动融合发展。四是完善产业链与创新链融合发展的机制与模式。如探索京津冀地区统一规划、统一建设、统一管理的"飞地"管理体制；建立完善的区域制造业支撑体系；推进区域基本公共服务均等化；建立完善协同合作、互惠互利的利益分享机制；探索异地分公司经济指标属地入统试点；探索建立京津冀跨区域企业资质标准互认制度等，促进区域内生产要素有序流动。

（五）优化区域营商环境，夯实区域产业链布局基础

以推动公共服务一体化、完善产业基础设施、提高政府服务水平等为重点，全面优化提升区域整体营商环境[①]。鼓励和引导京津优势公共服务资源通过合作共建、委托管理等方式，推动优质公共服务资源向河北延伸，促进公共服务水平提升。加强政策对接，推动符合标准的北京外迁企业人员既可以选择保留"北京身份"，也可以在迁入地无障碍享受当地公共服务。加强人工智能、工业互联网、物联网等新型基础设施建设，进一步完善区域产业基础设施。

1. 加强新型基础设施建设以优化产业发展硬环境

京津冀要加速城市基础设施建设和产业综合配套工程建设，尤其人工智能、工业互联网等新型基础设施建设，不断优化产业发展的硬环境。围

---

① 北京市政协. 聚焦全产业链布局 推动京津冀产业协同向更高层次迈进[J]. 北京观察, 2019（11）：25-27.

绕以各产业园为重点的场地建设，京津冀发展路网建设和电、水、暖气等源点建设，为发展优越的物流交通网络创造条件。京津冀提升开发区、工业园区的功能和配套支撑能力，提供优惠条件，吸引先进制造企业入驻园区。针对大项目、大企业落户，京津冀提供可开发建设用地。围绕园区先进制造业发展，积极吸纳技术研发、公共检测、应用推广、金融服务等现代服务类企业入驻，并在土地、用水、用电上给予便利，京津冀提升开发区、园区的资源聚集、整合能力，逐步实现从聚集到集群的集约式转变。

2. 加速人才链建设为产业链各环节发展提供支撑

要借助京津冀协同发展的便利条件，京津冀三地同心合力培养产业所需的创新人才和高技能型人才，以人才链建设为先进制造产业链提供支撑。京津冀要鼓励企业以项目合作的形式与各高校、科研院所展开人才合作，以项目培养人才；为校企合作创造便利，鼓励职业院校为企业进行"订单式"人才培养。京津冀要积极引进高层次人才，不遗余力地挖掘高端人才。对于海内外领军人才，要提供优厚的引进条件，为人才配备资金、项目、实验室等工作条件，为家属、子女提供相应的生活条件。对于产业急需的高技能型人才，京津冀要在积分落户政策上要给予倾斜，配备相应的技能培训，实施高技能型人才职业生涯提升计划，为其未来长期发展创造空间。

参考文献

[1] 边继云. 构建京津冀全产业链协同发展新格局[N]. 中国社会科学报，2020-07-22（6）.

[2] 边继云，薛维君. 京津冀协同发展产业突破的"三要点"[N]. 光明日报，2016-03-02（16）.

[3] 崔志新. "十四五"时期京津冀产业协同发展研究[J]. 城市，2021（5）：3-10.

[4] 邓淑芬，钟昌宝. 基于欧盟经验的长三角城市群科技创新协同发展机制研究[J]. 江苏科技信息，2020，37（12）：5-7.

[5] Dunning J. The Paradigm of International Production: Past, Present and Future[J]. *Journal of International Business Studies*, 1988 (1): 1-31.

[6] 关威. 以高新技术产业链协作引领京津冀区域高质量协同发展[J]. 中国工程咨询，2019（06）：55-59.

[7] 胡彬, 郑秀君. 开发区功能演化与职能重构[J]. 改革, 2011 (08): 62-68.

[8] 匡茂华, 邓宜娇, 刘青. 长株潭城市群创新链与产业链融合发展的路径研究[J]. 城市学刊, 2021 (01): 19-26.

[9] 北京市政协. 聚焦全产业链布局 推动京津冀产业协同向更高层次迈进[J]. 北京观察, 2019 (11): 25-27.

[10] 蒋海兵, 李业锦. 京津冀地区制造业空间格局演化及其驱动因素[J]. 地理科学进展, 2021, 40 (05): 721-735.

[11] 蓝庆新, 关小瑜. 京津冀产业一体化水平测度与发展对策[J]. 经济与管理, 2016 (03): 17-22.

[12] 冷宣荣. 高质量发展视阈下京津冀产业政策转型与优化路径[J]. 经济与管理, 2020 (04): 1-7.

[13] 李国平, 张杰斐. 京津冀制造业空间格局变化特征及其影响因素[J]. 南开学报(哲学社会科学版), 2015 (01): 90-96.

[14] 李凯, 刘涛, 曹广忠. 城市群空间集聚和扩散的特征与机制[J]. 城市规划, 2016, 40 (02): 18-27.

[15] 刘戒骄. 京津冀产业协同发展的动力来源与激励机制[J]. 区域经济评论, 2018 (06): 22-28.

[16] 刘怡, 周凌云, 耿纯. 京津冀产业协同发展评估: 基于区位熵灰色关联度的分析[J]. 中央财经大学学报, 2017 (12): 119-129.

[17] 刘志彪, 孔令池. 双循环格局下的链长制: 地方主导型产业政策的新形态和功能探索[J]. 山东大学学报(哲学社会科学版), 2021 (01): 110-118.

[18] 马海涛, 黄晓东, 罗奎. 京津冀城市群区域产业协同的政策格局及评价[J]. 生态学报, 2018 (12): 4424-4433.

[19] 马海涛. 基于空间管治理念的京津冀城市群产业协同发展策略[J]. 发展研究, 2019 (07): 4-11.

[20] 潘芳, 田爽. 美国东北部大西洋沿岸城市群发展的经验与启示[J]. 前线, 2018 (04): 74-76.

[21] 屈庆超. 数据上的京津冀产业链布局[J]. 北京观察, 2019 (11): 30-31.

[22] 岳维松，邵立国，程楠. 加强"三个"融合 推动京津冀产业深度协同[N]. 中国计算机报，2020-02-08（013）.

[23] 王宏强. 产业链重构：对京津冀产业协同发展的新思考[J]. 中国党政干部论坛，2016（02）：72-74.

[24] 王冠，刘晓晴，张鑫红. 京津冀产业同构程度评价及制造业协同发展分析[J]. 河北科技大学学报（社会科学版），2021（03）：1-7.

[25] 魏丽华. 以产业协同推动京津冀协同发展[N]. 河北日报，2016-03-09.

[26] 魏丽华. 京津冀产业协同发展困境与思考[J]. 中国流通经济，2017（05）：117-126.

[27] 魏丽华. 京津冀产业协同发展问题研究[D]. 中央党校博士学位论文，2018.

[28] 许爱萍. 京津冀协同发展视阈下天津先进制造业产业链融合路径[J]. 开发研究，2016（03）：118-122.

[29] 颜廷标. 深入推进京津冀产业协同发展的有效路径[N].河北日报，2019-06-05（7）.

[30] 叶堂林. 有效推动京津冀创新链和产业链双向融合发展[J]. 北京观察，2020（09）：30-31.

[31] 叶堂林，申建军. 完善京津冀产业协同创新链[J]. 北京观察，2021（04）：44-45.

[32] 张杰，郑若愚. 京津冀产业协同发展中的多重困局与改革取向[J]. 中共中央党校学报，2017（08）：37-48.

[33] 张学良，李丽霞. 长三角区域产业一体化发展的困境摆脱[J]. 改革，2018（12）：72-82.

[34] 张莹. 协同发展背景下京津冀高新技术产业链构建研究[D]. 首都经济贸易大学硕士论文，2016.

[35] 赵延文. 京津冀产业协同发展回顾及展望[J]. 中国经贸导刊，2021（01）：58-63.

第四章　空间治理：京津冀优化国土空间布局与世界级城市群建设

摘要： 2015 以来，京津冀协同发展战略，围绕着世界级城市群的总体目标和空间布局构想已进入战略实施阶段。为了实现京津冀国土空间布局优化，本研究报告提出应大力实施以疏解北京非首都功能为重点的京津冀协同发展战略，以"一核、双城、三轴、四区、多节点"的京津冀空间布局规划为引领，立足世界级城市群建设经验和京津冀的现实情况，以雄安新区为新增长极，以滨海新区为突破口，以京津都市连绵带为串联，以轨道交通为依托，积极推进世界级城市群的建设发展，促进京津冀协同发展总体目标的顺利实现。

关键词： 空间布局　空间体系　京津冀协同发展

一、京津冀世界级城市群的建设背景与意义

《中共中央关于制定国民经济和社会发展第十四个五年规划和二〇三五年远景目标的建议》中明确提出"优化国土空间布局，推进区域协调发展和新型城镇化"。为了实现这个目标，需要坚定不移地推进区域协调战略，以城市群为主体构建大中小城市和小城镇协调发展的城镇格局。2015 年以来，京津冀协同发展战略，围绕着世界级城市群的总体目标和空间布局构想已进入战略实施阶段，其国土空间布局调整仍十分重要。

（一）京津冀建设世界级城市群的国内外背景

从国际来看，国际金融危机的深层次影响还未退却，全球又遭遇新冠肺炎疫情暴发，世界经济和全球贸易再次陷入低迷，外向型经济发展模式受到挑战。新贸易保护主义趋于双边化、集团化和区域化，新兴经济体的困难和风险明显加大。新一轮科技革命和产业变革蓄势待发，全球产业链、

价值链和创新链面临重构整合。中国国际影响力、感召力、塑造力显著提高，在全球治理体系中主导权日益提升，迫切需要寻求新的增长动力支撑我国由大国向强国的顺利跨越。

从国内来看，中国创造了经济增长奇迹之后，已进入增速换挡和结构调整的新常态。一方面，经济增长下行压力加大，"三驾马车"乏力，要素价格升高，资源环境约束趋紧，深层次的社会经济矛盾逐渐凸显，提质增效、转型升级的要求更加紧迫，中国迫切需要寻求新的增长动力；另一方面，地区差距问题十分突出，显著制约着经济发展的平衡性、协调性和持续性，迫切需要探索区域协同新路径，实现区域发展格局优化和挖掘经济转型升级新源泉已成为中国亟待破解的重大问题。

过去十多年中国经济转型的潜力主要通过西部大开发等东西平衡战略来加以释放，未来十年南北平衡成为拉伸中国深度改革与转型发展尺度的战略支点。京津冀协同发展战略是国家重要战略部署，关乎中国经济的未来总体格局，承担着拉伸中国南北平衡、促进中国深度改革与转型发展的重大国家任务。

（二）京津冀建设世界级城市群的政策背景

1. 京津冀协同发展战略的空间布局

《京津冀协同发展规划纲要》明确指出，京津冀区域整体定位为：以首都为核心的世界级城市群、区域整体协同发展改革引领区、全国创新驱动经济增长新引擎。

在空间布局方面，按照"功能互补、区域联动、轴向集聚、节点支撑"的思路，以"一核、双城、三轴、四区、多节点"为骨架，构建以重要城市为支点，以战略性功能区平台为载体，以交通干线、生态廊道为纽带的网络型空间格局。一核：北京是京津冀协同发展的核心。双城：北京、天津是京津冀协同发展的主要引擎。三轴：沿京津、京唐秦、京保石等主要通道，以轴串点，以点带面，推动产业要素沿轴向聚集，建设产业发展和城市聚集轴带，构建支撑京津冀协同发展的总体框架。四区：结合京津冀各地自然地理环境和产业发展特点，形成中部核心功能区、东部滨海发展区、南部功能拓展区、西北部生态涵养区。多节点：发挥石家庄、唐山、保定、邯郸区域性中心城市功能，打造河北经济增长极。强化张家口、承德、廊坊、秦皇岛、沧州、邢台、衡水等节点城市的支撑作用。进一步提高城市综合承载能力和服务能力，有序推动产业和人口聚集。①

2. 雄安新区的战略定位

2017 年 4 月 1 日，中共中央、国务院决定设立雄安新区。雄安新区未来将建设成为智能、绿色、创新、宜居的新城，是中国北方的"深圳"，雄安新区与北京城市副中心将共同形成北京新的两翼。

雄安新区的设立对于集中疏解北京非首都功能，探索人口经济密集地区优化开发新模式，调整优化京津冀城市布局和空间结构，培育创新驱动发展新引擎，具有重大现实意义和深远历史意义。

规划建设雄安新区要突出七个方面的重点任务：一是建设绿色智慧新城，建成国际一流、绿色、现代、智慧城市；二是打造优美生态环境，构建蓝绿交织、清新明亮、水城共融的生态城市；三是发展高端高新产业，积极吸纳和集聚创新要素资源，培育新动能；四是提供优质公共服务，建设优质公共设施，创建城市管理新样板；五是构建快捷高效交通网，打造绿色交通体系；六是推进体制机制改革，发挥市场在资源配置中的决定性作用和更好发挥政府作用，激发市场活力；七是扩大全方位对外开放，打造扩大开放新高地和对外合作新平台。

（三）京津冀世界级城市群建设的重大意义

面对世界经济复苏乏力、局部冲突和动荡频发、全球性问题加剧的外部环境，面对我国经济发展进入新常态、区域发展不平衡等一系列深刻变化，加速京津冀世界级城市群建设，对于增强中国国际影响力与塑造力、促进区域协调发展战略的实施、解决南北差异日趋扩大问题，具有重大现实意义。

1. 国际层面：增强国际竞争力、重塑世界格局

综观全球，六大世界级城市群已经形成，即美国东北部大西洋沿岸城市群、北美五大湖城市群、日本太平洋沿岸城市群、英国伦敦城市群、欧洲西北部城市群和中国长江三角洲城市群，它们均对世界经济、科技、社会、文化具有强大的影响力和控制力，显著提高了国家综合实力。

中国 GDP 跃居世界第二、对外贸易总额全球第一，现已进入从世界大国向强国迈进的关键时期。尽快建成京津冀世界级城市群的空间主骨架，

---

① 《京津冀协同发展规划纲要》。

是与强国战略相适应、应对复杂国内外形势的重要举措：一是通过京津冀空间结构优化与城镇体系建设，向协同发展要红利，激发经济增长新动能；二是通过创新资源、高技术研发以及产业链的对接融合，增强产业国际竞争力；三是通过基础设施互联互通工程，既有效拉动设施投资，也有利于促进市场一体化，加速优质要素集聚。京津冀城市群将具有极强的国际影响力，成为地区、国家乃至世界经济发展的重要中枢，有效增强中国在全球经济体系中的资源配置能力。

2. 中国层面：促进经济转型、优化区域格局

改革开放以来，中国创造了世界经济增长史上的奇迹，但与之相生的地区差距问题却十分突出，这不仅制约着经济发展的平衡性、协调性和持续性，甚至会成为引发深层次经济社会矛盾的导火索。当前我国的主要矛盾已经转化为人民日益增长的美好生活需要和不平衡不充分的发展之间的矛盾。中国经济已经进入增速换挡和结构阵痛期，更加迫切地需要探索区域协同新路径，实现区域发展格局优化和挖掘经济转型升级新源泉已成为中国亟待破解的重大问题。

建设京津冀世界级城市群，打造中国第三大经济增长极，是我国促进经济转型、优化区域格局的重要举措：（1）有利于破解首都发展长期积累的深层次矛盾和问题，优化提升首都核心功能，走出一条中国特色的、解决"大城市病"的路子。（2）有利于完善城市群形态，优化生产力布局和空间结构，打造具有较强竞争力的世界级城市群。（3）京津冀建设成为世界级城市群，将承担起拉伸中国南北平衡、促进中国深度改革与转型发展等重大国家任务。

3. 区域层面：京津冀协同发展

一方面，京津两市与世界级城市群的中心城市差距明显。北京是全国政治、文化中心，也是公共服务水平最高的城市。天津综合竞争力和宜居竞争力位居全国第 3 位、第 4 位。京津两市具有显著的资源聚集优势，已经是京津冀乃至环渤海的增长极。但与国际大都市区相比仍有一定差距，如京津地区 2020 年人均 GDP 为 1.49 万美元[①]，而东京都市圈 2018 年已经

---

① 由 2020 年 GDP 和常住人口计算所得，汇率使用 2020 年平均汇率 6.8974。

达到 4.4 万美元①。京津两市迫切地需要实现总量扩大与质量提升的双重任务。另一方面，京津冀城市群内的其他城市发展缓慢，与京津对接难度较大，束缚了京津冀城市群的整体推进。在对标世界级城市群的同时，提升中心城市的发展质量和优势地区的带动作用，更应培育新引擎，填平洼地、补齐短板，既有利于促使区域向形态更高级、分工更高效、结构更合理的协同发展格局演化，也有利于促进该地区实现更高质量、更加充分的经济增长。

二、世界级城市群的国际经验与京津冀城市群对标

（一）世界级城市群空间布局的国际经验

1. 呈多中心结构，中心城市具有突出的国际影响力

世界级城市群在空间上一般存在多个中心城市。最初具有支配地位的中心城市大都临海临港，拥有优越的区位优势，或已具备良好的产业基础，经过孤立发展、地域与功能扩张的发展阶段，通过扩散效应带动周边区域的发展，共同形成大都市区。此时，大都市区与周边中小城镇共同成为城市群的雏形。大都市区之间的区域持续扩展，形成许多新的中心地带，从而导致大都市区边界变得更加模糊，各城市之间分工合作，从而形成在空间和经济等维度上的一体化城市群。

世界级城市群的中心城市是世界上最高等级的交通枢纽节点，是最高等级功能的集聚体，不仅主宰着城市群内金融、文化、交通、通信、贸易等方面的主要活动和政策的制定，甚至成为影响国家乃至世界经济活动的重要力量。例如，美国东北部大西洋沿岸城市群的纽约和波士顿、英伦城市群的伦敦和利物浦、日本太平洋沿岸城市群的东京和大阪等，均在全球经济体系中具有举足轻重的地位。

2. 城市间分工协作，经济一体化程度很高

中心城市是世界级城市群要素聚集、经济发展的高地，对周边地区有较大的辐射能力，且中心城市之间层次与分工各有不同，相互联系紧密，在整体上构成了多种城市职能的复合体，突出了城市群的整体优势。例如，北美东北部大西洋沿岸城市群由最初的殖民港口经过工业化发展逐渐形成

---

① 数据来源：https://www.esri.cao.go.jp/jp/sna/data/data_list/kenmin/files/contents/main_2018.html。

多个中心城市，其中纽约是生产性服务业中心和整个地区的枢纽，华盛顿则是行政和服务业中心，而主要的制造业则集中于费城、巴尔的摩以及波士顿地区，其他城市配合中心城市发展，最终形成中心城市发展突出、各城市分工合作的一体化城市群。又如，英伦城市群包含四个大都市区，其中伦敦为创意与行政中心，伯明翰工业发达，利物浦主打船舶业，谢菲尔德则向服务业转型，中心城市协同发展，城市群空间布局不断扩展完善，日渐成熟。

3. 城市空间融合发展，无明显断点

城市间的空白地带被不断出现的"新中心"填充，促进了都市区的经济空间分布由单中心向多中心、网络状的转变，使得城市在空间上实现融合发展。成熟的城市群中，城市的边缘地带虽然在形态上仍与城市中心区存在差异，但各种功能的集聚已使其成为充满活力的社会经济单元。城市中传统的中央商务区不再是组织社会经济活动的唯一核心，都市区日益呈现出多中心网络分布的空间形态。从空间形态上看，多中心结构的发展促使单个大都市区在空间上不断扩展，边缘地区不再仅仅是功能单一的卧城或者工业卫星城，而是获得了大量的产业和人口，形成了功能完备的次中心，从而使整个大都市区内部经济和社会联系更加紧密与均衡。边缘地区新中心的出现模式主要有以下两种：一是市场主导的郊区蔓延模式，例如，20世纪50年代以后，交通通信革命促使人口和企业的空间分散性簇集，华盛顿—波士顿沿线的新城镇或居民点不断生成，填充了核心城市之间的腹地。二是规划先行的新城建设模式，例如日本政府在东京都市圈"一极集中"的治理中建设了不同功能的多个新城，使要素逐渐扩散至周边地区，从而使更大范围的区域发展整合到一起。

4. 城市规模梯度明显

城市群作为城市空间发展的高级形态，城市之间存在着高水平的相互联系和分工协作。从空间上来看，都市连绵带应是不同规模、等级的城市之间相互作用，形成的一个类似"金字塔"结构的城市系统。

北美东北部大西洋沿岸城市群以纽约作为第一等级核心城市，华盛顿、波士顿、费城则位于第二等级，巴尔的摩则紧随其后，这些不同层次的核心城市又分别与其周边共40多个中小城市共同组成有机联系的超大型城市群。2019年波士顿到华盛顿沿线城市人口分布如图4-1所示。

日本太平洋沿岸城市群中，东京虽然有过度集聚的特点，但是基本形成了以东京为核心，名古屋、大阪为第二等级，包含二十多个中等城市及其周边区域共同构成了梯度分明、规模布局较为合理的"金字塔"结构的城市体系。

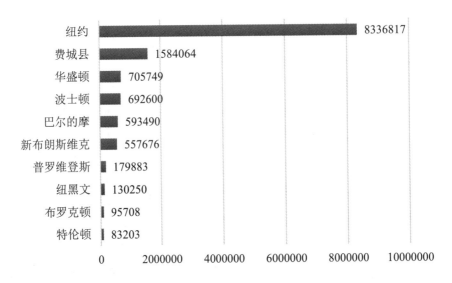

图 4-1　2019 年波士顿到华盛顿沿线城市人口分布（单位：人）①

5. 区域空间一体化程度高

世界级城市群的空间一体化程度高，不仅是指空间上的邻近与融合，也强调城市之间紧密且高强度的交互网络。目前的世界级城市群具有发达的交通和通信网络，显著缩短了内部各城市间之间的时空距离，有效提高了空间一体化水平。

以美国东北部大西洋沿岸城市群为例，已形成了联系不同城市之间的纵横交错的高速公路网络。这些高速公路走廊与城市群内连接波士顿与华盛顿的阿姆塔克（Amtrak）铁路线、20 个大型机场一起，共同构成了区域联系的大动脉，促使地域空间和功能结构呈现相互融合趋势。例如，美国人口普查显示东北海岸都市区所有通勤人员中，约 8.5% 需要在上班时穿越州界。

---

① 数据来源于美国国家统计局. https://www.census.gov/data/datasets/time-series/demo/popest/2010s-total-cities-and-towns.html。

日本十分重视城市群交通体系的构建，通过航空、港口、铁路、公路等交通基础设施已构建了太平洋沿岸的综合交通网络体系。最新的"六全综（2008—2020）"提出了"广域地区独立发展并相互连带"的理念和构建"生活圈域"，即将人口在 30 万左右、交通时间距离在一个小时左右的区域构建成统一的"生活圈域"，进一步加强区域间的联系。

（二）京津冀城市群的现状及存在问题

1. 一核双城结构已成为世界级城市群空间架构雏形

北京和天津是京津冀协同发展的重要空间节点，经济基础雄厚，优势明显，一核双城的空间结构已具雏形。北京在 2016 年及之后的全球化与世界城市研究网络（GaWC）世界城市评级中被归为 Alpha +级，仅次于伦敦和纽约，成为世界一线城市。北京的创新资源丰富，2019 年北京科技服务业和信息服务业实现增加值 4783.9 亿元，占全市 GDP 的 13.5%；全市拥有 95 所一流学科高校，占全国的 23.2%；2016 年有国家重点实验室 95 家，占全国的 31.1%[①]。总部经济发达，2020 年北京总部企业数量规模位居全国第一，拥有财富 500 强的总部企业数量连续 8 年位居全球城市首位[②]，入围榜单数量达到 55 家，占世界 500 强比重超过十分之一（11%），占中国（内地）入围企业比重超过 4 成（44.4%）；经济的发展势头强劲，经济总量占全国的比重稳居前列，2020 年达到 3.55%。

天津市集聚了大量的金融、商贸及科研资源，又有滨海新区作为京津冀世界级城镇群对外开放的海上门户支撑，具有优越的区位条件和雄厚的工业基础。京津冀协同发展规划纲要指出，天津核心功能区要素资源集聚，产业层次高，创新能力强，是引领京津冀协同发展的核心区域。滨海新区经济发展状况良好，近年来在国家级新区中仅次于浦东新区，远远领先于其他国家级新区；区位条件优越，天津港是中国北方重要的综合性港口和对外贸易口岸；工业优势明显，是我国重要的大型石化基地、冶金基地，IT 制造业居全国前列，石油套管产量跻身世界四强；发展优势突出，经济活跃，已经成为以外向型为主的经济新区。北京市和天津市密集的高端服务资源和突出的经济发展优势，使得京津冀建设成为世界级城市群成为可能。

---

① 数据来源：《国家重点实验室 2016 年度报告》。

② 数据来源：《中国新闻周刊》2020 年。

2. 京津两地之间存在明显空间断点

从北京发展历程看,中心城区的北部开发强度很高,属于偏心的单中心发展格局。随着通州新城规划建设的启动,标志着北京的城市发展方向开始朝着西南方向移动。通州区位于北京市东南部,长安街东延长线上,西距北京天安门 20 公里,距国贸中心 13 公里,东与廊坊北三县、正南与廊坊市区、东南与天津市武清区分别接壤,是京津"双城记"的重要节点。北京城市发展重心向东南移动,增强了京津双城联动的可能。

天津自改革开放以来的空间战略则以向东拓展为主,主要经历了三个阶段:一是中心城区发展壮大。二是以滨海新区为主的天津东南部地区的产业基础、人口规模、经济总量等都得到了大幅度的提升。三是连接天津中心城区与滨海新区之间的津南、空港等区域也发展迅速,从天津中心城区向滨海新区方向的都市化基本框架已经形成。相比之下,位于中心城区西北方向、更加靠近北京的武清等地的发展并未得到足够的重视,2018年宝坻区 GDP 仅为 638.17 亿元,占全市比重仅为 4.5%,存在相当大的提升空间。图 4-2 显示了自 2000 年到 2019 年京津地区人口的移动方向,通州区、大兴区和丰台区的人口规模近年来增长较快,而天津人口仍是向东南移动的趋势比较明显。

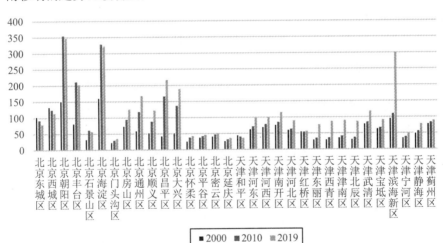

图 4-2 京津地区人口规模变动

京津两地空间发展方向的背道而驰,导致交接地带形成经济洼地。由京津两地各区的人口密度和地均 GDP 分布如图 4-3 所示，无论是从人口密度还是经济发展水平来讲，京津两地都存在"两头发达，中间较弱"的空间布局。武清区等地形成了京津空间融合的断点。

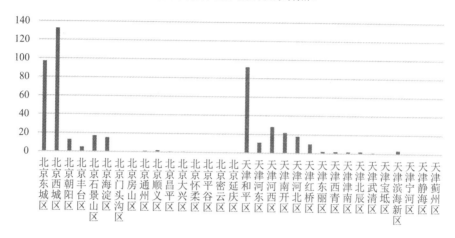

图 4-3　京津地均 GDP 分布

3. 京津两地的规模分布两极分化现象较为严重

城市规模分布结构合理与否，直接关系到城市体系功能的发挥和竞争力的提升。考虑到京津地区各城区的面积差异过大，使用人口的绝对数量来讨论城区规模可能会造成较大的误差，因此在这里使用人口密度来代替绝对人口进行分析。

京津地区的人口密度分布如图 4-4 所示，京津两地城区的规模分布呈发散增长，两极分化现象较为严重：2019 年，京津地区共有 8 个城区人口密度大于 2 万人/平方公里，分别是北京的东城区、西城区以及天津的市内六区，但人口密度在 1-2 万人/平方公里的仅有石景山区，其余密度最大的是北京海淀区人口密度为 7599 人/平方公里，而有 20 个城区人口密度在2000 人/平方公里以下，各城区人口密度的二元化特征非常明显。城区规模分布结构呈"哑铃形"，如图 4-5 所示，中心区域与边缘区域之间存在断崖式落差。中间层次的"坍塌"使得地区的规模结构不能实现有效衔接，与理想状态下的大中小城市合理布局的"金字塔"状的城市规模结构不符。

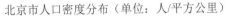

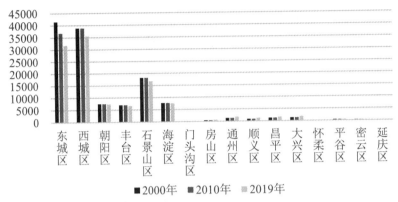

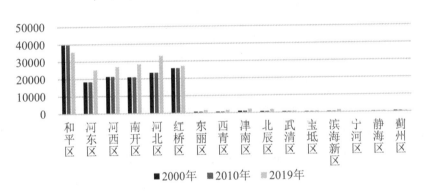

图 4-4　京津地区人口密度分布

　　天津市的状况则更加严重，从人口密度来看，市内六区一枝独秀，与其他城区的落差十分明显，其中武清区与宝坻区的人口密度分别为 753 人/平方公里和 599 人/平方公里，市内六区人口密度分别是其 47 倍和 59 倍；从人口规模来看，除了滨海新区的人口规模增长比较明显，与市内六区的差距逐渐缩小外，其余各区的落差仍然较大。

天津市人口规模分布（单位：万人）

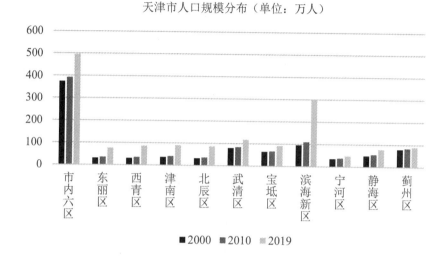

■2000　■2010　■2019

图 4-5　天津各区人口分布状况

4. 河北省与京津之间的经济差距明显

从发展水平看，2019 年北京和天津人均 GDP 分别为 2.35 万美元和 1.29 万美元，河北除了唐山和廊坊以外，均不足 0.7 万美元，如图 4-6 所示。若以世界级城市群人均 GDP 不低于 5 万美元的平均水平为基准，北京需要 2 倍增，天津需要 4 倍增，河北需要 7 倍增。从发展阶段看，京津两市分别进入后工业化和工业化后期，河北处于工业化中期，与长三角和珠三角不同，京津冀的城市体系尚未真正形成合理分工与合作共赢。由此可见，京津两地过于集聚，特别是河北与京津两地之间呈现断崖式落差，已成为京津冀世界级城市群建设过程中的重要掣肘因素，亟待向形态更高级、分工更复杂、结构更合理的区域协同发展格局演化。

5. 京津冀空间一体化程度有待提升

跨区域通勤轨道交通网络尚未形成。2 小时是单程通勤交通的时间门槛，以保证职住关系的时空平衡。城市规模扩张和密度增加会直接影响私家车或公共交通等地面交通方式的通勤时间，导致城市内部的通勤效率越来越低，轨道交通可以有效解决市中心 50 公里甚至更远半径范围内的通勤问题。目前京津之间城际铁路基础较好，但线路上所连接和覆盖的区县仍然有限，不能满足跨区域通勤人群的需求。若要真正实现跨城通勤，需要更多地依靠通勤铁路，这种日常快速轨道交通的定站以及其他设置与城际列车不同，能够更有效地和城内地铁、城铁线路衔接，车辆频次、运营时间也更有保障。

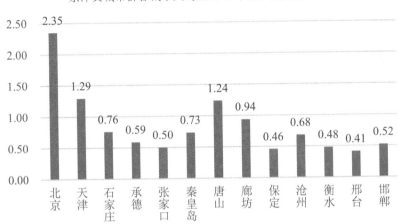

京津冀城市群各城市人均GDP（单位：万美元）

图4-6　2019年京津冀城市群各城市人均GDP

区域间经济联系尚不充分。京津冀跨区域经济交流尚未形成良性互动，发展的整体优势未能凸显。以总部经济为例，北京的总部经济全国领先，但对津冀地区的带动作用并不突出，与上海对"长三角"地区的经济带动作用比较差距明显。京津冀地区的产业联动也存在较大的改善空间。区域协同发展的推进迫切要求京津冀加快产业间的对接协作，改善区域间的产业布局和上下游联动机制。京津两市地理位置相邻，应避免产业同质化与恶性竞争，以产业合理分工、合作与对接促进城市群内部各城市间联动功能的有效发挥。

三、京津冀世界级城市群的空间布局框架

紧紧围绕统筹推进"五位一体"总体布局和协调推进"四个全面"战略布局，坚持发展是第一要务，牢固树立创新、协调、绿色、开放、共享的发展理念，大力实施以疏解北京非首都功能为重点的京津冀协同发展战略，以"一核、双城、三轴、四区、多节点"的京津冀空间布局规划为引领，立足世界级城市群建设要求和京津冀的现实情况，本研究报告提出京

津冀应以雄安新区为新增长极，以滨海新区为突破口，以京津都市连绵带为串联，以轨道交通为依托，积极推进世界级城市群的建设发展，促进京津冀协同发展总体目标的顺利实现。

（一）努力将雄安新区打造成京津冀第三增长极

1. 雄安新区在京津冀建设世界级城市群中的重要地位

雄安新区是国家重要战略部署，是京津冀协同发展中的关键节点，是我国总体区域战略布局中的新枢纽城市，关乎中国经济的未来总体格局。雄安新区规划建设必将承担起缩小中国南北差距、促进中国深度改革与转型发展等重大国家任务。

承接北京非首都功能是雄安新区建设的首要任务。京津冀城市群的核心与关键在于北京，大量的信息、技术、人才、商贸、物流汇集于此，但其过度集聚导致的大城市病已经成为北京进一步实现高质量发展的障碍，同时导致京津冀城市间发展落差日趋增大。雄安新区建设的首要任务就是集中承接北京非首都功能，既有利于北京首都功能的优化升级，也有利于在河北打造京津冀第三增长极，与京津两市形成经济一体化和空间相对均衡发展。雄安新区的建设事关京津冀世界级城市群建设的成败，是我国强国战略的重要支撑。

雄安新区作为新的经济增长极，将促进河北后发赶超，有效缓解地区间落差，为京津冀地区补齐发展短板创造机遇。与此同时，该地区具有平地起的特点，将以中央政府高能级行政力量为起点、以充分发挥市场配置资源的决定性作用为核心、以全新的制度体制与治理模式为保障，为京津冀打破"一亩三分地"行政与体制藩篱提供示范，也将为京津冀地区建成区域整体协同发展改革引领区奠定坚实基础。①

2. 雄安新区重塑京津冀城市群的空间结构

京津冀地区呈现出北京过度集聚、二级城市发育不足的特点，尚未形成世界级城市群一般具有的多核心、星云状、网络化空间结构。国际经验表明，城市形态一般遵循"核心城市—都市连绵带—区域协同—城市群的多核城市和城市网络"的发展规律，世界级城市群由一系列产业带或都市

---

① 李兰冰，郭琪，吕程.雄安新区与京津冀世界级城市群建设[J].南开学报（哲学社会科学版），2017（04）：22-31.

连绵带组成，都市连绵带的连接是形成世界级城市群的关键步骤。京保石发展轴是京津冀世界级城市群的三大轴线空间载体之一，北京和石家庄分别是京津冀地区第一大和第三大城市，雄安新区地处保定、位于京石两地中间区位。雄安新区的规划建设标志着京津冀迈入空间调整与要素优化的关键期，这不仅有利于填平京石之间的发展洼地、强化京石联动，形成城市间分工明确、连接性强、综合发展水平较高、行走体验充满现代感的都市连绵带，而且有利于为京津冀世界级城市群形成提供有力的空间载体支撑。

3. 打造第三增长极的总体思路

雄安新区肩负着打造京津冀世界级城市群新经济增长极的重任。雄安新区增长极培育不仅要注重推进性产业与创新能力成长等普适条件建设，而且要谨慎处理两重独特关系，并注重普适条件与独特关系之间的复杂作用机制。一是雄安新区与周边城市之间的竞合关系，应避免由于相对利益产生的吸引力和向心力，使核心—周边区域之间的差距过大，造成新一轮的区域发展差距。二是与京、津、石之间的分工协作与空间关联，要有效推进京津冀经济活动与要素分布调整进程，既有利于借力借势形成新的经济活动空间分布重心，又有利于京津冀区域的空间结构优化。

雄安新区作为平地起新城的制度设计弹性较大，应以激发集聚经济、知识溢出、产业本地化、空间配置、网络效应与平衡机制等区域发展动力机制为着眼点，以产业转移政策、创新与人才政策、产业成长政策、空间优化与就业政策、区域关联与增长政策、财政与区域均衡政策为载体，构建有利于要素集聚的高质量、国际化制度机制。这不仅有利于促进城市自身经济快速成长，而且有利于通过以要素流通与产业调整为载体增强城市间关联，促进京津冀地区空间结构优化。

4. 雄安新区的发展路径

（1）以承接非首都功能为基点，尽快培育新产业体系

国际经验表明，独特主导产业体系既是新城建设的关键要素，也是世界级城市群内城市间合理分工的重要基础。雄安新区应充分利用作为北京非首都功能集中承载地的机遇，在短期内实现经济高速发展。但是，仅依靠承接非首都功能的"输血式"发展模式的风险性过大，应尽快实现由"输血"向"造血"功能的转变，培育具有高技术供给及核心竞争力的内生性

新产业体系，形成功能承接与新产业培育相互支撑、相得益彰的"双轮驱动"产业发展模式。

一是把握集中承接非首都功能的发展机遇，奠定经济起飞基础。建设初期，在国家战略引领下，大量央企、科教文卫机构、创新资源等将快速向雄安集聚，如何将短期内大规模要素集聚转化为可持续的经济发展动力，是雄安新区亟待解决的重要问题。这既需要着力解决现状结构与新产业之间的矛盾、产业转移与承载地能力之间的矛盾、知识创新与产业成长之间的不协调等关键问题，也需要明确未来产业方向，做到合理承接、科学承接、高效承接。综合考虑承接功能、要素条件、空间布局等因素，雄安新区可考虑重点发展基于信息技术和互联网的新型业态、具有高技术供给的制造业、以高端移民与白领为对象的精致服务业、与国际化都市相适应的文化与创意产业、科技研发与生产性服务业以及周边地区原有产业的上游延伸与整合等产业。

二是把握新技术革命与新产业革命动向，前瞻性地进行新产业体系规划。以互联网应用为先导，以信息化与工业化融合为特征的新产业革命正在孕育兴起：再生能源技术等将开创新能源时代；制造业全面变革，柔性制造、绿色制造、智能制造和服务制造等蓬勃发展；"互联网+"与产业体系的深度融合催生新模式、新业态、新技术。雄安新区应以共享京津冀优势资源为基础，抓住此次产业革命机遇，综合考虑承接功能、要素条件、空间布局等因素，明确主导产业及产业链发展方向，在全球产业链体系中抢占有利竞争地位，形成具有核心竞争力的内源性产业体系。

三是借鉴德国工业 4.0 经验，促进制造智能化、网络化和服务化。推动互联网、物联网等新一代信息技术在产品设计、制造、市场营销中的应用，利用云计算、大数据、移动互联等新兴互联网技术，提升企业管理的智能化水平。将平台经济作为制造业转型升级的新抓手，创新制造业贸易方式，并推动制造业的服务化，提供全流程和一站式服务平台。

（2）对接京津冀优势创新资源，强力推进创新驱动战略

世界级城市群的形成机制表明，知识密集型的创新产业或研发部门不必然选择大都市，雄安新区如果能借鉴硅谷和波士顿等研发创新型城市的发展路径与建设经验，打造高端的软硬件设施和公共服务，很有可能弯道超车，实现后发地区的赶超。中央已明确赋予雄安新区培育创新驱动发展

新引擎的重要定位。鉴于此，雄安新区应以积极对接与引进京津优势创新资源为突破口，以培育各级各类企业创新主体为核心，以搭建开放型国际化技术平台与技术市场为载体，形成技术源丰富、交易市场活跃、创新创业环境宽松的区域创新系统与运行模式，为产业发展与城市运行提供高技术供给。

首先，精准化对接京津技术资源。利用集中承接北京非首都功能的重大机遇，积极引进大院大所等重要创新资源，实现创新资源的快速大规模集聚，提升自主研发创新能力。这必须要注意创新能力与产业成长之间的协调发展，避免创新成果蛙跳式转移比例过高，增强创新能力对城市经济增长的拉动作用。与此同时，设立专门机构与专业人员，精准对接京津两地国家重点实验室、国家工程技术研究中心、中科院的技术转移，为产业体系构建提供充足技术供给。

其次，打造一批有实力、有活力的创新型企业。建设具有包容性与活力的创新创业环境，重点引进具有产业话语权、技术影响力与市场辐射力的知名创新型企业，培育具有核心竞争力的产业创新链。设立科技成果转化引导基金，鼓励具有可观发展潜力的中小型创新企业发展。积极发展技术预测、测试、信息服务等高端科技服务，为创新型企业提供优质配套服务，增强产业根植性。通过建立行业协会、奖励制度和扶持科技中介机构专项资金等方式，促进科技转化平台的建立。

最后，高度融入具有世界影响力的国际科技转化交易平台。利用国际战略联盟、创新驿站、研发联合体等方式构建全球化平台，与国际知名科研院所开展交流与合作并力争共建技术转化市场。激活技术交易市场，探索技术产权交易的交易细则、运行模式与政策保障。完善技术转移的制度环境，尽快出台与国际接轨的技术转移条例和法律法规。

（3）推进城市治理模式创新，优化制度环境供给

雄安新区肩负着打造世界级城市群新增长极的历史重任。理论与经验表明，良好的制度供给是实现后发赶超历史使命的重要保障。雄安新区应以高能级行政力量为重要依托，构建政策、制度与环境的高地，激发市场在资源配置中的有效作用，为要素集聚、产业成长与城市发展提供有力支撑。在此基础上，应充分发挥制度供给的示范效应、关联效应与乘数效应，促进京津冀城市群的总体制度环境优化升级。

首先，推进城市治理模式创新。雄安新区应理清政府、市场与社会之间的作用边界，处理好多层级政府间与跨区域政府间的多主体博弈关系，探索协同治理的新路径，围绕市场、人才、空间与产业四个维度，通过"放管服"改革和政策导向来创造平等竞争的市场环境，增强市场在资源配置中的作用。

其次，打造高质量营商环境平台。世界银行每年出版全球营商环境报告，对189个国家和地区营商法规及其执行进行客观度量。雄安新区应对标世界银行提出的国际化营商环境评价标准，优化公共产品供给与社会服务体系，为企业开办、获得信贷、雇佣工人、跨境贸易、缴纳税款等提供便捷化、高效化、透明化的服务，降低企业进入雄安新区的启动成本。

最后，打造国际化对外开放平台。雄安新区应抓住全球贸易规则重塑的战略机遇，引入天津自贸区在行政体制改革、贸易便利化、投资便利化、金融创新、人才流动等方面的制度创新经验，进一步探索与投资环境便利化、服务贸易自由化、知识产权保护等规则相对接的制度创新清单，推动全方位对外开放，成为国际合作先行区，增强企业与要素进入雄安新区的国际化优势。

5. 产业选择

雄安新区的设立是京津冀成为世界级城市群过程中政府强力干预的结果，政府将致力于构建高效的机制体制与政策体系，提高雄安的比较优势与承接能力，加快北京非首都功能向外疏解的进程，促进京津冀城市群的空间重构。虽然政府力量对城市群演化的影响直接且高效，但也应遵循集聚扩散、分工合作的基本市场规律。

首先，具备高度集聚性的都市产业会遵循市场规律留在北京，例如金融行业和跨国公司总部，这些产业高度依赖伦敦、纽约、香港、北京等信息发达的城市，不应作为雄安新区的产业选择。

其次，知识密集型的创新产业或研发部门不必然选择大都市，良好的自然环境、舒适自由的办公环境、研发人员的空间集聚才是这类产业的选址要求。例如，洛杉矶、纽约等城市创造这类环境的成本高昂，因此洛杉矶北部的旧金山和纽约北部的波士顿承担了相应的研发功能。

鉴于此，雄安新区有可能通过软硬件设施优化与公共服务水平提高等途径，快速地吸引创新产业和研发部门，在较短时间内形成知识密集型产业集聚，启动循环累积效应。一方面承接北京的研发与科技创新功能，另一方面通过构建高端高新高质的产业体系，拉动区域经济发展，促进京津冀协同发展取得突破性进展。

（二）积极推进京津都市连绵带建设

1. 京津都市连绵带空间布局的基本原则

第一，服从京津冀协同发展规划纲要提出的"一核、双城、三轴、四区、多节点"①的空间总体布局。

第二，适应我国国土开发与空间治理的新要求，科学推进集约开发与集聚开发，进一步优化开发格局、提升开发质量、规范开发秩序，形成安全、和谐、开放、协调、富有竞争力和可持续发展的开发格局。②

第三，确保《北京城市总体规划（2016—2035）》和《天津城市总体规划（2015—2030）》与现有规划实现有效衔接。

第四，尊重世界级城市群以及都市连绵带的演化规律，对标全球、世界眼光、国际标准、高点定位、中国特色，打造都市连绵带发展的中国样本。

2. 京津都市连绵带空间布局的总体框架

以"联动两城、相向发展、互联互通、聚集成轴、以轴带面"为发展逻辑，沿着京津发展轴，形成以"北京首都功能核心区、北京中心城区、北京通州、河北廊坊市、天津武清区、天津中心城区、滨海新区"为主要枢纽，多核心、星云状、网络化的空间结构，构建规模有序分布、功能合理分工、城乡协调互动、生态和谐宜居的现代化空间体系。③

3. 京津都市连绵带空间布局的战略定位

（1）世界级城市群的重要骨架

天津依托国际大港、成熟大都市、先进制造业发达等基础，与北京具备的全国政治、文化、国际交往与创新中心优势相结合，联手打造高层次、国际化的都市连绵带，有条件成为京津冀地区"极中极"，成为世界级城市群的重要骨架。

---

① 《京津冀协同发展规划纲要》。

② 《全国国土规划纲要（2016年—2030年）》。

③ 天津推进京津都市连绵带建设的战略研究课题组.天津推进京津都市连绵带建设的战略研究[J].天津经济，2021（01）：3-11.

（2）京津市场一体化的引擎

沿京津主轴分布，为推进京津市场一体化，促进双城空间优化、产业对接、基础设施建设等领域协同发展提供有机的空间链接载体，是促进京津双城联动的核心与引擎。

（3）新型城镇化示范区

京津都市连绵带将着力填平洼地、消除断点，沿线推进绿色、智慧、人文城市建设，建立健全农业转移人口市民化机制，城乡统筹推进基础设施及公共服务一体化，促进大中小城市协调发展，优化城镇空间分布和规模结构，成为新型城镇化示范区。

4. 京津都市连绵带空间布局的总体思路

以优化京津轴线空间布局为导向，立足世界级城市群建设要求和天津既有空间格局特点，扬长补短、双管齐下，以靠近北京、服务北京为出发点进行空间主轴调整，积极谋划新的发展空间，填平京津之间的洼地，形成以中心城区为核心的双向空间发展模式，促进城市间与城区间的共享、合作、分工、交流，加速形成多核心、星云状、网络化为特点的以"北京首都功能核心区、北京中心城区、北京通州、河北廊坊市、天津武清区、天津中心城区、滨海新区"为主要枢纽的现代化都市连绵带，使其成为京津冀世界级城市群的新支撑、新引擎和新示范。①总体思路如下：

首先，以京津冀协同发展战略为指引，充分发挥京津两市的国际大都市优势，尽快建成以现代化交通基础设施为依托，以合理的产业分工合作为支撑，以高度开放的政策体系和完善的综合配套环境为保障，地区经济发达、产业体系完善、内外交往畅通的具有强大影响力和辐射力的都市连绵带。

其次，以"补短"为导向，立足世界级城市群建设要求，以靠近北京、服务北京为出发点进行空间主轴调整，以京津新区为主要载体，尽快启动大项目集中区建设，填平北京与天津中心城区之间的洼地，积极承接北京非首都功能，实现功能承接与自身成长的双赢；以"扬长"为导向，进一步加快滨海新区开发开放，沿中心城区与滨海新区之间的"双城"轴线拓

---

① 为推进京津市场一体化，促进双城空间优化、产业对接、基础设施建设等领域协同发展提供有机的空间链接载体，是促进京津双城联动的核心与引擎。

展，尤其是利用国际口岸优势加速世界级城市群对外窗口建设，展现现代化大都市新风貌。

最后，谋求空间、产业、市场和治理的四维协同。一是空间协同，以都市连绵带空间结构优化为目标导向，改善不同规模等级城市之间的相互作用关系；二是产业协同，寻求各区域的生产部门互补，建设各具特色、分工合理的都市连绵带产业体系，提升产业总体竞争力；三是市场协同，消除地区间市场分割，以营造良好的国际营商环境吸引要素集聚；四是治理协同，聚焦于理顺政府与市场、政府与政府等多主体博弈关系，达成有效的治理契约，保障都市连绵带的高效发展。

5. 京津都市连绵带枢纽城区的功能定位

京津都市连绵带是京津冀建设世界级城市群的发展主轴，既是城镇聚集轴，也是产业发展带，必须明确各地的功能和产业分工。

北京首都功能核心区。首都功能核心区充分体现城市战略定位，全力做好"四个服务"，维护安全稳定，保障中央党政军领导机关高效开展工作。保护古都风貌，传承历史文脉。有序疏解非首都功能，加强环境整治，优化提升首都功能。改善人居环境，补充完善城市基本服务功能，加强精细化管理，创建国际一流的和谐宜居之都的首善之区。

北京中心城区。北京中心城区即城六区，包括东城区、西城区、朝阳区、海淀区、丰台区、石景山区，是全国政治中心、文化中心、国际交往中心、科技创新中心的集中承载地区，是建设国际一流的和谐宜居之都的关键地区，是疏解非首都功能的主要地区。以疏解非首都功能、治理"大城市病"为切入点，完善配套设施，保障和服务首都功能的优化提升。完善分散集团式空间布局，严格控制城市规模。推进城市修补和生态修复，提升城市品质和生态水平，增强人民群众获得感。压缩中心城区产业用地，严格执行新增产业禁止和限制目录。适度增加居住及配套服务设施用地，优化居住与就业关系。增加绿地、公共服务设施和交通市政基础设施用地。①

北京通州新区。坚持世界眼光、国际标准、中国特色、高点定位，以创造历史、追求艺术的精神，以最先进的理念、最高的标准、最好的质量推进北京城市副中心规划建设，着力打造国际一流的和谐宜居之都示范区、

---

① 《北京城市总体规划（2016—2035 年）》。

新型城镇化示范区和京津冀区域协同发展示范区。北京城市副中心规划范围为原通州新城规划建设区，紧紧围绕对接中心城区功能和人口疏解，发挥对疏解非首都功能的示范带动作用，促进行政功能与其他城市功能有机结合，以行政办公、商务服务、文化旅游为主导功能，形成配套完善的城市综合功能。到2035年初步建成国际一流的和谐宜居现代化城区。①

河北省廊坊市。实施"中心提质、两翼并驱，服务带动、工业支撑，分区统筹、区域联动"的总体发展策略，把廊坊市建设为经济发达、功能高端、环境优美、品质一流、特色鲜明的具有一定国际影响力的区域性中心城市。到2030年，将廊坊建设成为京津冀城市群的重要节点，京津冀科技研发及成果转化基地、战略新兴产业和现代服务业聚集区，河北省新型城镇化与城乡统筹示范区和创新驱动经济强市。

京津新区。天津从中心城区向滨海新区方向的城镇化进程已经基本完成，从中心城区到北京通州副中心之间的洼地尚存，成为阻碍京津都市连绵带形成的断链节点。武清区基于地处京津的特殊区位，既是北京非首都功能向东南拓展的重要承载地，又是天津向西北开放的前沿阵地，承接京津两大城市辐射带动的条件优越。为加速填平京津之间的洼地、加快对非首都功能承接，天津市应选择在武清区与北京邻近的区位，以京津产业新城为基础，建设一座中等城市规模的枢纽节点——京津新区。京津新区将是天津市靠近北京、服务北京、进行空间主轴方向调整的"新空间载体"，将作为大项目集中区承担天津承接北京非首都功能的前沿阵地功能。京津新区规划面积大约为100平方公里、人口达到80万，其功能定位为：链接京津都市连绵带、支撑世界级城市群发展的枢纽节点、创新示范区、制度先行区、生态休闲区。京津新区的建设不仅有利于武清区"京津双城协同发展枢纽节点、高端制造研发和现代服务业集聚区、国家大学创新园区、国家生态文明先行示范区"的定位实现，也将进一步发挥天津在京津冀协同发展中的作用，促进天津市总体空间布局优化，培育新的经济增长空间，实现天津与京津冀协同发展的共赢。

天津市中心城区。天津中心城区是城市的行政文化中心、商贸服务中心，是反映中国近代史的历史文化名城。顺应京津同城化的趋势，未来中

---

① 《北京城市总体规划（2016—2035年）》。

心城区将承担北京部分区域服务职能,成为京津世界城市的重要组成部分,发展成为国际化的商贸服务中心、文化旅游中心、科教创新中心。

天津市滨海新区。滨海新区重点突出国际化职能发展,建设成为京津冀世界级城镇群对外开放的门户,加快国际航运核心区、国际自由贸易示范区、金融创新运营先行区、先进制造和研发创新基地建设,逐步成为国际化、创新型的生态宜居海滨城市。未来滨海新区将形成"一主三副"空间布局。"一主"为滨海新区核心区。建设以商务金融、航运服务、文化科研等现代服务业为核心的国际港口城市标志区、北方自由贸易核心区、生态宜居示范区。"三副"为依托生态城、航空城、大港城三大片区形成的三个公共服务副中心。其中生态城统筹汉沽城区、航空城统筹高新区、开发区西区,形成一体化发展格局;加强大港城与油田生活区联动发展,完善公共服务设施配置。围绕产业定位,推进三大片区产城融合发展,完善公共服务职能,加强轨道交通支撑,有序推进新区建设与旧城区改造,有效承接首都、市区人口疏解和核心区功能外溢,优化生态环境品质,打造环境优美、宜业宜居的产城融合发展区。[①]

（三）以滨海新区为龙头,引领京津冀城市群开放创新

京津冀协同发展是新形势下党中央国务院的重大战略部署,协同是手段,发展才是战略的根本目的。该战略的核心在于如何解决区域经济的发展问题,而以开放来激发发展动力和活力是破解这一问题的关键。滨海新区应立足既有优势,主动发声、有所作为,成为京津都市连绵带乃至京津冀开放创新的引领。

1. 滨海新区率先推进协同开放的优势

滨海新区率先推进协同开放的优势主要表现为以下四点:第一,拥有中国北方唯一的自贸区;第二,拥有北方最大的综合型外贸大港和对外贸易口岸,是国家口岸办唯一的国际一流口岸示范工程;第三,拥有成熟大都市优势,具备与实施国际化战略的潜力和基础;第四,具备优良的公共服务和政策环境,已形成资金、科技、创新、人才等资源集聚基础。

2. 对外开放先行区的具体实施方案

京津冀应争取商务部的全力支持,高水平建设对外开放先行区,共建

---

① 《天津市城市总体规划（2017—2035 年）》。

与世界级城市群相适应的对外开放新高地、北方外向型经济发展新引擎、我国区域协同开放改革的新示范和我国商贸流通产业创新发展新枢纽。具体实施方案建议如下：

（1）制定实施方案和工作机制

由商务部、海关总署统筹部署协同开放的顶层设计，以天津自贸区高水平对外开放平台为制度创新引擎，推动该区域在市场监管、投资便利、通关服务、人才流动等方面率先形成一批实质性制度创新，建立部委和地方的互利共赢机制，营造与世界级城市群相适应的制度环境，在新一轮对外开放中发挥引领示范作用。

（2）京津冀联手推进，共建协同开放创新示范区

天津自贸区进一步完善组织构架，提升资源配置能力和管理权限，探索准入后国民待遇的制度设计，形成与世界级城市群相适应的市场经济运行管理规则。将天津自贸区的制度创新经验率先在京津冀协同开放中推广复制，整合散落于各部门的市场监管职能，构建跨行业的大市场监管体制，建立京津冀社会信用大数据共享共用体系，推动京津冀口岸一体化协同创新。三地共同申请设立京津冀协同开放创新示范区，以天津自贸区的三个片区为引领，在北京、河北设立若干协同开放创新区，形成天津自贸区与内陆地区制度创新联动效应，加快提升区域投资便利化、贸易便利化和金融创新水平。

（3）协调中央有关部门，共同推进实施协同开放工程

将天津自贸区口岸服务"单一窗口"，口岸管理部门信息互换、监管互认、执法互助的"三互"合作，口岸单位"三个一"试点和"一站式"作业等经验率先在京冀口岸复制推广。深化京津冀通关一体化改革和检验检疫业务通关一体化改革，京津冀三地加强合作，打造以检验检疫"三通、两直、清单管理"为主要内容的检验检疫一体化模式。推动华北五地检验检疫合作机制纵深发展，合力服务京津冀发展战略。建立京津冀口岸信息共享共用机制，整合三地口岸政务、通关监管、海事安全、物流运输及公共服务信息，搭建高效畅通的信息传输通道和公共信息服务平台，实现进出境申报信息、物流监控信息、查验信息、放行信息、企业资信信息等全面共享。

（四）以轨道交通为依托，推进基础设施通道建设

交通基础设施是实现京津冀三地产业合理分工、城市群空间布局优化以及市场要素自由流动的重要载体与基础。京津冀要着力构建现代化交通网络系统，把交通一体化作为先行领域，加快构建快速、便捷、高效、安全、大容量、低成本的互联互通综合交通网络。推进京津冀世界级城市群建设应优先在交通基础设施建设上密切合作、优势互补，共同打造畅通、快捷、便利的同城化综合交通系统，通过人流、物流的畅通解决城市化的协同发展问题。

1. 建设高效低价的网络化高速铁路系统

进一步增加京津冀城际客运的发车班次和运输能力，延长首末车时间，方便城市群内的居民异地就业和居住。适当增加沿线站点的停靠，吸引公路转移流量、扩大高铁新增流量。设立通勤月票，简化购票乘车手续，为通勤人群提供低成本、高质量的通勤交通服务。

优化市内交通与城际高铁网络的衔接，缩短乘客的换乘距离和时间，在超大城市内部增设多个城际高铁与城市轨道交通的换乘枢纽，进一步提高城市连通的效率和可达性。大规模增加天津始发列车班次，增加南北向和东西向客流在天津和石家庄两地的中转比例，缓解北京中转压力。

加强京津冀高铁网络的互联互通，加快建设拟建、在建的高铁线路，实现京津冀主要城市间1小时直达，形成"1小时轨道交通圈"。

2. 推进同城化的城际轨道交通系统

京津冀三地共同出资，建设京津冀城市群的市域铁路网络，引领世界级城市群的空间格局走向。利用市域铁路为城市与城市之间、城市核心区与周边组团之间提供快速、密集化的联系通道，疏解都市核心区的压力，增强其对外辐射能力，缩短地区间时空距离，形成强大的同城化效应。

建议以京津发展轴为先行示范，尽快启动京津城市铁路前期工作，建设设计贯穿城市核心区，站点覆盖近、远郊地区的城市铁路。在线路设计上以新建线路为主，结合对既有铁路线的利用，并在车站预留与干线铁路互联互通的条件。在运营上采用公交化方式，实现随时购票、随时进站、随时上车，同时将"一卡通"的适用范围扩大到城市铁路，加快建立一体化管理平台，实现"一卡通"的互联互通。

3. 提高京津冀高等级公路的对接效率

提高京津冀高速公路和国省干线的联通程度，优化路网结构，打造快捷高效的区域高速公路网络，尽快形成覆盖三地的城市公路客运 2 小时经济圈，进一步增强京津冀之间的快速公路通道能力。

推进港口集疏运公路建设，提升疏港公路等级，实现高速公路直接进港。推进区域交通"无障碍通行"，撤销省界的收费站点，各公路收费站在三地有关部门协同指导下，实现区域内高速公路联网收费。

4. 打造区域物流快速通道和国际物流系统对接通道

建设京津冀区域快速铁路运输网络体系，加强铁路网络与港口、大型物流中心的衔接，提高线路的覆盖度和承载能力，共同探索市场化的铁路物流运营机制，建立畅通高效的区域铁路物流运营服务平台。按照打造世界级城市群的要求，将中心城区货运铁路外移与城市空间布局优化相结合，统一规划京津冀城市货运铁路布局。三地联手打通沿海至内陆的货运通道，扩大集装箱班列、"五定班列"的数量和开通城市，增强京津冀对北方的辐射作用。

推进区域统一跨部门物流信息系统的建设与信息共享共用。大力推进天津港综合服务功能向北京及京津冀其他城市延伸，加强北京及其他城市物流园区、铁路集装箱中心站与天津港协作，完善综合物流服务功能，结合口岸系统的协同创新，使北京及其他城市与国际航运市场直接对接。

5. 开创京津两地机场运营合作新模式

统筹考虑首都国际机场、北京大兴国际机场和天津滨海国际机场资源，建立机场合作联盟，明确各机场的功能定位与分工。在主要的火车站、公路客运站共同设立城市航站楼，实现三大机场之间以及机场与公路、铁路之间的无缝衔接，形成航线航班集群化的中转枢纽，建设服务高效、换乘便捷、具有国际竞争力的京津机场群。

建立京津冀空港协调机制，借鉴"纽约—新泽西"跨州港务管理局的运作机制，由三地政府各派相关部门代表组成，定期商讨制定机场的发展规划和政策，协调重大事项，成为打破行政区划、实现合作共赢的典范。

参考文献

[1] 李兰冰，郭琪，吕程. 雄安新区与京津冀世界级城市群建设[J]. 南

开学报（哲学社会科学版），2017（04）：22-31.

[2] 中共中央、国务院决定河北雄安新区设立[J]. 北京人大，2017（04）：62-63.

[3] 河北雄安新区设立[N]. 人民日报，2017-04-02（001）.

[4] 天津推进京津都市连绵带建设的战略研究课题组. 天津推进京津都市连绵带建设的战略研究[J]. 天津经济，2021（01）：3-11.

[5] 刘敏. 浅析 20 世纪后半期美国大都市连绵带的发展[J]. 河南师范大学学报（哲学社会科学版），2008（02）：153-156.

[6] 荣朝和. 重视大都市区在城市化过程中的地位与作用[J]. 北京交通大学学报（社会科学版），2014，13（03）：1-9.

[7] 杨建军，蒋迪刚，饶传坤，郑碧云. 世界级城市群发展特征与规划动向探析[J]. 上海城市规划，2014（01）：1-6.

[8] 第十二届全国人民代表大会第四次会议关于国民经济和社会发展第十三个五年规划纲要的决议[J]. 中华人民共和国全国人民代表大会常务委员会公报，2016（02）：242-322.

[9] 北京城市总体规划（2016—2035 年）。

[10] 北京城市副中心规划（街区层面）（2016—2035 年）。

[11] 天津市城市总体规划（2015—2030 年）。

[12] 天津市武清区土地利用总体规划（2015—2020 年）。

[13] 陈少琼，林晖. 优化营商投资环境与落实城市总体规划[J]. 北京规划建设，2018（04）：15-17.

[14] 国务院关于印发全国国土规划纲要（2016—2030 年）的通知[J]. 中华人民共和国国务院公报，2017（06）：35-64.

[15] 孙久文，高宇杰. 新发展格局与京津冀都市圈化发展的构想[J]. 北京社会科学，2021（06）：95-106.

[16] 杨郁卉. 协同发展新起点 京津冀三地再出发[N]. 天津日报，2017-02-27（009）.

[17] 刘维林. 京津冀协同发展背景下天津轨道交通发展的对策研究[J]. 城市，2015（01）：33-36.

[18] 本刊综合. 国家战略：京津冀协同发展[J]. 人民文摘，2014（05）：26-27.

[19] 辜胜阻，郑超，方浪. 京津冀城镇化与工业化协同发展的战略思考[J]. 经济与管理，2014，28（04）：5-8+2.

[20] 刘秉镰. 雄安新区与京津冀协同开放战略[J]. 经济学动态，2017（07）：12-13.

[21] 天津经济课题组，张丽恒，王黎明，虞冬青，孟力，曲宁，仲成春. 京津冀一体化的综述与借鉴[J]. 天津经济，2014（04）：22-29.

第五章　城乡治理：京津冀新型城镇化建设

摘要：京津冀协同发展是区域重大战略，京津冀总体定位之一是"以首都为核心的世界级城市群"，新型城镇化推进世界级城市群建设的重要切入点。本报告从城镇化率、城乡融合程度、城市规模、基础设施和基本公共服务、城市生态环境以及城镇化发展机制体制等层面分析了京津冀城镇化发展现状，围绕地区间城镇化发展差异化显著、城乡差距依然明显、城市规模体系亟待完善、城市综合承载能力和资源配置效率有待提高、特色小镇有待向规范健康发展转型等维度剖析了京津冀城镇化发展的主要问题，并提出以分类推进方式促城市群空间格局优化、以产业结构与布局调整促产城融合发展、以城乡融合促城乡实现共同繁荣、加快提升城市综合承载能力和资源配置能力等对策建议。

关键词：京津冀协同发展　新型城镇化　城市群

京津冀协同发展是国家重大战略，京津冀总体定位之一是"以首都为核心的世界级城市群"。新型城镇化发展与城市规模体系、城市空间格局以及城乡发展水平等多重因素密切相关，是京津冀地区推进世界级城市群建设的重要切入点。基于此，本部分将聚焦京津冀新型城镇化发展这一研究主题，重点从发展现状、主要问题和对策建议三个层面对其进行系统性研究。

一、京津冀地区新型城镇化发展的现状

京津冀是我国经济较为发达、人口比较密集和开发强度较高的地区之一。从总体上看，京津冀地区城镇化发展水平处于全国前列，城乡融合发展程度逐渐提升，城市规模趋于扩大，基础设施和基本公共服务明显提高，城市生态环境显著改善，城镇化发展机制体制也不断完善。

（一）城镇化率总体处于较高水平

近年来，京津冀地区的城镇化率稳步提升，居全国领先水平。2006—2019 年，京津冀地区的城镇常住人口数量由 4838.65 万人增加到 7543.31 万人，增长 2704.66 万人，如表 5-1 所示；京津冀地区城镇化率由 50.54% 增长到 66.71%，每年增长 1.24 个百分点，同期全国城镇化率由 44.34%增长到 60.60%，每年增长 1.25 个百分点，京津冀地区的城镇化率高于全国水平，增速与全国相当。

表 5-1　京津冀及全国城镇人口数量（2006—2019 年）　（单位：万人）

年份	全国	北京	天津	河北	京津冀
2006	58288	1350.2	814.1	2674.35	4838.65
2007	60633	1416.2	850.89	2795	5062.09
2008	62403	1503.6	908.22	2928	5339.82
2009	64512	1581.1	958.09	3077	5616.19
2010	66978	1686.4	1033.59	3201	5920.99
2011	69079	1740.7	1090.44	3302	6133.14
2012	71182	1783.74	1152.42	3410.55	6346.71
2013	73111	1825.07	1207.36	3528.45	6560.88
2014	74916	1859	1248.04	3642.4	6749.44
2015	77116.18	1877.7	1278.4	3811.21	6967.31
2016	79298.42	1879.65	1295.47	3983	7158.12
2017	81347	1876.6	1291.11	4136.49	7304.2
2018	83137	1863.4	1296.81	4264.02	7424.23
2019	84843.03	1865	1303.82	4374.49	7543.31

数据来源：根据历年《中国统计年鉴》的相关数据整理。

具体来看，2006 年京津两市城镇人口分别为 1350.2 万和 814.1 万，城镇化率分别为 84.33%和 75.73%，均已超过 70%；2019 年两市的城镇人口分别达到 1865 万和 1303.82 万，城镇化率分别达到了 86.6%和 83.48%，远高于全国平均水平，如表 5-2 所示。相比之下，河北省 2006 年的城镇人口为 2674.35 万人，城镇化率为 38.77%，2015 年河北省城镇化率首次实现城镇常住人口超过农村常住人口，城镇化率达到 51.33%，2019 年城镇化率达到 57.62%。但是，河北省城镇化率不仅低于京津平均水平，而且也低于全国平均水平。从增速的角度来看，2006 年以来北京市的城镇化率年均增长

0.17 百分点,天津市的城镇化率年均增长 0.63 个百分点,河北省城镇化率年均增长 1.45 个百分点。与北京和天津相比,河北省城镇化率仍具有较大提升潜力。从京津冀城镇化率提升的推动力来看,2006—2019 年京津冀城镇人口增量中的 63% 来自河北省,京津冀地区城镇化率增长主要是由河北省城镇化率的快速增长推动的。

表 5-2　京津冀及全国城镇化率(2006—2019 年)

年份	全国	北京	天津	河北	京津冀
2006	44.34%	84.33%	75.73%	38.77%	50.54%
2007	45.89%	84.50%	76.31%	40.26%	52.00%
2008	46.99%	84.90%	77.23%	41.90%	53.74%
2009	48.34%	85.01%	78.01%	43.74%	55.48%
2010	49.95%	85.96%	79.55%	44.50%	56.63%
2011	51.27%	86.23%	80.50%	45.60%	57.79%
2012	52.57%	86.20%	81.55%	46.80%	58.93%
2013	53.73%	86.30%	82.01%	48.12%	60.08%
2014	54.77%	86.40%	82.28%	49.33%	61.07%
2015	56.10%	86.51%	82.64%	51.33%	62.53%
2016	57.35%	86.50%	82.93%	53.32%	63.88%
2017	58.52%	86.45%	82.93%	55.01%	64.94%
2018	59.58%	86.50%	83.15%	56.43%	65.88%
2019	60.60%	86.60%	83.48%	57.62%	66.71%

数据来源:根据历年《中国统计年鉴》的相关数据整理。

(二)城乡融合发展程度逐渐提升

京津冀作为我国经济较为发达和人口密度较高的地区之一,近年来在统筹城乡发展、推进新型城镇化、促进乡村振兴等方面进行了诸多有益探索,进展成效较为显著。

北京市贯彻落实城乡统筹发展要求,积极推动城乡关系由"二元结构"走向融合发展。北京建立了农村最低生活保障制度,并逐步统一城乡低保标准,2018 年实现城乡医疗保障制度并轨,社会保障和公共服务逐步实现城乡一体化,在全国率先形成覆盖城乡的"社会保障网"。北京市先后实施了五项基础设施和"三起来"工程,2015 年全市实施农村基础设施"六网"改造提升工程,使农村基础设施和人居环境得到了显著改善和提升。"十二五"时期，北京市提出推进土地流转起来、资产经营起来、农民组织起来的"新三起来"工程，激发了"三农"发展活力；"十三五"时期，北京市加快推动城乡要素流动，构建城乡统筹、协调发展的新型城乡关系。此外，北京市加快推进城乡接合部建设，着力提高城乡接合部地区基础设施承载能力，着力完善社会公共服务体系，着力加强生态建设，着力调整产业结构，破解城乡二元体制性障碍，着力构建新型城乡关系，推动城乡接合部实现可持续发展。

天津市立足经济发展与城乡关系等方面的基础条件，积极探索高效、可行、特色的城乡融合发展模式。例如，统筹城乡就业，建立健全覆盖城乡的公共就业服务体系，促进农村劳动力转移就业；全面提升城乡教育公共服务水平，建立以强带弱、以城带乡的义务教育资源均衡配置模式，推动城区优质教育资源向农村学校辐射；通过支持市直属学校一对一结对帮扶远城区教育发展，统筹中心城区与环中心城区、远城区结成区域发展共同体，推进远城区区内城乡义务教育一体化改革、深化学区化办学，探索集团化办学等多项举措，推动建立以城带乡、城乡一体的教育模式；推进统筹城乡的居民基本医疗保险制度，形成了"一主四辅、参一保五"独特模式；扎实推进乡村振兴战略，农村人居环境明显改善，农民生活质量显著提高。

河北省坚持以人为本、注重质量提升，积极推进城乡统筹发展。例如，出台了《河北省人民政府关于统筹推进县域内城乡义务教育一体化改革发展的实施意见》，落实县域内城乡义务教育学校建设标准、教师编制标准、生均公用经费基准定额、基本装备配置标准统一，"两免一补"政策城乡全覆盖；整合城镇居民基本医疗保险和新型农村合作医疗制度，建立覆盖城乡居民的统一的基本医疗保险制度；坚持完善城镇功能与建设美丽乡村"双轮驱动"，集中连片打造乡村旅游项目，同时以特色小镇创建增强农村发展内生动力，打造以城带乡、城乡融合的发展平台。

（三）城市规模呈逐渐扩大趋势

伴随着经济发展，京津冀地区的城市规模总体呈现扩大趋势。一方面，城市建成区面积大幅增加。2006—2019 年期间，京津冀地级及以上城市建成区面积整体增加了 1421.28 平方公里，增幅为 50.63%。其中，北京城市建成区面积增加 214.82 平方公里，增幅为 17.13%；天津城市建成区面积增加了 611.07 平方公里,增幅达到 113.17%;河北各地级市建成区面积平均增加 54.13 平方公里,平均增幅为 58.77%,增速最快的为邢台市,增速为 113.94%,增速最慢为承德市,仅增长了不到 1%,如表 5-3 所示。另一方面,城区人口规模不断扩大:2006—2019 年期间,京津冀地级及以上城市城区人口增加了 1623.22 万人,增长了 55.67%。其中,北京城区人口规模增加了 532 万,增长了 40%;天津增加了 736.39 万,增长了 129.77%;河北省各地市城区人口平均增加了 32.26 万,平均增长了 34.94%。

表 5-3　京津冀城市建成区面积及城区人口(2006—2019 年)

城市	建成区面积(平方公里)				城区人口(万人)			
	2006	2010	2015	2019	2006	2010	2015	2019
北京	1254.23	1186	1401.01	1469.05	1333.00	1685.90	1877.70	1865.00
天津	539.98	686.71	885.43	1151.05	567.45	587.40	676.84	1303.84
石家庄	174.96	202.90	278.05	309.32	195.05	227.60	262.86	332.32
唐山	209.11	234.00	249.00	249.00	187.07	193.08	193.69	195.67
秦皇岛	82.62	89.48	131.45	141.80	78.87	82.97	94.79	103.04
邯郸	101.80	110.55	127.03	187.69	144.13	148.10	148.77	206.85
邢台	50.57	70.00	90.12	108.19	57.63	61.40	88.14	57.14
保定	100.00	132.33	185.70	199.35	105.23	107.25	140.68	145.07
张家口	76.82	84.00	86.00	100.94	81.12	83.60	86.00	102.44
承德	77.27	99.75	116.97	78.02	41.12	50.88	53.09	55.12
沧州	42.00	46.48	70.54	87.24	50.05	56.42	53.50	57.67
廊坊	54.07	59.45	66.28	71.37	40.00	44.80	46.60	53.02
衡水	43.90	43.56	46.40	75.59	35.30	36.20	35.56	62.06

数据来源:根据历年《中国城市建设统计年鉴》的相关数据整理。

(四)基础设施和基本公共服务水平明显提高

京津冀地区基础设施水平不断提高,为新型城镇化高质量发展提供坚实的基础,如表 5-4 所示。截至 2020 年底,北京市公路里程 22268.1 公里,其中高速公路里程 1173.4 公里;城市公共交通运营线路总长度 28418 公里,公共交通运营车辆 23948 辆,公共电汽车运营线路 1207 条;城市轨道交通运营线路总长度 727 公里,轨道交通运营车辆数 6786 辆,轨道交通运营线路 24 条。天津市公路里程 16411.02 公里,其中高速公路 1324.79 公里;城市公共交通运营车辆 12409 辆,全市公交线路达到 1002 条;城市轨道交通运营线路总长度 232 公里。河北省公路通车里程 20.5 万公里（包括村路），高速公路通车里程达到 7809 公里，农村公路总里程达 17.7 万公里（包括专用公路）。总体来看，近些年京津冀地区总体城市设施水平不断提升，城市居民的生活更加舒适便捷。

表 5-4　京津冀基础社会设施和基本公共服务情况（2006—2020 年）

项目	地区	2006	2010	2015	2020
公路里程 （公里）	北京	20502.63	21113.58	21885	22268.1
	天津	11316	14832	16550	16411.02
	河北	143778	154344.47	184553.42	205000
高速公路里程 （公里）	北京	625	903	982	1173.4
	天津	682	982	1130	1324.79
	河北	2329	4306.55	6333.49	7809
城市公共交通运营线路总长度 （公里）	北京	18582	19079	20739.53	28418
	天津	8650	12319.8	16013	——
	河北	5481	14869	22940	
城市公共交通运营车辆数 （辆）	北京	20489	24011	28311	23948
	天津	7581	7928	11619	12409
	河北	12048	14630	18927	
城市轨道交通运营线路总长度 （公里）	北京	114	336	554	727
	天津	72	80	147	232
	河北	0	0	0	——
城市轨道交通运营车辆数 （辆）	北京	967	2463	5024	6786
	天津	180	292	626	
	河北	0	0	0	——
医疗卫生机构数 （个）	北京	4877	9411	9771	11211
	天津	2367	4542	5223	5836
	河北	17733	81403	78594	86926
医院 （个）	北京	541	544	631	733
	天津	218	277	402	423
	河北	874	1226	1543	2246
卫生技术人员 （万人）	北京	12.69	17.13	22.54	30.40
	天津	6.21	7.05	9.07	11.40
	河北	21.08	28.03	37.26	51.8

数据来源：根据历年《中国统计年鉴》以及京津冀三地的 2020 年国民经济和社会发展统计公报、《天津市国民经济和社会发展第十四个五年规划和二〇三五年远景目标纲要》相关数据整理。

此外，京津冀地区基本公共服务水平也不断提升。如表 5-5 所示，京津冀地区人均基本公共服务支出不断上升：2019 年，京津冀三地一般公共服务支出中人均一般公共服务支出分别达到了 0.232 万元、0.145 万元和 0.104 万元，人均教育支出分别达到了 0.528 万元、0.299 万元和 0.202 万元，人均社会保障与就业支出分别达到了 0.452 万元、0.353 万元和 0.162 万元，人均医疗卫生支出分别达到了 0.248 万元、0.127 万元和 0.092 万元，相较于 2007 年均实现了大幅度的增长。此外，如表 5-4 所示，北京医疗卫生机构 11211 个，其中医院 733 个；卫生技术人员 30.4 万人；天津全市共有各类卫生机构 5836 个，其中医院 423 个，卫生技术人员 11.40 万人；河北医疗卫生机构 86926 个，其中医院 2246 个，卫生技术人员 51.80 万人。

表 5-5　京津冀人均一般公共预算支出（2007—2019 年）（单位：万元）

支出项目	地区	2007	2009	2012	2015	2018	2019
一般公共预算支出	全国	0.290	0.457	0.792	1.094	1.349	1.455
	北京	0.984	1.247	1.781	2.643	3.468	3.440
	天津	0.605	0.915	1.517	2.089	1.990	2.277
	河北	0.217	0.334	0.560	0.759	1.022	1.094
一般公共服务支出	全国	0.048	0.061	0.086	0.091	0.121	0.131
	北京	0.107	0.114	0.138	0.138	0.238	0.232
	天津	0.065	0.090	0.097	0.115	0.148	0.145
	河北	0.039	0.049	0.066	0.068	0.094	0.104
教育支出	全国	0.051	0.074	0.149	0.181	0.218	0.235
	北京	0.157	0.197	0.304	0.394	0.476	0.528
	天津	0.099	0.141	0.268	0.328	0.287	0.299
	河北	0.041	0.062	0.119	0.140	0.183	0.202
社会保障与就业支出	全国	0.039	0.059	0.089	0.133	0.185	0.201
	北京	0.107	0.126	0.205	0.323	0.388	0.452
	天津	0.071	0.094	0.142	0.203	0.324	0.353
	河北	0.032	0.045	0.065	0.103	0.151	0.162
医疗卫生支出	全国	0.015	0.029	0.053	0.086	0.110	0.117
	北京	0.071	0.090	0.124	0.171	0.228	0.248
	天津	0.030	0.044	0.075	0.126	0.124	0.127
	河北	0.011	0.025	0.044	0.072	0.091	0.092

数据来源：根据历年《中国统计年鉴》相关数据整理。

与此同时，京津冀三地积极推进交通一体化和基本公共服务共建共享。例如，津石、塘承高速公路全面开工，京滨、京唐高铁加快建设，京津、京沪、京滨、津兴四条高铁联通京津两市的格局加快形成，京津冀地区基本形成了以"四纵四横一环"运输通道为主骨架、多节点、网格状的区域交通新格局，初步构建了现代化的高质量综合立体交通网，为提升京津冀城市群经济要素的流动效率、推进区域协同发展提供了有力支撑；在医疗卫生方面，京津冀三地卫生健康部门积极推进医疗卫生领域的协同发展，开展一系列合作，出台多项便民惠民措施，如北京推进实施京张、京承、京唐、京廊、京保等重点医疗卫生合作项目 34 个，三地完善医疗服务联动协作机制，扩大医学检验结果互认和影像资料共享范围，打造京津冀医学专科联盟等。

（五）城市生态环境显著改善

京津冀地区注重城市居民生活质量的提升，着力打造生态文明、绿色环保、和谐宜人的城市生活，如表 5-6 所示。2006—2019 年期间，京、津、冀三地的城市人均公园绿地面积分别上增加了 53.56、39.76 和 81.58 个百分点，分别达到了 16.4 平方米、9.21 平方米和 14.29 平方米。建成区绿化覆盖率分别上升了 4.11、0.48 和 6.71 个百分点，分别达到了 48.46%、37.48% 和 42.28%。

污水处理率和垃圾无公害处理率均得到显著提升。2019 年京津冀三地的城市污水处理率分别达 99.31%、95.97% 和 98.34%，其中城市污水处理厂集中处理率分别达 97%、95.3% 和 98.28%；城市生活垃圾处理率分别达 99.98%、100% 和 99.43%，其中无害处理率达 99.98%、100% 和 99.43%。京津冀地区的城市污水和垃圾处理率均超过了《国家新型城镇化规划（2014—2020 年）》中 2020 年达 95% 的规划目标。

表 5-6　京津冀及全国城市部分生态环境指标情况（2006—2019 年）

指标	地区	2006	2009	2012	2015	2018	2019
人均公园绿地面积（单位：平方米）	北京	10.68	12.11	11.87	16.00	16.30	16.40
	天津	6.59	8.59	10.54	10.13	9.38	9.21
	河北	7.87	11.19	14.00	14.18	14.23	14.29
建成区绿化覆盖率（单位：%）	北京	44.35	47.69	46.20	48.40	48.44	48.46
	天津	37.00	30.33	34.88	36.38	38.03	37.48
	河北	35.57	40.02	40.98	41.15	41.57	42.28

续表

指标	地区	2006	2009	2012	2015	2018	2019
污水处理率（单位：%）	北京	73.78	80.29	83.16	88.41	98.60	99.31
	天津	59.48	80.11	88.24	91.54	93.79	95.97
	河北	63.63	84.50	94.26	95.34	98.19	98.34
垃圾处理率（无公害）（单位：%）	北京	92.48	98.22	99.12	78.75	100.00	99.98
	天津	85.00	94.31	99.81	92.73	94.48	100.00
	河北	46.54	59.00	81.39	96.01	99.80	99.43

数据来源：根据历年《中国城市建设统计年鉴》及《中国统计年鉴》相关数据整理。

京津冀地区的空气质量显著改善，如表 5-7 所示。2013 年京津冀空气质量达标天数比例均未超过 50%，其中天津更是低于 40%，PM2.5 年均浓度远超国家标准规定的 35μg/m³，其中河北更是超过国家标准 2 倍，空气污染较为严重。经过京津冀大气污染防治工作的有效推进，京津冀地区的空气污染得到有效的治理，北京市 2020 年空气质量达标天数为 276 天，较 2013 年上升 27.19%，PM2.5 年均浓度由 2013 年的 89.5μg/m³降至 38μg/m³；天津市 2020 年空气质量达标天数达到 245 天，较 2013 年上升 27.21%，PM2.5 年均浓度由 2013 年的 96μg/m³降至 48μg/m³；河北省 2020 年空气质量达标 238 天，较 2013 年上升 20.65%，PM2.5 年均浓度由 2013 年的 108μg/m³降至 44.8μg/m³。

表 5-7　京津冀空气质量情况（2013—2020 年）

年份	空气质量达标天数比例（单位：%）			PM2.5 年均浓度（单位：μg/m³）		
	北京	天津	河北	北京	天津	河北
2013	48.22%	39.73%	44.38%	89.5	96	108
2014	47.12%	47.95%	41.64%	85.9	83	95
2015	50.96%	60.27%	52.05%	80.6	70	77
2016	54.10%	61.75%	56.56%	73	69	70
2017	61.92%	57.26%	55.34%	58	62	65
2018	62.19%	56.71%	56.99%	51	52	56
2019	65.75%	60.00%	61.92%	42	51	50.2
2020	75.41%	66.94%	65.03%	38	48	44.8

数据来源：根据历年《北京市环境状况公报》《天津市环境状况公报》和《河北省生态环境质量状况公报》相关数据整理。

（六）城镇化发展机制体制不断完善

京津冀地区加快推进重点领域和关键环节改革，形成了有利于新型城镇化发展的体制机制。如北京市出台《北京城市总体规划（2016—2035年）》，着力实施以疏解北京非首都功能为重点的京津冀协同发展战略，转变城市发展方式，完善城市治理体系，有效治理"大城市病"，不断提升城市发展质量、人居环境质量、人民生活品质、城市竞争力，建设国际一流和谐宜居之都；天津市出台了《天津市城市总体规划（2017—2035年）》，以全域统筹、城乡覆盖为重点，以"多规合一"的方式编制规划，探索天津城市健康可持续发展路径，推动质量变革、效率变革、动力变革和实现高质量发展；河北省出台了《河北省新型城镇化与城乡统筹示范区建设规划（2016—2020年）》，明确全省推进新型城镇化和城乡发展一体化的主要目标、发展路径和战略任务，提出体制机制改革的主要方向和关键举措。

京津冀三地不断探索建立城乡融合发展的体制机制和政策体系。北京市研究制定《北京市关于建立健全城乡融合发展体制机制和政策体系的若干措施》，加快推进北京农业农村现代化，推动形成工农互促、城乡互补、协调发展、共同繁荣的新型工农城乡关系；天津市出台《关于建立健全城乡融合发展体制机制和政策体系的若干措施》《天津市乡村振兴战略规划（2018—2022年）》《天津市乡村"五大振兴"实施方案》等，着力解决城乡发展不平衡不充分问题，补齐新型城镇化发展短板，更好地满足人民日益增长的美好生活需要；河北省出台了《河北省新型城镇化与城乡统筹示范区建设规划（2016—2020年）》《河北省乡村振兴战略规划（2018—2022年）》，着力建立健全城乡融合发展体制机制和政策体系，进一步完善城镇空间结构，加快推进乡村治理体系和治理能力现代化，加快推进农业农村现代化。

与此同时，京津冀地区着力探索完善人口和土地管理等制度。例如，天津市出台了《天津市推动非户籍人口在城市落户工作方案》，以人的城镇化为核心，建立新型户籍管理制度，统一城乡户口登记制度，全面放开本市各区和城乡区域间户籍迁移限制，建立调整放宽非户籍人口落户政策，加快完善与新型户籍制度相适应的基本公共资源配置和公共服务体制机制建设。河北省出台了《河北省人民政府办公厅关于推动非户籍人口在城市落户的实施意见》，实施差别化落户政策，全面放开城区常住人口300万以下城镇的落户限制,放宽城区常住人口300万以上设区市市区落户条件,配套财政、金融、社保等政策,确保进城落户农民享受均等的基本公共服务。此外,京津冀分别出台政策,创新土地管理制度,优化土地利用结构,提高土地利用效率,合理满足城镇化用地需求:如北京市出台了《北京市土地利用总体规划(2006—2020年)》《北京市土地整治规划(2016—2020年)》,坚持最严格的耕地保护制度和最严格的节约用地制度,全面推进城乡建设用地增减挂钩,优化城乡建设用地布局,有序推进城镇工矿用地整理,加强生态保护和修复建设,促进土地资源永续利用;天津市出台《天津市土地利用总体规划(2015—2020年)》,切实转变土地利用方式和管理方式,按照"节约集约""城乡统筹"与"环境友好"的土地利用战略,不断提高土地资源对经济社会全面协调可持续发展的保障能力;河北省出台《关于引导农村土地经营权有序流转发展农业适度规模经营的实施意见》,积极引导农村土地经营权有序流转,积极推动城乡土地要素市场一体化,推动城乡一体化发展。

二、京津冀新型城镇化发展的主要问题

京津冀新型城镇化的目标是要建设以首都为核心的世界级城市群,这也是京津冀协同发展的必然走向之一(张军扩,2015)。近年来,京津冀新型城镇化发展取得了显著进展,但同时也仍然存在如下主要问题亟待解决。

(一)地区间城镇化发展差异化显著

京津冀地区的城镇化发展差异明显,如表5-8所示。一是城镇化发展阶段错位。京津两市城镇化率均超过80%,河北省11个地级市中只有石家庄、唐山、秦皇岛和廊坊四市的城镇化率超过60%,河北各市城镇化率与京津两市相比差距较大。二是城市等级落差明显。北京作为京津冀地区最大城市,市区人口和城区人口分别达到2153.6万、1865万,第二大城市天津的市区人口和城区人口也分别达到了1561.87万、1303.84万人。相对而言,河北省各城市人口规模等级要远低于京津两个城市,北京市的市区人口和城区人口分别是河北省人口规模最大的石家庄市的4.32倍和5.61倍,河北省其他地市与北京市的人口规模差距更大,其中承德市和沧州市的人口规模与北京相差超过30多倍。由此可见,京津冀地区城市等级落差过大,城市规模结构断层特征明显。三是城市经济发展水平失衡。河北省

与京津两市经济发展具有较大的差距，2019 年河北省人均地区生产总值仅相当于北京的 28% 和天津的 51%。与此同时，河北省内各地市间经济发展水平差距也值得关注，唐山市人均地区生产总值是邢台市的三倍。四是区域内产业梯度落差过大。京津两市已经跨越了工业化中期阶段，分别已经进入后工业化和工业化后期阶段，而河北省仍处于工业化中期发展阶段。京津冀城市群内部城市间发展阶段错位以及产业梯度落差过大，不利于大中小城市之间形成有序产业分工和合理空间布局，进而影响城市群协调发展和综合实力水平。

表 5-8　京津冀地区的城市人口、城镇化率和人均地区生产总值情况（2019 年）

城市	市区人口（万人）	城区人口（万人）	城镇化率（%）	人均地区生产总值（万元/人）
北京市	2153.6	1865	86.60	16.42
天津市	1561.87	1303.84	83.48	9.04
石家庄市	498.93	332.32	65.05	5.29
唐山市	307.17	195.67	64.32	8.67
秦皇岛市	145.99	103.04	60.72	5.13
邯郸市	378.9	206.85	58.15	3.65
邢台市	91.5	57.14	54.23	2.87
保定市	288.97	145.07	54.69	3.19
张家口市	198.45	102.44	58.38	3.50
承德市	60.08	55.12	53.26	4.11
沧州市	68.7	57.67	54.91	4.77
廊坊市	87.9	53.02	61.29	6.55
衡水市	102.6	62.06	53.22	3.36

数据来源：根据 2019 年《中国城市建设统计年鉴》《中国统计年鉴》《中国城市统计年鉴》及河北省各地市 2019 年国民经济和社会发展统计公报的相关数据整理。

（二）城乡之间的发展差距依然明显

京津冀地区城乡之间差距依然显著。从城乡收入差距方面看，虽然京津冀地区的城乡居民收入均显著提升，2019 年京津冀三地的居民家庭人均可支配收入分别达到 6.78 万元、4.24 万元和 2.57 万元，相较于 2013 年均提升了 60% 以上，但是京津冀地区的城乡收入差距依然较大。表 5-9 给出了京津冀城乡收入和消费差距的变动情况。由表可以看出，2019 年京津冀三地的城乡收入比仍然高达 2.55、1.86 和 2.32,同期城乡居民消费支出比也分别到达 2.12、1.95 和 1.90。与此同时,京津冀地区城乡之间在基础设施水平和基本公共服务方面的落差也依然存在,如表 5-10 所示。京津冀地区的城市市政公用设施水平都已经达到较高,其中供水普及率、燃气普及率、污水处理率和生活垃圾处理率等都已接近或达到 100%,相比之下乡镇和农村地区的公用设施水平仍然较低。以河北省乡公用设施水平为例,其燃气普及率、污水处理率和垃圾无害化处理率仅为 36.51%、3.03% 和23.93%,显著落后于城市地区的发展水平。此外,乡村地区的医疗卫生、教育、基本社会保障等水平与城市地区相比也有很大的差距,公共资源的城乡均衡配置仍亟待进一步加强和完善。

表 5-9　全国及京津冀地区的城乡收入差距和城乡消费差距情况(2006—2019 年)

年份	城乡居民可支配收入之比				城乡居民消费支出之比			
	全国	北京	天津	河北	全国	北京	天津	河北
2006	3.28	2.41	2.29	2.71	3.07	2.95	2.79	2.94
2007	3.33	2.33	2.33	2.72	3.10	2.76	2.96	2.96
2008	3.31	2.32	2.46	2.80	3.07	2.64	3.02	2.91
2009	3.33	2.29	2.46	2.86	3.07	2.38	2.94	2.89
2010	3.23	2.19	2.41	2.73	3.07	2.59	2.80	2.68
2011	3.13	2.23	2.18	2.57	2.90	2.39	2.29	2.46
2012	3.10	2.21	2.11	2.54	2.82	2.44	2.01	2.34
2013	2.81	2.61	1.89	2.42	2.47	2.33	1.79	2.03
2014	2.75	2.57	1.85	2.37	2.38	2.32	1.77	1.96
2015	2.73	2.57	1.85	2.37	2.32	2.32	1.78	1.95
2016	2.72	2.57	1.85	2.37	2.28	2.21	1.78	1.95
2017	2.71	2.57	1.85	2.37	2.23	2.14	1.85	1.96
2018	2.69	2.57	1.86	2.35	2.15	2.13	1.94	1.94
2019	2.64	2.55	1.86	2.32	2.11	2.12	1.95	1.90

数据来源:根据历年《中国统计年鉴》相关数据整理。

表 5-10　京津冀乡镇市政公用设施水平(2019 年)

地区类型	项目	北京	天津	河北	全国
城市设施 水平	供水普及率(%)	99.06	100	99.98	98.78
	燃气普及率(%)	100	100	99.46	97.29
	污水处理率(%)	99.31	95.97	98.34	96.81
	垃圾无害化处理率(%)	99.98	100.00	99.43	99.20

续表

地区类型	项目	北京	天津	河北	全国
建制镇公用设施水平	供水普及率（%）	86.73	84.81	90.34	88.98
	燃气普及率（%）	58.79	74.45	51.79	54.45
	污水处理率（%）	60.96	55.23	23.07	54.43
	垃圾无害化处理率（%）	96.5	54.32	28.11	65.45
乡公用设施水平	供水普及率（%）	97.75	78.89	81.29	80.50
	燃气普及率（%）	39.08	70.57	36.51	26.81
	污水处理率（%）	23.12	20.21	3.03	18.21
	垃圾无害化处理率（%）	92.01	——	23.93	38.27

数据来源：根据《中国城乡建设统计年鉴》相关数据整理。

（三）城市规模体系和空间结构亟待完善

目前，在全球范围内公认的世界级城市群共有 6 个：美国东北部大西洋沿岸城市群、北美五大湖城市群、日本太平洋沿岸城市群、英伦城市群、欧洲西北部城市群和中国长江三角洲城市群。这些世界级城市群通常呈现出三大典型特征：一是综合发展水平全球领先；二是国际影响能力非常强大；三是城市间具有明确的职能与产业分工，以分工合作为基础形成高度一体化经济结构（李兰冰等，2017）。纵观世界级城市群的演进与发展历程，可以发现：科学合理的城市规模体系是世界级城市群的必要条件之一。

当前，京津冀地区的城市规模体系表现出断崖式落差特征。表 5-11 给出了京津冀城市群和长三角城市群城市规模等级结构。京津冀城市群虽然有 2 个超大城市，但缺少城区常住人口在 500 万至 1000 万之间的特大城市，小城市尤其是人口低于 20 万的Ⅱ型小城市数量众多，短时间内很难成长为中等城市；与长三角相比，京津冀城市规模体系呈现显著的断层特点。

与此同时，京津冀城市群内部尚未形成合理的分工与合作体系。从发展阶段看，京津两市已经分别进入了后工业化时期和工业化后期，但是河北省仍然处于工业化中期阶段，与长三角"单极—扇面"、珠三角"双核—轴带"的形态不同，京津两地过于集聚，特别是河北省与京津两地之间呈现断崖式落差，已成为京津冀世界级城市群建设过程中的重要掣肘因素，亟待向形态更高级、分工更复杂、结构更合理的区域协同发展格局演化（李兰冰等，2017）。

表 5-11　京津冀与长三角的城市群城市规模等级比较（2019 年）

城市规模	划分标准（城区常住人口）	京津冀地区		长三角地区	
		城市	数量	城市	数量
超大城市	1000 万以上	北京市*、天津市*	2	上海市*	1
特大城市	500 万—1000 万	——	0	南京市*	1
大城市 I型大城市	300 万—500 万	石家庄市*	1	杭州市*	1
大城市 II型大城市	100 万—300 万	唐山市*、秦皇岛市*、邯郸市*、保定市*、张家口市*	5	无锡市*、常州市*、苏州市*、南通市*、盐城市*、扬州市*、宁波市*、台州市*、合肥市*、芜湖市*	10
中等城市	50 万—100 万	邢台市*、承德市*、沧州市*、廊坊市*、衡水市*	5	昆山市、镇江市*、泰州市*、嘉兴市*、湖州市*、绍兴市*、金华市*、义乌市、舟山市*、马鞍山市*、安庆市*	11
小城市 I型小城市	20 万—50 万	滦州市、遵化市、迁安市、武安市、涿州市、任丘市、三河市、定州市	8	江阴市、宜兴市、溧阳市、常熟市、张家港市、启东市、如皋市、海门市、海安市、东台市、仪征市、高邮市、丹阳市、兴化市、靖江市、泰兴市、余姚市、慈溪市、平湖市、桐乡市、诸暨市、嵊州市、兰溪市、东阳市、温岭市、临海市、巢湖市、无为市、铜陵市*、滁州市*、池州市*、宣城市*	32
小城市 II型小城市	20 万以下	晋州市、新乐市、南宫市、沙河市、安国市、高碑店市、白沟市、平泉市、泊头市、黄骅市、河间市、霸州市、深州市、辛集市	14	太仓市、扬中市、句容市、建德市、海宁市、永康市、玉环市、桐城市、天长市、明光市、潜山市、广德市、宁国市	13

注：表格包括京津冀及长三角城市群所有地级及县级市，城市规模按照国务院《关于调整城市规模划分标准的通知》标准划分，城区人口数据来自《中国城市建设统计年鉴》；按照《长江三角洲城市群发展规划》，长三角城市群包括上海市、江苏省、浙江省以及安徽省的 26 个地级市。*表示地级及以上城市。

（四）城市综合承载能力和资源配置效率仍有待改善

《国家新型城镇化规划（2014—2020年）》提出"以综合承载能力为支撑，提升城市可持续发展水平"。党的十九届四中全会提出"提高中心城市和城市群综合承载和资源优化配置能力"。具体来看，城市综合承载力是由资源承载力、环境承载力、生态系统承载力、城市基础设施承载力和其他社会资源承载能力组成的复杂系统（孙久文等，2021）。城市群综合承载能力不仅仅是各个城市综合承载能力的简单相加，还与城市群空间分布、规模结构以及产业分工等因素紧密相关，与城镇化之间的关系密不可分。

京津冀城市群综合承载和资源优化配置能力仍有待提升。从总体上看，京津冀地区用地紧张、产业同构、环境污染等问题较为严重，尤其超大城市的大城市病与中小城市设施水平较低、公共服务供给能力不足、产业集聚度较低并存，经济活动、人口分布与资源承载力之间的空间布局亟待改善。2014—2019年期间，京津冀地区的城市建成区面积增长19.58%，而同期城镇人口增长率为11.76%，土地城镇化速度快于人口城镇化速度，土地利用效率亟待提高。2019年北京市和天津市地均面积的地区生产总值分别为2.16亿元/平方公里和1.18亿元/平方公里，同期河北省各地级市则仅为0.04—0.50亿元/平方公里，且环境容量超限与资源消耗增长矛盾突出、污染防治压力较大，地区资源配置效率有待改善。

（五）特色小镇有待向规范健康发展转型

特色小镇作为一种微型产业集聚区，具有细分高端的鲜明产业特色、产城人文融合的多元功能特征、集约高效的空间利用特点，在推动经济转型升级和新型城镇化建设中具有重要作用。2016年，住建部等三部委联合发布《关于开展特色小镇培育工作的通知》，明确提出了1000个特色小镇培育计划，2016年和2017年曾公布了两批共403个全国特色小镇，其中京津冀地区共有24个全国特色小镇，如表5-12所示。近年来，京津冀三地政府分别出台相关政策用于鼓励和规范特色小镇建设，例如北京市在《北京市"十三五"时期城乡一体化发展规划》提出："十三五"期间，北京将统筹规划建设一批功能性特色小城镇，承接中心区功能疏解，带动农民增收；天津市出台了《天津市加快特色小镇规划建设指导意见》《天津市特色小镇规划设计导则》《天津市市级特色小镇专项补助资金管理办法》等政策积极推进特色小镇建设，并分四批公布了32个市级特色小镇和特色小城镇；河北省出台了《关于建设特色小镇的指导意见》等政策，积极开展河北省特色小镇创建和培育工作。

京津冀地区的特色小镇建设虽然取得了一定的成效，涌现出了河北清河羊绒小镇、河北涞水京作家具小镇、天津津南小站稻耕文化小镇等全国特色典型，但是在建设过程中仍然存在一些问题，亟待向规范健康发展转型。一是特色小镇基础薄弱，很多特色小镇的特色产业单一、产业链条较短。如以农业为特色的小镇，仅聚焦为农业单一产业，既缺乏集农产品仓储、物流、配送等于一体的产业链，也缺乏向依托生态特色农业发展乡村旅游业、现代服务业等延伸。二是未实现协同建设特色小镇，京津冀三地的部分特色小镇之间出现同质化竞争现象，不利于以协同促发展。三是特色小镇的市场活力亟待提升，在地方政府发挥引导性作用的同时，企业主体地位亟待进一步发挥。

表 5-12 京津冀入选全国特色小镇的情况

地区	北京	天津	河北
第一批 （2016）	房山区长沟镇 昌平区小汤山镇 密云区古北口镇	武清区崔黄口镇 滨海新区中塘镇	秦皇岛市卢龙县石门镇 邢台市隆尧县莲子镇镇 保定市高阳县庞口镇 衡水市武强县周窝镇
第二批 （2017）	怀柔区雁栖镇 大兴区魏善庄镇 顺义区龙湾屯镇 延庆区康庄镇	津南区葛沽镇 蓟州区下营镇 武清区大王古庄镇	衡水市枣强县大营镇 石家庄市鹿泉区铜冶镇 保定市曲阳县羊平镇 邢台市柏乡县龙华镇 承德市宽城满族自治县化皮溜子镇 邢台市清河县王官庄镇 邯郸市肥乡区天台山镇 保定市徐水区大王店镇

三、京津冀地区新型城镇化发展的对策建议

近年来，京津冀新型城镇化建设稳步推进，城镇化率居全国领先水平、城乡融合发展程度逐渐提升、城市规模不断扩大、城市生态环境明显改善、城镇化发展机制体制持续完善，但仍然存着地区间城镇化发展落差显著、

城乡发展差距明显、城市规模体系和空间结构亟待完善、城市综合承载能力和资源配置效率亟待提升、特色小镇有待向规范健康发展转型等主要问题，建设世界级城市群的任务十分艰巨。鉴于此，本部分将从以分类推进方式促城市群空间格局优化、以产业结构与布局调整促产城融合发展、以城乡融合促城乡实现共同繁荣、加快提升城市综合承载能力和资源配置能力等视角提出对策建议。

（一）以分类推进方式促城市群空间格局优化

为解决京津冀地区北京过度集聚，二级城市发育不足，城市规模体系落差明显，与世界级城市群的网络化空间结构差距明显的问题，《京津冀协同发展规划纲要》明确提出了"一核、双城、三轴、四区、多节点"的空间布局。在城镇化推进过程中，应根据不同城市的发展阶段以及功能定位等条件，采用分类推进的方式，促进城市群空间格局优化。一是京津两大国际化都市应集中力量提质增效，加快产业结构优化升级，重点增强城市的经济活力、创新能力与开放包容性，实现与周边城市的空间协同发展，拉动城市群能级的快速提升。二是重点提升石家庄、唐山、保定和邯郸等城市发展水平，加快优势资源集聚，完善基础设施和公共服务供给，着力将其建设成为区域性中心城市，改善城市群的城市规模体系落差，既有利于更好地承接京津产业转移，也有利于通过区域性中心城市与周边中小城市之间的基础设施与公共服务共建共享、产业专业化分工协作和区域共同市场建设，形成以区域性中心城市带动周边地区快速发展的城镇化模式，逐步优化城市群规模等级结构。三是中小城市应积极接入京津冀地区的城市网络，依据自身资源禀赋优势，探索差别化的发展模式，通过借用大城市的规模效用，推动制造业集群化、规模化与特色化发展，以产业发展创造就业机会、以就业机会吸引人口要素集聚。四是推进特色小镇建设，将特色小城镇建设与推进城乡融合发展相结合，通过明确产业定位和建设模式，推进特色小镇与城市、乡村之间的统筹规划与融合发展。

（二）以产业结构与布局调整促产城融合发展

新型城镇化建设离不开产业支撑，城乡间相对收入的差距仍然是吸引农村人口向城市转移的重要驱动力，以城市产业发展提升人口吸纳能力是推进城镇化建设的关键之一。鉴于此，京津冀新型城镇化建设应以资源环境承载力和要素禀赋优势等为基点，积极推进城市内产城融合与城市间专业化分工,通过现代化产业体系建设,形成新型城镇化发展的重要驱动力。一是紧抓疏解北京非首都功能的"牛鼻子",增强津冀两地对非首都功能的承接能力。例如,河北省应通过承接北京非首都功能,以工业转型升级增强中小城市城镇化的产业支撑力,形成工业化与城镇化相互促进的发展格局。二是加强京津冀城市群的产业分工与合作,优化重大生产力布局,增强大城市辐射带动能力,强化中小城市产业承接及配套服务能力,加强城市间产业关联度,以城市间协调互动促进产城融合发展。三是优化产业结构空间布局,京津冀城市群不同层级的城市应依据自身产业发展阶段和比较优势,科学合理地选择"适应性"和"适宜性"的主导产业,不同城市之间实现错位发展,避免地区间重复建设和恶性竞争。

(三)以城乡融合促城乡实现共同繁荣

城乡融合发展是以缩小城乡差距、促进城乡一体化和实现城乡共同繁荣为目标,以打破城乡二元结构为切入点,以促进农村农业发展和农民增收为核心,以建立促进城乡共建共享和城乡之间要素自由流动的机制体制为支撑,加速城乡之间产业融合、基础设施一体化和基本公共服务均等化,促进城乡共同实现高质量发展(李兰冰等,2020)。为有效促进京津冀地区的城乡融合发展,可以重点从以下方向推进:一是加速城乡产业融合发展和农村一二三产业融合发展,健全现代农业和新型农业经营主体的支持政策,加快转变农业经营方式、生产方式、资源利用方式和管理方式,促进农村现代化产业体系建设。二是建立城乡一体的公共基础设施与基本公共服务体系,重点是加强乡镇和农村地区公共基础设施建设,增强城乡之间的交通基础设施连接性,让农村地区能够更好地接入城市产业与市场,更好地发挥城市的辐射带动作用,推动城乡产业融合与联动;推动基本公共服务支出向农村倾斜,提高农村义务教育质量和医疗卫生服务水平,全面建成覆盖城乡居民的社会保障体系,着力缩小城乡之间基本公共服务落差,让城乡居民共享城镇化建设成果。三是推进城乡统一要素市场建设,以制度创新促进城乡要素合理双向流动,按照城市等级的不同,实施差别化城市落户政策,引导农村劳动力就近落户城市,促进中小城市人口增长,激发农民市民化带来的城镇化红利;打破城乡要素流动障碍,改变农村向城市的单向流动,为资本入乡、农村土地流转和科研成果入乡转化等提供更好的政策支持,推动城乡产业有机融合和城乡要素双向流动。

（四）加快提升城市综合承载能力和资源配置效率

改革建设用地计划管理方式。鼓励盘活低效存量建设用地，推进土地利用功能适度混合利用，控制人均城市建设用地面积，开展土地资源利用综合整治，推动"靠管理出效益、靠管理出空间"，提高城镇建设用地利用效率。探索城镇土地使用税差别化政策和城乡建设用地增减挂钩节余指标市域内竞争性交易。探索建立建设用地、补充耕地指标跨区域交易机制。健全农村土地流转交易制度，深化农村宅基地制度改革，探索闲置宅基地有偿退出，探索出台农村集体经营性建设用地入市管理办法。

促进基础设施与公共服务水平的改善。建立健全城市疾病预防控制体系，补齐城市公共卫生短板。完善重大疫情的预警与应急服务体系，推动京津冀地区的城市建立联防联控机制。加快推进京津冀地区的城市间交通网络互联互通和公共服务共建共享，加快新型基础设施的合理布局。以提高资源承载力为导向，统筹规划公共服务的配置体系，优化城乡配置和空间布局。

建立智能高效的城市治理体系，全面提升城市的综合承载能力、资源优化配置能力和风险防控能力。加快推进大数据、物联网、云计算、区块链等前沿技术在社会治理、民生服务和经济发展等领域的应用。完善城市数字化管理平台和感知系统，打通社区末端、织密数据网格，整合卫生健康、公共安全、应急管理、交通运输等领域信息系统和数据资源，深化政务服务"一网通办"、城市运行"一网统管"，支撑城市健康高效运行和突发事件快速智能响应。

参考文献

[1] 张军扩. 促进京津冀协同发展 打造世界级城市群[J]. 智慧中国，2015（02）：13-16.

[2] 孙久文，易淑昶，傅娟. 提升我国城市群和中心城市承载力与资源配置能力研究[J]. 天津社会科学，2021（02）：102-109.

[3] 李兰冰，高雪莲，黄玖立."十四五"时期中国新型城镇化发展重大问题展望[J]. 管理世界，2020，36（11）：7-22.

[4] 李兰冰，郭琪，吕程. 雄安新区与京津冀世界级城市群建设[J]. 南开学报（哲学社会科学版），2017（04）：22-31.

III 专题报告

第六章 新开发：新基建与京津冀协同发展

摘要：本报告分析了新基建的内涵，包括提出过程、内容和不同于传统基建的新特征，认为新基建是京津冀协同发展新动能落脚的重要战略选择。通过对京津冀新基建的发展现状进行梳理，本报告发现从整体上看，京津冀区域的新基建发展处于国内相对领先的水平，特别是在政策扶持、大数据、人工智能等领域，但相对于长三角和粤港澳大湾区，在轨道交通、数字孪生城市等若干领域发展相对滞后。建议应抢抓机遇，加快布局新基建，推动新旧动能转换；要新观念、新人才；统筹考虑京津冀地区整体发展，错位发展，梯度模式，实现新基建协同布局；要加快完善新基建规划，明确各类建设标准和规范问题；在发挥好"国家队"作用的同时，要注意引入社会生力军，形成多元化的投融资体系；既聚焦科技创新也带动其他产业；处理好传统基建与新基建的关系；应以打造新能源汽车产业链为突破口，推进新基建布局。

关键词：新基建 新动能 京津冀协同发展

一、京津冀协同发展的要求

京津冀协同发展是我国当前正在深入实施的国家重大区域战略。2014年2月26日，京津冀协同发展战略上升为国家战略。此后，围绕着有序疏解北京非首都功能的战略核心，协同发展取得了一定的进展。但应该看到，当前形势下，发展问题仍然是京津冀地区面临的重大课题。由于外部环境、疫情以及一些本地化因素多重叠加的影响，京津冀协同发展面临着增长动能缺失的问题，阻碍了京津冀协同发展战略的进一步推进。

图 6-1 展示了近 20 年京津冀、长三角和珠三角我国三大城市群以及增长极经济总量的演进，可以发现一个很明显的趋势，从经济总量的角度看，进入 21 世纪的头几年，三大城市群的经济发展速度相近，2003 年之

后，长三角的经济增速开始加快，逐渐拉开与其他地区的差距，而珠三角和京津冀发展速度仍然较为一致。但 2012 年之后，京津冀的发展逐渐开始落后于珠三角，2014 年京津冀协同发展上升为国家战略之后，差距反而进一步扩大，与长三角的差距也未见收敛态势。

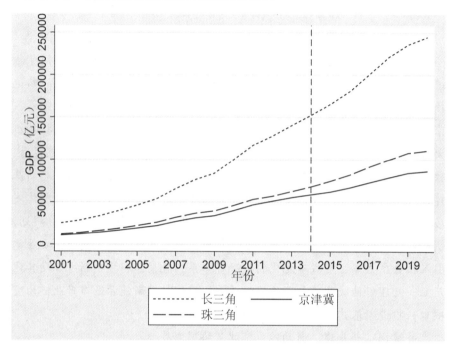

图 6-1　我国三大城市群 GDP 演进（2001—2020）

注：竖虚线标记了京津冀协同发展上升为国家战略的年份。下同。

特别是天津，正面临新旧动能转化的重大战略抉择。如图 6-2 所示，长三角和珠三角地区的省市近 20 年经历了较快速度的增长，相对而言，京津冀三省市的增速明显较慢，特别是天津市的经济总速曲线最为平缓。特别是在 21 世纪第二个十年后，天津市与其他省市的差距越来越明显。

在后疫情时代，寻找经济发展新动能，是天津市推动京津冀解决发展动力问题，促进协同发展战略有效实施的必经之路。投资、消费和净出口是拉动经济增长的三驾马车，而投资是其中最为直接和有效的手段。

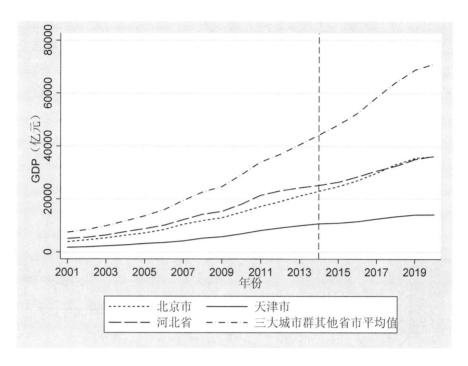

图 6-2　京津冀三省市与三大城市群其他省市的 GDP 演进（2001—2020）

房地产行业是过去数十年拉动我国经济发展的重要引擎，房地产行业的繁荣对制造业、建筑业等其他行业的发展起了重要的基础性作用。根据恒大研究院最新测算，2020 年中国房地产开发投资额 14.14 万亿元，占全社会固定资产投资的 26.8%，创 20 年来新高。20 年来，房地产投资额增长超过 20 倍，占固定资产投资比重也增加了约 10 个百分点。2019 年房地产业和拉动上下游行业的增加值分别占 GDP 的 7% 和 17.2%，合计占比 24.2%；对 GDP 增长的贡献率分别高达 7% 和 18%，合计占比 25%，超过所有单一行业。而在 20 年前的 1999 年，房地产占 GDP 的比重为 17.1%，对 GDP 增长的贡献为 14%。20 年过去了，房地产经历了几个周期的宏观调控，但是占 GDP 的比重以及对 GDP 增长的贡献不降反升，分别提高了 7.3 个百分点和 11 个百分点。因此，本报告将房地产开发投资作为传统行业投资的代理变量，考察其近 20 年的演进情况。

图 6-3 绘制了近 20 年京津冀、长三角和珠三角三大增长极房地产开发投资的演进趋势对比。总体看来，房地产开发投资与经济总量的变动有

着高度的正相关性。21 世纪的第一个 10 年间，京津冀地区不管是房地产开发投资总规模还是增速，皆领先于珠三角地区，但京津冀地区在协同发展战略实施之后，房地产开发投资增长开始逐渐落后于珠三角地区，特别是在 2016 年之后，京津冀的房地产开发投资被珠三角反超，且差距迅速扩大。

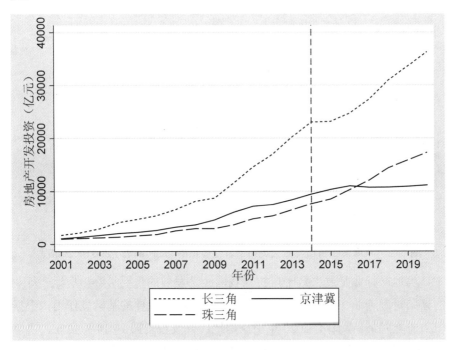

图 6-3　京津冀三省市与三大城市群其他省市的房地产开发投资演进（2001—2020）

从天津市的视角看，情况同样如此。图 6-4 是京津冀三省市与三大增长极其他省市的房地产开发投资演进对比。京津冀三省市的房地产开发投资规模落后于其他省市，特别是在 2011 年之后，与其他省市的差距逐渐增大。特别是近些年，京津冀出现了不升反降的现象，而同期长三角和珠三角的投资仍然在迅速增长。

从以上分析可以看出，随着京津冀协同发展战略的进一步深入落实，在京津冀地区，特别是天津市，以房地产开发为代表的传统行业投资在经济发展中的边际效应在逐渐降低。特别是进入后疫情时代后，随着"房住不炒"定位的加强以及"碳中和""碳达峰"目标的提出，传统行业投资对经济的刺激作用将进一步减弱，以及我国已经进入高质量发展阶段的战略定位，使得天津市新旧动能转化的紧迫性进一步增强。

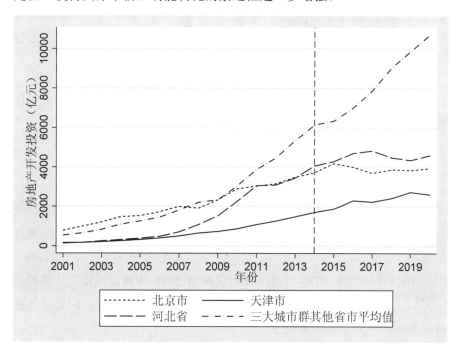

图6-4　京津冀三省市与三大城市群其他省市的房地产开发投资演进（2001—2020）

　　从世界科学技术发展的轨迹看，传统基础设施的建设投资已经进入了夕阳时代。表6-1统计了全球三次工业革命的相关情况，可以发现前两次工业革命中，以铁路、电网和高速公路等为代表的传统基础设施为世界的技术进步提供了物质基础，但20世纪50年代在美国开始的第三次工业革命已经在信息基础设施领域发力，从大趋势看，传统基础设施在推动科技进步和经济社会发展中的作用逐渐式微。

表6-1　世界三次工业革命的情况

名称	开始时间	起源地	三大驱动要素		
第一次工业革命	18世纪60年代	英国	蒸汽机	资本	铁路
第二次工业革命	19世纪下半叶	美国、德国	电力、内燃机	企业家才能	电网、管道运输、高速公路、通用航空

续表

名称	开始时间	起源地	三大驱动要素		
第三次工业革命	20世纪中叶	美国	数字技术	数据	信息基础设施

资料来源：闫德利. 中美数字经济的差距比较研究[J]. 互联网天地，2020（10）：24-29.

总体来看，不管是从国内还是国际视角看，新型基础设施（以下简称新基建）是当前形势下，天津市发展新动能落脚的重要战略选择。

二、新基建的内涵

（一）新基建的提出

推进新基建，中央谋篇布局已久，自2018年首次提出此概念以来，先后有十余次重要会议对新基建部署工作进行了强调。几个关键的时间节点如下：

2018年12月，中央经济工作会议确定2019年重点工作任务是提出"加强人工智能、工业互联网、物联网等新型基础设施建设"，这是新基建首次出现在中央层面的会议中。

2019年7月30日，中共中央政治局召开会议，提出"加快推进信息网络等新型基础设施建设"。

2020年1月3日，国务院常务会议确定促进制造业稳增长的措施时，提出"大力发展先进制造业，出台信息网络等新型基础设施投资支持政策，推进智能、绿色制造"。

2020年2月14日，中央全面深化改革委员会第十二次会议指出，"基础设施是经济社会发展的重要支撑，要以整体优化、协同融合为导向，统筹存量和增量、传统和新型基础设施发展，打造集约高效、经济适用、智能绿色、安全可靠的现代化基础设施体系"。

2020年3月4日，中共中央政治局常务委员会召开会议，强调"要加大公共卫生服务、应急物资保障领域投入，加快5G网络、数据中心等新型基础设施建设进度"。

2020年4月20日，国家发改委在新闻发布会上首次明确了新型基础设施的范围。新型基础设施是以新发展理念为引领，以技术创新为驱动，以信息网络为基础，面向高质量发展需要，提供数字转型、智能升级、融合创新等服务的基础设施体系。

2021 年 3 月，《"十四五"规划和 2035 年远景目标纲要》指出，统筹推进传统基础设施和新型基础设施建设，打造系统完备、高效实用、智能绿色、安全可靠的现代化基础设施体系。

具体如表 6-2 所示。

表 6-2　重要会议文件中关于新基建的表述统计

时间	来源	内容
2018 年 12 月	中央经济工作会议	加快 5G 商用步伐，加强人工智能、工业互联网、物联网等新型基础设施建设
2019 年 3 月	第十三届全国人民代表大会第二次会议	加快 5G 商用步伐和 IPv6（互联网协议第 6 版）规模部署，加强人工智能、工业互联网、物联网等配套基础设施建设和整合应用
2019 年 5 月	国务院常务会议	推动制造业加快向智能、绿色、服务型制造转型升级，把工业互联网等新型基础设施建设与制造业技术进步有机结合
2019 年 7 月	中共中央政治局召开会议	稳定制造业投资，实施补短板工程，加快推进信息网络等新型基础设施建设
2019 年 12 月	中央经济工作会议	着眼国家长远发展，加强战略性、网络型基础设施建设
2020 年 1 月	国务院常务会议	大力发展先进制造业，出台信息网络等新型基础设施投资支持政策，推进智能、绿色制造
2020 年 2 月	中央全面深化改革委员会第十二次会议	要以整体优化、协同融合为导向，统筹存量和增量、传统和新型基础设施发展，打造集约高效、经济适用、智能绿色、安全可靠的现代化基础设施体系
2020 年 2 月	中共中央政治局会议	推动生物医药、医疗设备、5G 网络、工业互联网等加快发展
2020 年 3 月	中共中央政治局会议	加快推进国家规划已明确的重大工程和基础设施建设，加快 5G 网络、数据中心等新型基础设施建设进度
2020 年 4 月	国家发改委相关负责人	明确新基建范围，提出"以新发展理念为前提、以技术创新为驱动、以信息网络为基础，面向高质量发展的需要，打造产业的升级、融合、创新的基础设施体系"的目标

续表

时间	来源	内容
2020 年 5 月	第十三届全国人民代表大会第三次会议	要加强"两新一重"建设。其中加强新型基础设施建设，是指发展新一代信息网络，拓展 5G 应用，建设数据中心，增加充电桩、换电站等设施，推广新能源汽车，激发新消费需求，助力产业升级
2021 年 3 月	第十三届全国人民代表大会第四次会议	《"十四五"规划和 2035 年远景目标纲要》指出，统筹推进传统基础设施和新型基础设施建设，打造系统完备、高效实用、智能绿色、安全可靠的现代化基础设施体系

资料来源：笔者整理。

在中央的大力倡导下，各地方政府陆续出台了促进本省市新基建发展的行动方案，表 6-3 统计了东部沿海省市的相关情况。

表 6-3　东部沿海省份新基建行动方案统计

省份	文件名称	出台时间
上海	《上海市推进新型基础设施建设行动方案（2020—2022 年）》	2020 年 4 月
北京	《北京市加快新型基础设施建设行动方案（2020—2022 年）》	2020 年 6 月
海南	《智慧海南总体方案（2020—2025 年）》	2020 年 7 月
浙江	《浙江省新型基础设施建设三年行动计划（2020—2022 年）》	2020 年 7 月
福建	《福建省新型基础设施建设三年行动计划（2020—2022 年）》	2020 年 8 月
江苏	《江苏省交通运输新型基础设施建设行动方案》	2020 年 9 月
广东	《广东省推进新型基础设施建设三年实施方案（2020—2022 年）》	2020 年 10 月
山东	《山东省新基建三年行动方案（2020—2022 年）》	2020 年 11 月
天津	《天津市新型基础设施建设三年行动方案（2021—2023 年）》	2021 年 2 月
河北	《河北省交通运输新型基础设施建设三年行动计划（2021—2023 年）》	2021 年 3 月

资料来源：笔者整理。

发展新基建是实现当前宏观经济目标的一剂"强心剂"。以 5G、特高压、城际高铁和轨道交通、新能源充电桩、大数据中心、人工智能、工业互联网等为代表的新基建，拥有广阔的发展前景。推动我国经济高质量发展，要求我们要在一批涉及国民经济发展基础和命脉的行业领域内，彻底扭转大而不强、技术落后、创新不足的面貌。而发展新基建就是要为经济高质量发展固本强基，就是要推动我国在一批行业领域内执全球经济之牛耳。可见，新基建已经成为我国中央和地方政府共同推动的重大战略决策，是天津市寻找发展新动能的不二选择。

（二）新基建的内容

新基建是一个含义丰富的概念，尽管它是相对于铁路、公路等传统基础设施而言，但由于它是一个相对的、新生的概念，因此内容包括什么的问题仍然处于相对灵活的探讨中。

《瞭望东方周刊》推出的《新基建，来了！》专题报道指出，在国家发改委明确新基建范围之前，社会上流行的是"七大领域说"。2019 年 3 月，一家媒体报道说，新基建是发力于科技端的基础设施建设，主要包括 5G 基建、特高压、城际高速铁路和城际轨道交通、新能源汽车充电桩、大数据中心、人工智能和工业互联网等七大领域。对此，并不是所有人都认同。第十三届全国政协经济委员会副主任刘世锦认为，"七大领域"在重要性上并不完全均衡。比如，特高压与新能源汽车充电桩虽然重要，但"特高压输电和城市地铁等，其实已经进行了很多年，把它列到新基建里面比较勉强"。中信银行（国际）首席经济师廖群则认为，不宜低估新基建的范围，新基建也可包括目前存量规模相对较小但未来增量空间较大的领域，比如"城际交通、物流、市政基础设施""农村基础设施""公共服务设施"等。这些领域遵从"新旧融合升级"原则，也属于新基建的重要部分。此外，还有很多专家学者提出，新基建除了硬件建设，还包括软件、制度环境以及整体的数字化进程。观点的层出不穷与热烈争论，反映了各方的高度关注和新基建的丰富内涵。

2020 年 4 月 20 日，国家发改委对新型基础设施的范围正式做出解读，指出新型基础设施是以新发展理念为引领，以技术创新为驱动，以信息网络为基础，面向高质量发展需要，提供数字转型、智能升级、融合创新等服务的基础设施体系，包括信息基础设施、融合基础设施、创新基础设施 3 个方面。信息基础设施主要是指基于新一代信息技术演化生成的基础设施；融合基础设施主要是指深入应用互联网、大数据、人工智能等技术，支撑传统基础设施转型升级，进而形成的融合基础设施；创新基础设施是指支撑科学研究、技术开发、产品研制的具有公益属性的基础设施。

同时，国家发改委也强调，伴随着技术革命和产业变革，新型基础设施的内涵、外延也不是一成不变的。

可见，新基建的具体内容必然会随着经济发展和科学技术的进步，甚至本地的具体情况进行灵活调整。

从京津冀的政策实践来看，即使相关政策皆为 2020 年 4 月 20 日之后出台，三省市在操作层面对新基建进行了相对差异化的定义。

北京市早在 2020 年 6 月即发布了《北京市加快新型基础设施建设行动方案（2020—2022 年）》，其中重点任务涉及新型网络基础设施，包括 5G 网络、千兆固网、卫星互联网、车联网、工业互联网、政务专网；数据智能基础设施，包括新型数据中心、云边端设施、大数据平台、人工智能基础设施、区块链服务平台、数据交易设施；生态系统基础设施，包括共性支撑软件、科学仪器、中试服务生态、共享开源平台、产业园区生态；科创平台基础设施，包括重大科技基础设施、前沿科学研究平台、产业创新共性平台、成果转化促进平台；智慧应用基础设施，包括智慧政务应用、智慧城市应用、智慧民生应用、智慧产业应用、传统基础设施赋能、中小企业赋能；可信安全基础设施，包括基础安全能力设施、行业应用安全设施、新型安全服务平台。

天津市在 2021 年初出台了《天津市新型基础设施建设三年行动方案（2021—2023 年）》，其中主要任务涉及信息基础设施，包括 5G 和千兆光网建设提升工程、数据中心、工业互联网、下一代互联网、泛在感知防控设施、政务服务支撑能力；融合基础设施，包括智能制造、智慧港口、智慧能源、智慧交通、车联网（智能网联汽车）、智慧医疗和智慧医保、智慧教育、智慧文旅、智慧健身（运动）、智慧农业、智慧平安社区（乡村）、智慧应急管理；创新基础设施，包括超算资源算力供给体系、国家级重大科技创新平台、产业创新承接平台、人工智能创新发展核心区。

截止到 2021 年 6 月 10 日，河北省并未发布类似的行动方案或规划，但陆续出台了《河北省大数据产业创新发展三年行动计划（2018—2020年）》《关于加快发展数字经济的实施意见》《河北省数字经济发展规划（2020—2025 年）》。2020 年 6 月，河北省发改委印发《关于加强重大项目谋划储备的指导意见》，将 10 个方面作为河北省当前和今后一个时期谋划储备重大项目的主攻方向。其中"围绕新型基础设施谋划项目"是指：瞄准互联网时代和数字经济的发展需求，加速谋划一批 5G 基建、特高压、城际高速铁路和城际轨道交通、新能源汽车充电桩、大数据中心、人工智能等新型基础设施项目，为新技术、新产业发展提供保障。

（三）新基建的特征

从以上的政策文本中可以看出，相对于传统基建，新基建的推进客观上能够促进信息和要素流动，从而改善民生、提高政务服务水平，更重要的是推动产业层面的生产率提高和科技创新。已有一些研究对新基建特征进行了相关总结。

《中国"新基建"发展研究报告》从建设主体、建设方式、建设重点、应用方式和价值影响等方面进行了阐述。具体内容如表 6-4 所示。

表 6-4　新基建与传统基建的特征比较

建设主体	传统基建	政府主导
	新基建	多元主体共建（企业+市场+政府）
建设方式	传统基建	只考虑物理空间布局（相对单一），科技含量相对较低（硬设施投入为主）
	新基建	统筹考虑（行业、产业协同），科技含量高（硬设施+软实力）
建设重点	传统基建	注重硬设施建设
	新基建	更注重新一代信息技术和数据的应用
应用方式	传统基建	传统物理空间（"铁公基"），功能单一（铁路、公路、电力）
	新基建	数字孪生世界、渗透性强（经济社会各领域）
价值影响	传统基建	局部传递效用（一设施一功能），主要着眼于稳投资、保增长、促就业、惠民生
	新基建	规模乘数效应（供需共同受益、应用场景增加），短期着眼于稳投资、保增长、促就业、惠民生，长期着眼于支撑经济社会数字化转型

资料来源：笔者基于《中国"新基建"发展研究报告》相关内容整理。

郭朝先等（2020）总结了新基建能够赋能我国高质量发展的六个条件性特征，分别是新技术、新高度、新领域、新模式、新业态和新治理。

综合以上的政策实践和理论成果，本报告认为，新基建的内容需要符合如下几个特点：

第一，具有公共物品属性。新基建在本质上也是基础设施的一种，5G、特高压、城际高铁和轨道交通、新能源充电桩、大数据中心、人工智能、工业互联网等代表性类别都具有较强的正外部性，且具有规模经济优势，同时也存在一定的自然垄断特征，建设初期需要较高的资本投入，且多数情况下，较长时期才能收回成本。

第二，政府与社会资本共同投资建设，政府或社会资本在不同领域发挥相应的主导作用。传统基础设施主要由政府主导自上而下建设，其中主要原因在于产权明确困难和进入门槛较高等问题，但当前，新基建的很多领域，特别是大数据和人工智能等更加先进的技术主导的领域，事实上是自下而上推动，由社会资本主导，后续政府介入进行引导和监管后形成了规模经济。其中的原因并非产权明晰和进入门槛降低的原因，恰恰是技术进步相对于政府监管的超前性，使得新基建的产权自动归属于社会资本的所有方，同时互联网寡头往往具有雄厚的资本实力，因此克服了进入门槛问题。

第三，能够有效利用数据，将其作为主要生产要素，促进信息等生产要素的流动。当前，数据已经成为我国经济社会发展的第五类生产要素，而新基建正是数据要素发挥作用的主要领域。以新基建的七大主要领域为例，5G采集、传输数据，数据中心提供存储和数据服务，人工智能提供算法，工业互联网则是工业领域对上述功能的集成应用，特高压、新能源汽车充电桩、城际高速铁路和城市轨道交通在布局、建设和运营过程中都应用到以出数据为基础的新一代信息基础设施。数据形成的有效信息在新基建的运营中也能够迅速流动，产生成倍的价值。

第四，相对于传统基础设施，新基建应用的主要技术基于前沿科学技术创新。20世纪70年代，以计算机和信息技术为标志的第三次工业革命，促使以光缆、卫星、移动通信等为代表的信息基础设施快速发展。若没有计算硬件、计算系统技术、数据处理、算法理论、开发平台和应用技术等基层的科技创新，在此基础上搭建的新基建也无从谈起。因此，新技术是新基建的根本性特征。

第五，能够推动产业转型升级和政府治理水平提升。各类新基建的部署应用能够将大量微观个体运行的信息汇总至政府部门，从而为实现有的放矢的高效政府治理创造基础条件。

三、京津冀新基建的发展现状

自2020年开始，各省纷纷加大了对新基建领域的政府投资，如表6-5

所示。其中北京基础设施、民生改善、高精尖产业项目各 100 个计划投资
2523 亿元，建安投资 1253 亿元；天津在工业优势项目 96 个、基础设施项
目 112 个、农林生态项目 39 个、社会民生保障项目 47 个、现代服务业项
目 63 个中投资 2105 亿元；河北在相关项目 536 个中计划投资 2410.1 亿
元。从全国的平均水平来看，投资力度有待加强。

表 6-5　2020 年各省市新基建计划投资统计

省市	项目数量	总投资额	2020 年计划投资
北京	300 个（基础设施、民生改善、高精尖产业项目各 100 个）	/	计划投资 2523 亿元、建安投资 1253 亿元
天津	357 个（工业优势项目 96 个、基础设施项目 112 个、农林生态项目 39 个、社会民生保障项目 47 个、现代服务业项目 63 个）	10025 亿元	2105 亿元
河北	536 个	18833.1 亿元	2410.1 亿元
上海	正式项目 152 项（科技产业类 42 项、社会民生类 25 项、生态文明类 12 项、城市基础设施 57 项、城乡融合与乡村振兴 16 项），预备项目 60 项	/	/
重庆	924 个（分为乡村振兴、基础设施、产业、民生、区域协调五大发展领域）	约 2.7 万亿元	约 3400 亿
山西	248 个（建设项目 170 个，前期项目 78 个）	/	/
四川	700 个	4.4 万亿元	6000 亿元以上
贵州	3357 个（涵盖重大基础设施、重大产业发展和重大民生工程等领域）	/	7262 亿元
江西	2933 个	2.57 万亿元	7700 亿元
山东	321 个（233 个重大建设项目、88 个重大准备项目）	/	/
河南	980 个（涵盖产业转型发展、创新驱动、基础设施、新型城镇化、生态环保、民生和社会事业六大领域）	3.3 万亿元	/
湖南	第一批（105 个），第二批（55 个）	/	/

续表

省市	项目数量	总投资额	2020 年计划投资
广东	1230 个	5.9 万亿元	7000 亿元
海南	105 个	3772 亿元	677 亿元
云南	525 个	5.5 万亿元	4400 亿元
陕西	600 个	3.4 万亿元	/
甘肃	158 个	9958 亿元	1779 亿元
广西	第一批 1132 个	19619.5 亿元	1674.5 亿元
宁夏	80 个	2268 亿元	510 亿元
内蒙古	第一批 193 个	3778 亿元	/
辽宁	100 个（50 个推进加快建设，50 个推进签约落地）	/	/
黑龙江	300 个	8856 亿元	2000 亿元
江苏	240 个	/	5410 亿元
浙江	670 个（交通建设 219 个、生态环保、城市更新和水利工程 261 个、高新技术与产业 190 个）	30489 亿元	4150 亿元
福建	1567 个（在建项目 1257 个、预备项目 310 个）	3.84 万亿元	/
总计	17257 个	约 42 万亿元	约 5.9 万亿元

资料来源：前瞻产业研究院课题组. 新基建起舞——2020 年中国新基建产业报告，2020.

　　但从结构上看，各地区新基建项目以城际高铁、城市轨道交通这种相对传统的新型基础设施建设项目数量占比居前，合计达 57%；大数据中心占比也较高，达 18%，集中在广东及河南、湖南、四川等中西部地区；5G 项目占比为 7%，集中在广东、浙江、江苏等东部地区。如图 6-5 所示。

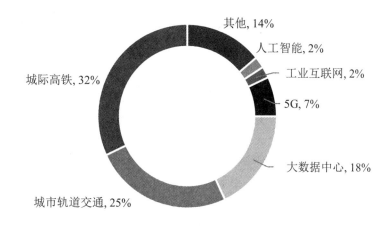

图 6-5　新基建项目比重统计

注：港澳台除外，且黑龙江、吉林、湖北、青海、西藏未有公开数据。

数据来源：赛迪产业大脑。

从城际高铁角度来看，京津冀的发展水平远远落后于长三角和粤港澳大湾区。如表 6-6 所示，2020 年底，京津冀高铁里程为 2288.6 公里，仅为长三角的 38% 左右，高铁网的密度更是落后于长三角和粤港澳地区，分别仅为二者的约 63% 和 48%。

表 6-6　三大城市群高铁里程统计（截至 2020 年底）

地区	高铁里程（公里）	面积（万平方公里）	高铁网密度（公里/万平方公里）	2025 年里程规划（公里）
京津冀	2288.6	21.8	105.0	/
长三角	6008	35.8	167.8	9500
粤港澳大湾区	1232	5.6	220.0	/

数据来源：王帆."十四五"城市群交通图谱：轨道上的京津冀、长三角和粤港澳大湾区要基本建成[N]. 21 世纪经济报道，2021-03-21. 其中，粤港澳大湾区高铁里程为 2019 年末数据。

从城际高铁和城市轨道交通角度来看，与长三角和粤港澳大湾区相比，京津冀的发展水平同样处于相对落后的地位。从开通城市数量和等级看，京津冀仅有三座京津两个省级城市和省会城市石家庄开通地铁，而除了副省级及以上城市已经开通地铁外，长三角和粤港澳大湾区分别有苏州、无锡、温州、徐州、常州、淮安、昆山7个普通地级市和东莞、珠海、佛山3个普通地级市开通地铁。从总运营线路和里程看,京津冀开通33条线路,运营里程为1017公里,与粤港澳大湾区类似,但仅为长三角运营线路和里程的一半左右。在地铁网密度方面,京津冀地区为46.65公里/万平方公里,落后于长三角,仅为粤港澳大湾区的四分之一左右。如表6-7所示。

表6-7 三大城市群地铁里程统计(截至2020年底)

地区	开通地铁城市	总运营里程	运营线路条数	地铁网密度(公里/万平方公里)
京津冀	北京、天津、石家庄	1017	33	46.65
长三角	上海、南京、杭州、苏州、宁波、合肥、无锡、温州、徐州、常州、淮安、昆山	2148.1	60	60.00
粤港澳大湾区(内地9城)	广州、深圳、东莞、珠海、佛山	1028.5	31	185.64

数据来源:王帆."十四五"城市群交通图谱:轨道上的京津冀、长三角和粤港澳大湾区要基本建成[N].21世纪经济报道,2021-03-21.

从数字经济发展总量来看,2020年有13个省市数字经济规模超过1万亿元,包括广东、江苏、山东、浙江、上海、北京、福建、湖北、四川、河南、河北、湖南、安徽等,另有8个省市数字经济规模超过5000亿元,分别为重庆、辽宁、江西、陕西、广西、天津、云南、贵州等。从占比来看,北京、上海数字经济占GDP比重全国领先,分别达到55.9%和55.1%,天津、广东、浙江、福建、江苏、山东、湖北、重庆等省市数字经济占GDP比重均超过全国平均水平。从增速来看,贵州、重庆、福建数字经济增速位列前三名,2020年增速均超过15%,湖南、四川、江西、浙江、广西、安徽、河北、山西等省市数字经济增速超过10%,其余省市数字经济增速在5%—10%之间①。

从5G领域的发展来看,截至2020年底,北京5G基站数量已经超过了3.7万个,基本实现了城区和部分重点业务区的连续覆盖;河北省新建5G基站2.1万个,目前累计达到2.3万个;天津累计建成5G基站2.4万余个。

---

① 数据来源:中国信息通信院课题组.中国数字经济发展白皮书,2021.

从获得中央政策扶持角度来看，京津冀已经成为新基建的政策高地。以科技部支持的国家新一代人工智能创新发展试验区为例，北京 2019 年 2 月最早获得政策支持，天津同样在当年 10 月列入都在支持范围之内，京津冀地区发展人工智能具备良好的政策条件。国家新一代人工智能创新发展试验区省市名单如表 6-8 所示。

表 6-8　国家新一代人工智能创新发展试验区省市名单

试验区名称	获批时间
北京国家新一代人工智能创新发展试验区	2019 年 2 月 20 日
上海国家新一代人工智能创新发展试验区	2019 年 5 月 22 日
天津国家新一代人工智能创新发展试验区	2019 年 10 月 17 日
深圳国家新一代人工智能创新发展试验区	2019 年 10 月 17 日
杭州国家新一代人工智能创新发展试验区	2019 年 10 月 17 日
合肥国家新一代人工智能创新发展试验区	2019 年 10 月 17 日
德清县国家新一代人工智能创新发展试验区	2019 年 11 月 2 日
重庆国家新一代人工智能创新发展试验区	2020 年 1 月 23 日
成都国家新一代人工智能创新发展试验区	2020 年 1 月 23 日
西安国家新一代人工智能创新发展试验区	2020 年 1 月 23 日
济南国家新一代人工智能创新发展试验区	2020 年 1 月 23 日
广州国家新一代人工智能创新发展试验区	2020 年 9 月 3 日
武汉国家新一代人工智能创新发展试验区	2020 年 9 月 3 日
苏州国家新一代人工智能创新发展试验区	2021 年 3 月 24 日
长沙国家新一代人工智能创新发展试验区	2021 年 3 月 24 日

资料来源：笔者整理。

但从本地政策扶持角度看，京津冀地区的政策力度仍然需要加强。表 6-9 展示了各地近期出台的数字孪生城市相关政策。截至 2020 年 10 月，全国有 16 个省市出台了支持数字孪生城市发展的相关政策，涉及京津冀地区的仅有雄安新区一地。

表 6-9　各地数字孪生城市相关政策

序号	地区	时间	政策名称	政策内容
1	上海市	2020.2	《关于进一步加快智慧城市建设的若干意见》	探索建设数字孪生城市，数字化模拟城市全要素生态资源，构建城市智能运行的数字底座

续表

序号	地区	时间	政策名称	政策内容
2	浙江省	2020.4	《浙江省未来社区建设试点工作方案》	提出构建现实和数字孪生社区
3	吉林省	2020.4	《吉林省新基建"761"工程实施方案》	加快边缘计算、数字孪生、NB-IoT（窄带物联网）、人工智能、区块链等技术产业创新应用
4	海南省	2020.8	《智慧海南总体方案（2020—2025年)》	到2025年底，基本建成以"智慧赋能自由港""数字孪生第一省"为标志的智慧海南
5	广东省	2020.10	《广东省推进新型基础设施建设三年实施方案（2020—2022年)》	探索构建"数字孪生城市"实时模型，形成集应用服务中枢、决策分析助手、治理指挥平台、规划专家系统于一体的全要素"数字孪生城市"一网通管系统
6	雄安新区	2018.4	《河北雄安新区规划纲要》	坚持数字城市与现实城市同步规划、同步建设，打造具有深度学习能力、全球领先的数字城市
7	南京江北新区	2019.6	《南京江北新区智慧城市2025规划》	将着力推动城市发展向智能化高级形态迈进，率先建设"全国数字孪生第一城"
8	安徽省合肥市	2019.8	《智慧社区三年行动规划》	到2021年底，数字孪生社区模型平台、社区网格化协同治理平台实现对社区全要素的精细协同管理
9	广东省广州市	2019.12	《关于进一步加快推进我市建筑信息模型（BIM）技术应用的通知》	为进一步加快推进BIM技术在规划、勘察、设计、施工和运营维护全过程的集成应用
10	贵州省贵阳市	2020.1	《数博大道数字孪生城市顶层设计》	到2021年底，从花果园大型社区治理、数博大道等小型城市生态系统上打造数字孪生城市
11	江苏省南京市	2020.4	《南京市数字经济发展三年行动计划》	建设数字孪生城市，以数据资源开放释放"数字红利"
12	福建省厦门市	2020.4	《厦门市推进BIM应用和CIM平台建设工作方案》	扩大BIM报建应用试点，形成项目BIM报建全生命周期覆盖
13	浙江省宁波市	2020.6	《宁波市推进新型基础设施建设行动方案》	促进数字孪生理念在未来社区实体建设中落地应用，重点推广应用BIM和CIM技术

续表

序号	地区	时间	政策名称	政策内容
14	福建省福州市	2020.6	《福州市推进新型基础设施建设行动方案（2020—2022年）》	汇聚地理空间（GIS）、城市与建筑（CIM+BIM）、动态物联网（IoT）、经济社会关系与规则（AI）等数据信息，聚焦重点场景有序建设数字孪生城市
15	四川省成都市	2020.10	《成都市智慧城市建设行动方案（2020—2022）》	融合政府、企业和社会数据，叠加实时感知数据，全要素模拟城市运行状态，打造数字孪生城市

资料来源：中国信息通信研究院课题组. 数字孪生城市白皮书，2020.

从新能源汽车公共充电桩建设领域来看，北京和河北的发展处于全国领先层面，截至 2020 年 2 月，北京和河北公共充电桩数量分别为 60829 和 22740，分别在全国各省市排名第三位和第八位，但天津的公共充电桩发展显著落后于其他地区，未进入前十行列。如图 6-6 所示。

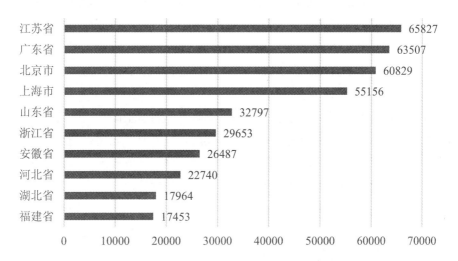

图 6-6　公共充电桩数量前十的省市统计（截至 2020 年 2 月）

资料来源：前瞻产业研究院课题组. 新基建起舞——2020 年中国新基建产业报告，2020.

从大数据发展领域来看，我国大数据企业主要分布在北京、广东、上海、浙江等经济发达省份。受政策环境、人才创新、资金来源等因素影响，北京大数据产业实力雄厚，大数据企业数量约占全国总数的 35%。依托京津冀大数据综合试验区，天津、石家庄、廊坊、张家口、秦皇岛等地大数据产业蓬勃发展，依靠良好的政策基础、科研实力、地理位置和交通优势，分别形成了大数据平台服务和应用开发、数字智能制造、旅游大数据等创新企业集聚中心，在信息产业领域形成了竞争优势。

从整体来看，京津冀区域的新基建发展处于国内相对领先的水平，特别是在政策扶持、大数据、人工智能等领域，但相对于长三角和粤港澳大湾区，在轨道交通、数字孪生城市等若干领域发展相对滞后。

四、加快布局新基建，推动我天津市新旧动能转换

加快新基建落地，是促进当前经济增长、夯实长远发展基础的重要措施，出发点和落脚点都在于推动我国经济转型升级、实现高质量发展。天津市应抢抓机遇，加快布局新基建，推动天津市新旧动能转换，并以此为抓手，进一步助力京津冀协同发展。

第一，做好京津冀地区协同建设的整体谋划，避免重复建设，实现新基建协同布局。要统筹三地的新基建规划等相关政策，在进行顶层设计时加强沟通和协调，进行合理的错位发展和梯度布局，防止造成产能过剩的风险隐患，进而拖累城市本身发展，努力实现 1+1+1>3 的新基建京津冀协同新局面。

第二，超前明确各类建设规范和标准问题。新型基础设施区别于传统基础设施的重要方面在于其承载着海量数据，呈来源多元化、类型多样化的特点，因此，数据接口、数据交换、数据安全、开放模式、产权归属及数据网络安全等不同环节都亟须明确统一的指导规范。

第三，建设形成多元化的建设主体，以政府力量为主导，积极协调社会力量参与。新型基础设施的核心在于技术创新，而我国的大量非国有经济主体，例如一些互联网和高科技企业在这些领域已经有了显著的成就。因此，有必要在扩大新基建过程中，激发民间主体和资本参与的积极性，充分调动民营龙头企业的专业能力、创新能力和市场应变能力，形成"共建、共商、共赢"的合作生态。

第四，科学处理新基建与传统基建以及不同类型新基建之间的关系，实现各个基建范畴之间的协同发展。一方面，通过对传统基础设施的数字化、智能化与网络化改造，拓展传统基建促进经济增长的作用范围并优化

作用机制，提高传统基建的边际报酬或降低其边际报酬递减的速度，进而推动经济的长期包容性增长。另一方面，做好终端需求与新基建的有效衔接，协同推进"新网络"建设、"新设施"建设、"新平台"建设以及"新终端"建设。

五、以打造新能源汽车产业链为突破口，推进新基建布局

国务院办公厅印发《新能源汽车产业发展规划（2021—2035）》和《中华人民共和国国民经济和社会发展第十四个五年规划和 2035 年远景目标纲要》陆续公布，其中新能源汽车作为产业体系新支柱之一成为重点发展产业。目前，天津的新能源充电桩是新基建中一大短板，相对其他领域推动难度较小。天津应紧紧把握以上文件出台的有利契机，在"十四五"期间构建新能源汽车的新型产业生态，以此为突破口，加快新基建布局。

1. 以生态主导型企业为龙头，打造具有国际竞争力的产业集群。一是依托动力电池和信息安全先进制造业集群，构建新能源汽车产学研用联盟。鼓励天津汽车、能源、交通、信息通信等多领域多主体协同发展，发挥力神电池和盟固利等龙头企业、中电十八所和天津大学等科研机构优势，打造电动化、网联化、智能化、共享化的新能源汽车产业网状生态。二是探索开发新能源整车制造生产线的渠道机制，建设完整新能源汽车产业生态，补齐天津品牌的整车制造空白，打造具有竞争力的新能源汽车整车制造品牌。

2. 以关键系统创新应用为牵引，形成开放共享的良好产业生态。一是发挥先进制造研发基地的创新平台作用，集中突破车规级汽车芯片、车载操作系统、新型电子电气架构、高效高密度驱动电机系统等基础技术的开发瓶颈，加快智能网联车应用和无人驾驶测试等新能源汽车应用关键环节的研发速度。二是加强与高水平新能源汽车品牌的合作，巩固与丰田汽车、长城汽车等的既有合作，开拓与北京汽车、比亚迪、宁德时代等国内领先的新能源汽车产业链品牌在整车制造和三电系统研发等关键领域的合作，加快引资引智。

3. 以跨界融合发展为路径，构建协同发展新格局，协同京冀共建产业新生态。一是建设新能源汽车智慧城市，协同京冀两省市能源和交通通信等部门，统一规划和标准，提升智能路网设施建设。完善道路交通和数据

使用等方面的法规，加强互联互通和信息交互，增强自动驾驶与现实应用场景的耦合水平。二是合理布局充换电基础设施，推动京津冀企业联合建立充电设施运营服务平台，实现互联互通、信息共享与统一结算。三是推动京津冀动力电池全价值链发展，完善动力电池多层次多用途的回收利用体系。建立健全动力电池从生产监管到报废退出等各环节的管理制度，加强全生命周期监管。

参考文献

[1] 闫德利. 中美数字经济的差距比较研究[J]. 互联网天地，2020（10）：24-29.

[2] 郭朝先，王嘉琪，刘浩荣. "新基建"赋能中国经济高质量发展的路径研究[J]. 北京工业大学学报（社会科学版），2020（06）：13-21.

[3] 任泽平，熊柴，孙婉莹，等. 中国新基建研究报告[J]. 发展研究，2020，000（004）：4-19.

[4] 编辑部. 新基建，来了！瞭望东方周刊，2020，4.

[5] 王帆. "十四五"城市群交通图谱：轨道上的京津冀、长三角和粤港澳大湾区要基本建成，21世纪经济报道，2021-03-21.

[6] 中国信息通信研究院课题组. 中国数字经济发展白皮书，2021.

[7] 中国信息通信研究院课题组. 数字孪生城市白皮书（2020），2020，12.

[8] 前瞻产业研究院课题组. 新基建起舞—2020年中国新基建产业报告，2020.

第七章　新举措：京津冀的经济韧性和发展活力

摘要：面对百年未有之大变局，经济周期波动、政策调整、疫情蔓延等外部因素冲击不断出现，形成了区域经济良好运行的严峻挑战。在这种背景下，经济韧性和发展活力成为一个区域应对外部剧烈变化的重要法宝。构建具有良好韧性的区域经济体、增强城市发展活力是增强区域经济实力的必然选择，也是实现区域经济高质量发展的重要途径，对防范区域风险，加快区域经济转型具有重要的理论价值和实践意义。本报告首先对城市经济韧性的概念和基本内涵进行了总体阐释，并具体介绍了经济韧性的构成要素和作用机制；其次，研究总结了京津冀城市群的经济韧性发展现状；最后，提出七个方向增强京津冀城市经济韧性和发展活力的举措与建议，即提高强化市场韧性、主体韧性和空间韧性、推进产业韧性发展、把握城市韧性、增加抗风险的增长韧性、紧抓落地型政策韧性。

关键词：经济韧性　风险　京津冀协同发展

一、研究背景

（一）经济韧性的理论背景

伴随着全球化进程的加速，全球经济社会发展环境不断变化，各国经济频繁遭遇各类冲击。经济韧性所思考和研究的正是政府、企业等经济主体应采取什么样的应对策略来有效面对和解决这些冲击与挑战。经济韧性与经济发展水平互相影响，密切相关。在受到外部干扰和冲击之后，经济韧性强的城市可以较快恢复经济的持续发展，而经济韧性差的城市可能会经济下行，甚至衰败。因此，如何通过提升城市的经济韧性，减少冲击带来的消极影响，促进城市和区域经济可持续发展，是世界各国的重大现实挑战。

在经历了一段时间的高速增长之后，中国经济进入了平稳增长的新阶段，也步入了"新常态"攻坚期。在这一时期，经济发展面临趋势性、周期性和结构性因素的共同作用，存在下行压力。因此，"新常态"下抵御外部干扰、稳定经济增长是我国宏观经济有序运行的目标，这就对宏观经济政策的有效性提出了更高的要求。但是随着结构性改革的推进，宏观政策传导机制发生了变化，存在传统宏观政策失灵问题。因此，缓解经济下行压力和应对经济发展阶段的转换需要提高政策工具应对外部冲击的有效性。同时，在国内外环境不确定的情况下，一个国家要实现经济的持久发展，必须构建包容、安全、可持续的韧性城市和城市群以克服城市短板、应对环境的持续变化。国家"十四五"规划首次提出了"建设韧性城市"。对经济韧性方向的研究进行深入探索不仅是完善我国的经济学体系的需要，而且能够为我国改善和创新宏观调控思路和方式方法提供理论依据支撑，具有一定的现实指导意义。

（二）经济韧性的基本内涵

经济韧性是指经济系统应对外来冲击以维持或改善原有经济运行模式的能力，主要包括抵御和吸收冲击的能力、冲击后恢复的速度和程度、调整资源配置和自身结构以适应新的外部环境的能力、新发展路径创造的能力四个维度。经济韧性是在经济系统运行中逐步自我形成的，其强弱受到经济系统内部特征和结构的影响。在中国，经济相对发达并且产业结构多元的东部沿海地区的经济韧性要强于产业结构单一的中西部地区。特别地，新兴产业集聚的区域，比主要产业为资源型或劳动密集型行业的区域，在面对第四次工业革命冲击时，表现出了更强的经济韧性和发展活力。因此，经济韧性在不同因素的冲击下，所体现出的方式与影响有所不同，是城市或区域独立于外部冲击而存在的自身固有能力。

经济韧性一般表现为抵抗力和重构力两种形态。抵抗力是抵御外部冲击的能力，意味着在外部冲击没有切断当前经济运行状态的情况下，随着阶段性、周期性因素的消失，区域经济系统能够通过自我调整恢复到冲击前的经济运行状态和增长速度。重构力是经济运行模式受到重大冲击，特别是市场或政策要素的冲击情况下，区域经济系统重新调整内部资源配置，实现新的增长态势的能力。当前新技术产业革命对我国中西部等地区引发的区域性的市场萎缩和经济增长失速等问题，都是重构力不足的体现。

（三）经济韧性的构成要素

区域经济韧性的构成要素根植于区域经济系统内部，由区域经济系统的内部构成要素所体现，即区域经济系统是经济韧性的物质载体。

区域经济韧性的构成要素包括供给系统和社会系统两个部分。供给系统是产业体系，包括产业技术体系与产业空间体系。前者是区域生产活动中与技术紧密相关联所形成的产业体系，其韧性由资源禀赋、技术水平、产业链条、主导产业等要素所构成。其中，资源禀赋既包括自然资源禀赋等生产要素，还包括人力资源、跨区域流动的金融资本等。技术水平决定了区域产业定位和产品附加值的高低，主要包括科学技术水平、工业技术生产水平等。产业技术水平决定产业链条技术水平，产业链条由上下游不同或相同产业共同组成。主导产业决定产业价值链，并带动相关产业的快速发展。一个区域的产业技术体系附加值低则经济韧性较差，在受到技术变化、外部技术封锁、消费结构变化等冲击时，容易产生企业效益下滑、区域经济增长失速等问题。产业空间体系是指依托于空间网络效应而产生的产业组合形式，具体为在特定地区的产业集聚以及在此基础上所形成的城市空间结构。交通通信等技术的发展克服了空间距离因素对经济活动的约束，减少了交易费用，产业集聚能够更好地实现资源的优化配置和技术溢出效应，提高了产出效率。产业集聚度较高的区域通常有着更好的经济韧性，抵御外部冲击的能力要优于其他空间结构的区域。

社会系统主要包括区域创新体系、社会教育体系、社会文化、环境承载力、空间品质等元素。其中，区域创新体系能够带来先进的产业技术体系，从而在面对外部冲击时能够更好地实现经济的恢复与再生，主要包括研发机构和相关服务机构等。社会教育体系体现区域的人才培养能力，为区域技术创新提供人力资本支撑。社会文化培育区域创新文化和企业家精神等，既孕育优秀的企业家，又通过有效结合风险资本、人力资本、创新资本等，实现技术成果的有效转化。环境承载力体现对人类社会与经济活动支撑能力的限度，对区域的产业发展模式与经济开发方式形成制约，促使区域向可持续发展的经济增长方式转型。空间品质体现出在应对外部冲击时公共基础设施等所发挥出来的作用，以及区域对人才的吸引能力。

总的来说，区域经济系统的内部构成要素包含企业家主体、产业体系、区域空间关系、政策制度等。相对应地,经济韧性可以针对性地划分为市场韧性、主体韧性、空间韧性、产业韧性、城市韧性、增长韧性和政策韧性七大方面。

(四)经济韧性的作用机制

1. 区域经济系统的外部冲击

产生外部冲击的因素主要包括以下几种:

第一,以自然灾害和疫情等突发性公共卫生事件为主的不可抗力因素。自然灾害对农业与工业都会带来影响,疫情等突发公共卫生事件则会对经济社会产生全方位的冲击。

第二,市场要素,包括技术革命带来的产业体系的调整、产业链条的冲击、市场总量变化、需求结构变化等。传统的重化工业体系受到冲击,资源不节约、环境不友好的产业被淘汰,产业体系实现重新调整。经济一体化放大了市场冲击在区域间的传导,从而也就放大了区域之间贸易增长或下降的波动风险。市场总量的变化通常表现为突发性的市场萧条或者市场预期导致产品需求大幅度变化。需求结构变化包括收入增加带来的需求升级,同时也会存在由于新技术更新不及时或者技术壁垒、行政垄断等因素所带来的供需错配的现象。

第三,政策要素,主要包括产业政策和税收、金融、环境等相关生产要素政策。调整产业结构、进一步合理化产业发展需要产业政策的配合,意味着区域产业格局的改变,会对原有被调整产业造成巨大冲击。税收政策的倾斜会造成产业转移;金融政策的变化会改变区域资金的流动性,影响企业经营发展;环境政策会促使企业调整内部资源结构与发展方式。

第四,资源要素,主要包括资源枯竭和资源贸易。随着资源的不断消耗,资源型城市原有的经济发展模式不再适用,城市面临着经济增速放缓、企业负担沉重、失业等一系列问题。资源贸易冲击对于外部资源依存度较高、外向型经济相对发达的区域影响较大,包括资源供应渠道的冲击、区域间贸易冲突、大宗商品价格震荡等。

2. 经济韧性的机制

供给系统是外部冲击的主要部分,也是强化经济韧性的核心力量,是区域经济韧性的核心构成要素。社会系统则为供给系统提供支撑。

第一,供给系统是应对不可抗力冲击的关键要素。一方面,自然灾害对不同的产业结构的影响程度不同。主要产业为第三产业的区域在面对自然灾害时反映出较强的经济韧性，以农业或制造业为主导产业的区域受到影响较大。疫情等突发性公共卫生事件会对交通运输行业、旅游业产生不利影响，但同时也会促进生物制药等行业的发展。另一方面，不同区域灾后重建的速度和恢复程度会受到区域生产力水平、产业技术水平等影响。生产力水平低，空间结构松散的区域韧性较差。

第二，供给系统是受到市场要素冲击的主要对象，也是应对需求变化的核心力量。市场总量的变化在短期内使区域企业的资金流、生产经营状况产生大幅波动，进而对区域经济总量带来冲击。面对这一冲击，产业技术储备、物资储备体系决定了经济韧性的强弱。需求结构的升级影响传统制造业的发展模式，区域产业供给系统能否顺应市场变动及时调整决定了其经济韧性。不符合市场需求、处在生命周期末期的供给体系，经济韧性相对较差。

第三，供给系统是技术变革的直接冲击对象。新技术革命对传统产业造成巨大冲击，制约传统能源、技术、生产方式的生存空间。传统产业的淘汰带来新兴产业的崛起，经济韧性的程度由产业技术创新能力决定。一方面，产业技术创新能力决定了科技成果转化的可能性，决定着朝阳产业能否转化为经济增长来源；另一方面，产业技术创新能力较强的区域能够更好地拓宽产业转型路径，在新的产业环境中创造发展机会。

第四，供给系统是政策要素的直接冲击对象，也是应对政策冲击的物质基础。产业政策和相关生产要素等政策变动会使区域产业发展方向随之调整。建立现代化的产业技术体系，紧密融合科技创新与产业技术，才能从根本上抵御外部政策风险。而核心技术、关键零部件受到牵制的区域，应对冲击的经济韧性较差。

第五，社会系统是供给系统的坚实支撑。其中，区域创新组织系统是融合和衔接产业体系和科技创新的动力源泉。社会教育体系培育人力资本，以前瞻性和配套性的政策等吸引人才，发挥人才的创新能力，决定产业技术能力。多元包容的社会文化形成企业家精神，加快技术成果的有效转化。创新文化培育优秀企业家，扩大技术的溢出效应。因此，社会系统内部各要素的共同作用，为产业技术创新提供了良好的外部环境。

二、京津冀经济韧性的基本现状

（一）中国经济韧性的总体情况

从中国整体城市韧性的发展趋势上来看，整体城市韧性呈持续增长的态势，但不同地区的经济韧性在增速与趋势上存在差异。京津冀韧性增速下降，长三角处于韧性增长黄金时期，珠三角增速增加明显，三大城市群韧性差距愈增（朱金鹤、孙红雪，2020）。从目前对经济韧性的测算来看，主要分为三个阶段：第一，2007年即金融危机前，一方面，山东、江苏等城市群核心城市的人口快速向城市集聚为经济持续增长提供了充足动力，对外开放的进一步推进使得沿海城市拥有更多发展机会，有利于提高城市韧性。另一方面，京津冀和珠三角地区由于2002年"非典"的偶发使城市社会系统受害，经济韧性锐减。第二，2007—2010年全球金融危机冲击下，由于短期内石化、钢铁等产业受影响较小，辽中南等以重化工业为主要产业的城市表现出了较强的经济韧性（彭荣熙、刘涛、曹广忠，2021）。但以出口导向为主的珠三角由于全球市场需求疲软，经济发展受到限制。由于存在总部优势，京津冀地区受到金融危机的影响较小。第三，2011年之后中国产业结构调整升级加速。以重工业为主的辽宁及河北城市普遍表现出了较低的经济韧性。受益于第三产业的快速发展，长三角城市韧性处于持续增长趋势。京津冀城市群中，北京和天津的虹吸效应使京津两极和周边城市经济发展的差距过大，经济韧性差距加大，进一步使城市群整体经济韧性增速放缓。

（二）京津冀经济韧性的基本情况

京津冀地区城市经济韧性近年来整体上呈现波动上升的态势。其中，北京、天津和唐山的城市韧性度增长较大（马德彬、沈正平，2021）。京津冀城市群内各城市的韧性水平存在明显空间差异，总体上表现为"以京津为核心，中部高南北低"的空间分布特征，城市韧性差距表现出"先增后减"的特征（刘玲、赵松岭、杨欣玥、刘艳，2020）。

城市间不均衡发展是京津冀城市经济韧性内部差异的主要来源，京津两城虹吸效应较强，对周边城市的辐射能力则相对不足，因此形成了较明显的双核心地位。2014年提出了京津冀协同发展战略，京津两城对周边城市的辐射和带动能力逐渐增强，"涓滴效应"开始体现，京津冀地区各城市的经济韧性有不同程度的提高，城市间的差距也逐渐缩小。

（三）京津冀经济韧性的现状调研分析——以天津民营经济为例

"十四五"时期，天津经济社会发展的外部环境面临较大不确定性，经济下行压力不断增大，特别是 2020 年以来，新冠肺炎疫情给天津经济带来前所未有的冲击，民营经济尤为困难。民营经济是经济增长的助推器、是"六稳六保"的主力军，是高质量发展的强心剂，是增强城市经济韧性和发展活力的关键，加强民营企业育新机、强信心、稳预期刻不容缓。学者普遍认为民营企业在面对挑战的同时也迎来发展机遇，其中政府大有可为。吴金明（2020）强调应通过化危为机、落实政策、落地新基建、促园区转型实现企业的稳定预期。龙丽佳（2020）、汤继强（2020）、刘尚希（2019）认为政府应进一步发挥减税降费稳预期的作用。天津市委市政府在非常时期行非常之策，在财税、社保、融资等方面出台了有力措施，极大地提高了应对风险的经济韧性，增强了民营企业的发展活力。"十四五"时期，为更好地促进天津市民营企业育新机、强信心、稳预期，增强城市经济韧性和发展活力，本报告课题组于 2020 年 8 月至 9 月间对 355 家民营企业发展活力和机遇的现状与问题进行了问卷调研和实地走访，考察天津民营经济应对风险的经济韧性。

1. 调研问卷的基本情况

从地域来看，被调研企业中 75.99% 来自天津，24.01% 来自其他省份。从企业性质来看，民营企业占 84.75%，国有企业占 13.28%，集体所有制企业占 1.98%。从企业营收规模来看，营业收入 1000 万元以上的企业占到 49.44%，500—1000 万元的占到 9.04%，100—500 万元的占到 16.10%，50—100 万元的占到 8.76%，50 万元以下的占到 16.67%。从就业人数来看，雇员人数 50 人以下的占到 53.95%，51—500 人的占到 32.48%，500 人以上的企业占到 13.56%。本次调研主要覆盖第二产业和第三产业，其中包含三类主要产业形态：第一类是体现前沿导向的战略新兴行业，信息服务业占到 13.56%，材料行业占 2.26%，卫生保健与医疗服务占 5.65%；第二类是体现规模导向的基础性行业，建筑材料与房地产占 10.45%，机械装备占 9.89%，运输服务占 5.08%，能源行业和化工行业占 6.22%；第三类是体现就业导向的服务性行业，金融业占 4.8%，公共事业占 3.11%，旅游酒店与消费品行业占 5.65%，企业服务/造纸印刷占 4.52%。具体情况如表 7-1 所示。

表 7-1 调研问卷的基本情况

省份	天津	75.99%	企业营业收入	50 万元以下	16.67%
	其他	24.01%		50—100 万元	8.76%
企业性质	国有企业	13.28%		100—500 万元	16.10%
	集体所有制企业	1.98%		500—1000 万元	9.04%
	联营企业	1.98%		1000 万元以上	49.44%
	三资企业	3.67%	企业雇佣员工数量	1—50 人	53.95%
	私营企业	79.10%		51—100 人	17.23%
产业分类	第二产业	50%		101—500 人	15.25%
	第三产业	50%		500 人以上	13.56%

2. 天津民营企业经济韧性的现状与问题

（1）民营企业对宏观形势的预期总体持平，远期预期要优于近期预期，民营企业的经济韧性强于国有企业

对近期经济形势的预期中，一半的企业认为走势一般，近三成企业认为走势不佳，近二成企业认为走势良好。而对远期的预期中，48%的企业认为走势一般，预期良好的企业达到35%，认为走势不佳的降为17%。这说明企业的远期预期优于近期预期，对未来宏观运行和行业形势较有信心。如表 7-2 所示。

天津民营企业对未来宏观运行和行业形势的预期总体抱持平态度。其中预期良好的企业中，民营企业占到 83.87%，远远高于国有企业的比例。预期良好的行业主要分布于能源、机械设备等规模较大的基础性行业以及旅游酒店、批发零售等热度逐渐回升的服务行业；而预期不乐观的主要有两类：一类是与市场消费密切相关的消费品行业；另一类是政府调控下的建筑材料与房地产行业。

表 7-2 企业对宏观运行和行业形势的预判

		良好	一般	不佳
近期预期	宏观运行	19.21%	52.26%	28.53%
	行业形势	24.01%	50.28%	25.71%
远期预期	宏观运行	34.75%	48.59%	16.67%
	行业形势	33.62%	46.61%	19.77%

（2）民营企业对增长潜力的预期总体下降，发展活力不足

民营企业当前盈利水平下降明显，如表 7-3 所示。70% 的企业本季度盈利与 2019 年同期相比有所下降，16% 的企业持平，14% 的企业有所增加。就企业未来盈利预期而言，40% 的企业预期减少，35% 的企业盈利预期增加，25% 的企业盈利预期持平。虽然大部分企业的盈利预期是减少，但是盈利预期要比盈利现实乐观。盈利预期增加的企业主要是机械设备、卫生保健与医疗行业、媒体与信息行业等战略新兴类行业，且经营规模以 100 万元—500 万元的企业和 1000 万元以上的企业为主。企业用工规模、生产经营规模和整体经营状况的预期以持平为主。

表 7-3　企业对自身盈利、用工、经营等方面的预期

类型	预期时间	增加	持平	减少
企业盈利情况	与同期相比	14.69%	18.36%	66.95%
	未来预期	33.62%	25.42%	40.96%
企业用工规模	与同期相比	13.84%	48.87%	37.29%
	未来预期	30.51%	45.20%	24.29%
企业生产经营成本	未来预期	52.82%	27.68%	19.49%
企业生产经营规模	未来预期	34.46%	49.72%	15.82%
企业经营状况	上半年	20.62%	35.59%	43.79%
	下半年	34.18%	47.74%	18.08%

（3）落地型政策机遇对经济韧性的影响要强于顶端型政策机遇，然而民企对政策机遇的掌握程度和获取渠道亟待提升

落地型政策机遇是民营企业最重视的机遇类型，其中减税降费的惠企政策超过 80%，服务导向的政府转型约占 50%。一方面，国有企业对服务导向的政府转型等软性环境更加重视，而民营企业更加重视减税降费等实质性的降成本政策。另一方面，以国家战略为导向的顶端机遇对民企影响有限，如以新型基建为主的顶端机遇只占 20%。

除了政策机遇外，民营企业较为重视的机遇类型还包括市场环境机遇和空间机遇。其中市场环境机遇主要是保障民营企业有效获取要素和服务的环境，包括富有活力的创新平台（37.27%）、健全完善的法律制度（32.2%）、便捷多样的融资渠道（34.46%）、竞争有序的市场体系（38.7%）等。空间发展机遇帮助民营企业更好降低流通成本，拓展空间范围，以互

联互通的物流建设（27.68%）和协同发展的区域合作（33.33%）为主。

但是在政策性机遇的把握中，70%以上的民企认为对政府出台的各项惠企政策了解一般；不了解的占15%；了如指掌的企业占15%。在获取渠道中，62%的企业通过新闻媒体获取政府政策信息；53%的企业通过政府官网获取信息；39%的企业通过线下宣讲获取信息；其他方式占16%。在对政府政策了如指掌的企业中，天津的企业要高于其他省份的企业，且获取渠道分布中，72%的企业是从政府官网中获取。而对政府政策不熟悉的企业中，天津占比60%，其他地区占40%，这类企业主要关注新闻媒体，较少关注政府官网。

（4）民企发展活力受到内外部风险"双向挤压"，主要风险环节呈现从供给侧转向需求侧、从政府干预走向市场制约的趋势

被调研企业的活力主要受到内外部风险影响，断供和滞销并存。内部风险排序为：企业负担过重（53.11%）、生产成本高昂（48.59%）、可用资金短缺（34.75%）、专业人才匮乏（33.9%）、环保压力过大（23.45%）、创新能力较弱（23.16%）、组织管理低效（21.75%）。不同性质的企业对内部风险的认知不同，国有企业的内部风险主要聚焦在企业负担过重（54.17%）、组织管理低效（45.83%）和创新能力较弱（43.75%）；民营企业则是企业负担重（53.21%）、生产成本高昂（51.07%）和市场销售不畅（39.64%）。不同规模的企业对内部各类风险的敏感程度也不同。规模越大的企业，对企业负担、组织管理、创新能力的风险压力更大；规模中等的企业对生产成本、环保压力和可用资金的风险压力更大；规模较小的小微企业对产品销售、生产成本、可用资金的风险压力更大。

市场环境不优是各类企业外部风险的主要方面，占到总问卷的71%。国有企业对市场环境不优的感知要强于民营企业，其中国有企业占85.42%，民营企业占68.57%。消费需求不足排第二位。这说明市场因素是当前外部风险的主要来源，成为企业面临的主要挑战。规模越大的企业对市场环境不优的判断更强烈，而规模越小的企业对消费需求不足的认识越强烈。对外贸易受阻是三资企业最大的外部风险，占比61.54%。这一因素在101—500人和500—1000万元的规模企业中也占有较大份额，这类规模的企业通常人员密集度大、固定成本高、进出口占比高、产业链依赖国际市场强度高。

　　此外，在其他因素中，政府干预过多和基础设施制约等政府干预性因素都不是主要的外部风险，前者占比约为20%，低于预期；后者占比为10%左右，不是主要的外部风险。

　　（5）围绕供应链生态的行业间系统性风险对民企的发展活力冲击较大，民企与供应链上下游的纵向拓展和同行企业的横向合作是增强经济韧性的重要基础

　　供应链中断导致的产能下降将直接带来企业亏损和现金流危机。如果上下游配套企业距离较远或关系较弱，没有形成良好的供应链生态，那么交通成本、人力成本、政策成本等都将高企，则面临风险时企业的脆弱性就凸显。本调研显示，72.32%的企业认为与上下游企业或客户建立良好关系是稳固信心的最重要因素；43.79%的企业认为与同行其他企业建立的良好关系有助于降低风险；40.96%的企业认为能够有效进行财务管理和成本控制、30.51%的企业认为对市场变化迅速反应对防范风险、稳固信心十分重要。其中规模越大的企业，越倾向于与上下游企业、金融机构建立良好的合作关系，而规模越小的企业越倾向于与媒体、公众和同行其他企业建立良好关系。如表7-4所示。

　　从企业性质来看，民营企业更倾向于与上下游企业建立更好的关系，同时设计有吸引力的产品和营造良好的办公环境等硬件也十分重要。而国有企业和集体企业更倾向于与上下游企业、金融机构、同行其他企业建立良好合作关系，且引进技术人才和管理人才等软件发挥了重要作用。

表 7-4　影响企业活力和预期的主要因素

影响因素	占比
与上下游企业或客户建立了良好关系	72.32%
与同行其他企业建立了良好关系	43.79%
能够有效进行财务管理和成本控制	40.96%
创造了适宜工作的办公环境	30.51%
能够有效防范风险，对于市场变化迅速反应	30.51%
开发了具有吸引力的产品和服务	29.94%
建立了合理高效的员工激励及晋升机制	26.55%
具备良好的信息化办公条件和信息管理系统	25.99%
引进了技术人才和管理人才	25.42%
与金融机构建立了长期合作关系	23.45%
与公众媒体建立了良好关系	14.12%

（6）民企更侧重需求侧导向，亟待更好地从供给侧发力以增强经济韧性

突发事件对企业家自身经营管理能力提出了更大的挑战。在企业家抗风险的经济韧性测评中，社会责任感、抗压能力和市场预判能力是企业家经济韧性最重要的支撑。其中具有社会责任感和诚信意识排在首位；抗压能力占 53.11%排在第二位；对突发事件的有效反应和对经营风险的预判分别占 46.05%，排在第三位；具备现代企业家所对应的领导技能占 18.36%，排在第四位。其中国有企业更侧重于对压力的承受和责任感；民营企业更侧重对市场的灵敏反应。大中型企业更看重诚信与责任感、抗压能力和风险预判等；而小微企业更重视承受压力和对市场的灵敏反应。从这些数据可以看出，突发事件风险对企业家群体已经形成了较大的压力，抗压以及相关的能力成为企业家最重要的自我认知。

本调研显示 16.95%的 50 人以下的企业将关闭，而企业家也在积极对未来企业预作调整，调整方向围绕效率提高、市场拓展和战略优化三个方面。营业收入在 500 万元以下的企业侧重在市场渠道上下功夫；而 500 万元以上的企业则更注重调整战略、优化流程和降低成本并行。国有企业更加强调供给侧的改革，主要包括提高效率和降低成本，而民营企业更侧重需求侧的改革，包括调整市场战略和拓展营销渠道。

（7）财政资金补贴仍然是各类企业最期待的韧性增强措施，企业自身的市场化活力不足

各类企业最期待的韧性增强措施包括制度、公共服务、要素投入、市场等方面。以财政资金补贴为主的制度性措施仍然是各类企业遇到风险时的定心丸，期待财政资金补贴的企业占比为 74.58%。此外，企业对其他加强经济韧性的政策排序为：市场体制完善占 49.15%，过渡性支持政策占 48.87%，公共服务保障占 46.89%，融资渠道疏通占 42.66%，物价水平稳定政策占 41.81%。小微企业更期待物价稳定政策，从而保证成本稳定和用工稳定，规模中等的企业侧重于公共服务保障，而规模较大的企业侧重于过渡性政策支持、市场体制的完善和公共服务的保障，这主要与这类企业的人才稳定需求相关。民营企业更侧重制度、市场和公共服务措施，而国有企业更侧重制度和公共服务措施。

三、加强京津冀经济韧性和发展活力的对策建议

"十四五"时期，加强京津冀经济韧性和发展活力应立足市场韧性、主体韧性、空间韧性、产业韧性、城市韧性、增长韧性、政策韧性等七大方面，在如下七个方面的发力，即促进消费活力，巩固企业家活力，加快市场活力，加强产业活力，提升城市活力，优化增长活力，完善制度活力。

（一）提高市场韧性，促进消费活力

全域协同，打通京津冀消费市场阻隔。拓展市场渠道，实现区域消费一体化大市场。积极引导京冀人口进入天津消费，推动文化旅游惠民季、车友自驾游等主题活动的策划，推动一体化的文化旅游消费市场形成。

全市联动，优化大循环的需求形态。围绕宅经济、夜经济、它经济等一系列新兴需求，积极抢占在线娱乐、在线医疗、在线教育等全国市场，加快供给侧发力步伐。

全民惠享，确保大循环的渠道稳健。降低企业渠道风险，鼓励消费金融、消费信贷；推动发放购物卡、消费券、惠企折扣等。对具有较大市场需求的产业，如以汽车以旧换新、汽车下乡等多种方式，加强消费引导的力度。

全程督导，完善大循环的监管方式。根据民营企业行业属性、产业特点、经济规模、发展趋势等进行分类监管、全程督导、精准实施，保障惠民惠享政策的有效落实。

（二）加强主体韧性，提升企业家活力

推动企业家优化预期调整。围绕效率提高、市场拓展和战略优化三个方向，优化管理流程，提升管理效率；推进营销创新，拓宽市场渠道；调整发展战略，重设市场定位；强化财务管理，降低经营成本；改善决策流程，提升决策效率。

打造企业家的诚信和社会责任。企业家扎实落实对员工的责任、对股东的责任和对公众的责任，实现企业经济责任、社会责任和环境责任的动态平衡，树立企业良好的声誉和形象，获得利益相关者对企业的支持。

切实降低企业负担，减少企业家压力。积极发挥减税降费等政策的逆周期作用，加快落实天津市的减税、减租、减息、续贷、补贴等普惠性扶持政策，鼓励金融创新的政策以及针对特定行业发展的引导性政策。抓紧

研究适当减轻企业社保负担和用工负担的管理条例。

发挥舆论导向作用,提高企业家信心。将经济新闻报告作为宏观政策工具,积极发挥新闻媒体在稳预期中的作用。从主题、案例、表现形式、趋势等方面传播经济修复的正能量和积极信号,加强企业家对未来的信心。在地铁、高铁、公交等移动渠道,在新媒体、智慧媒体等渠道宣传政府支持帮扶企业家的举措和决心,凝聚正能量,提高企业家信心。

(三)强化空间韧性,加快市场活力

深入推动京津冀城市韧性与经济发展水平协调发展。针对京津冀城市群的城市韧性与经济发展水平空间集聚效应较弱等问题,要充分发挥政府战略引导和宏观调控,明确战略目标,多措并举推进京津冀城市各方面协调发展,提高空间合作与集聚能力。大力促进经济协调发展,改善京津冀经济非均衡空间格局,要继续实施区域协调发展战略,推进京津冀经济一体化建设。河北各市要充分利用扶持政策,发挥自身比较优势,积极做好京津地区产业承接。同时,要加快京津冀基本公共服务均等化发展,促进经济要素的自由流动,着力优化区域基础建设布局,为经济发展与城市建设提供更加优越的发展环境。

增强区域资本修复,修复资本利润率。利用京津冀协同发展空间机遇,培育一批从市场中拼杀出来具有风险意识的民营企业。加强资本的有效利用,优化产品成本结构,推动实施极限式财务管控。鼓励企业建立高风险阶段的保守型运营和全周期管理,优化资本利润率、债务比例、偿债结构和回款周期,对抗经济风险。

加快企业劳动修复,对抗劳动成本风险。通过区域协同等多种方式,联合加强劳动者就业培训,提升劳动者技能。健全协调的劳资关系,保障最低工资标准和劳动者基础设施。保障物价稳定,对抗物价上涨对房租、劳动力上涨等间接影响。

推动产品修复,加强企业经济风险控制能力建设。创新商业模式,加快产品设计调整,提高企业灵活应变的柔性应对战略和经济韧性。对企业生产、经营和管理等流程进行系统完善,保障复杂环境中企业的应急处置能力和隐患排查能力。

(四)促进产业韧性,加强产业活力

以集群式发展,打造有韧性的供应链生态体系。着力推进要素整合、

平台聚合、串珠成链、连树成林，加快延链、串链、补链、强链步伐，辐射培育更多集群成长。积极引导研发、设计、检测、物流、金融等生产性服务机构和中介机构进入产业生态，形成完整、立体、模块化的产业形态配套能力和配套密度，建立更有弹性的供应链，增强产业链应对外部冲击的韧性。

以产业共同体为纽带，建立企业与上下游企业、客户、同行、媒体、社会机构、民众、合作的沟通磋商机制，针对不同规模、不同性质企业的诉求差异，重点保障产业生态体系中各主体单元的密切合作。打造上下游、企业和政府的铁三角关系，合作对象多元化，确保产业链、供应链的稳定。把握技术经济新范式的内在要求和发展趋势，构建具有开放型创新网络和创新产业的组织模式和组织机制。一个具有韧性的经济系统，其产业技术体系的主要方向为互联网、物联网、生物制药、机器人技术、人工智能、3D打印、新型材料等新兴产业，这些产业未来的多点突破和相互融合互动将推动形成全新的产业形态和模式。同时，在新产业链的建设过程中，一方面，要尊重市场对资源配置的决定作用，政府因势利导，顺势而为，而不能忽视自身局限条件，直接干预市场；另一方面，要充分利用信息化手段降低交易费用，为企业及时调整新产品、新技术方向创造优质的支撑条件。

增强空间协同，加快供应链与创新链、产业链的深度融合。以打造产业名片为基础，高标准、高质量推进三链融合，依托京津的科技和人才资源优势，加快共建科技园区、创新基地、转化基金、创新联盟、技术市场等。以战略性新兴产业为抓手，加快智能科技、生物医药、高端装备制造、新能源新材料等方向的研究开发、转化落地与盈利生成，加快创新链、产业链与供应链的内嵌融合。优化产业结构践行高质量发展理念，加大科技创新投资力度，推动高新技术产业发展，抓牢经济发展的活力和潜力，为地区经济发展注入活力。加快产业结构优化升级脚步，为地区经济发展提供多元化动力。借助现代科技发展企业，促进信息化与产业深度融合，推动产业发展更加专业化、技术化，提高自身竞争力，增强抵御外界冲击的能力。多元化发展产业，分散遭受外部冲击时可能产生的风险，提高地区经济韧性。产业多样化与专业化结合，形成良好的产业结构，降低地区对外界冲击反应的敏感性，增强地区经济韧性。

"以城引人，以人引业"，助推产业结构转型。推动人才从流入到留住，加快以城引人。重点针对京津冀外地高质量人才、在读大学生、投资者、游客等设计多层次的舒适型城市宣传体系。加大对舒适型城市宣传语、城市歌曲、城市坐标、城市标识等的统一性。在已有人才制度的实施过程中加强舒适型城市理念的传播。积极推进产业结构与舒适型城市职能有机结合，实现城市核心区域的职能类型、服务层次、舒适体验与其他区域及周边城镇的合理分布，形成吸纳优质资源，提高产业品质的合理布局。处理好二、三产业的关系。依托京津冀大规模的生产性企业，加快职住环境、配套公共服务等建设。围绕京津冀发展高端服务业的诉求，重点引进现代金融、现代物流等生产性服务业，时尚品牌、旅游、社区服务等生活性服务业，文化创意、服装设计、保健养护等新兴服务业，为京津冀打造创新型、高端型的现代服务业提供城市建设、人才对接、技术支持的舒适配套条件。

（五）把握城市韧性，提升城市活力

牢固树立韧性城市理念，积极建设"韧性京津冀"在城市规划、建设与管理中，要加强城市公共安全规划，强化互助合作，构建一体化城市群发展机制，缩小区域间城市韧性空间差距。建立多层次的防灾减灾应急管理体制，加强经济、社会、生态、基础设施等城市子系统的交叉配合，通过资源高效整合以实现效率最优。积极引进相关人才，加大人才培养力度，提高全社会城市建设管理创新能力，明确城市建设管理各部门分工，建立有效的沟通方式。

以舒适型城市作为增强城市活力的重要抓手。借鉴荷兰 20 项指标的评价体系和美国 333 个大都市区的舒适型城市评价，融合城市生活质量指数和营商环境指数，形成京津冀舒适型城市发展规划，重点放在：城市环境与空间形态、基础设施的体验需求、职住便利化、消费与游憩氛围、城市生活成本与质量、营商环境、生态环境治理等方面。在战略规划的引领下，有效结合京津冀本土居民需求，将"京津冀居民城市舒适性需求调查"作为专项规划方案制定的基础，着眼于京津冀的城市景观、历史街道等进行统一规划设计。建议以舒适性作为规划依据，选择 1—2 个样本区域进行优先试点，重点对公共服务设施、游憩资源配套、消费环境提升等进行专项规划。

构建与世界级城市群相适应的基础设施舒适性。优化和提升现有城际交通系统，形成便捷、高效、互联互通的综合交通网络。将现有京津城际转变成通勤交通运营模式，降低票价，减少居民通勤成本。率先推动第二条京津城际轨道交通的"公交化"运营。实现随时购票、随时进站、随时上车，加快手机支付与刷卡的应用，提升居民体验的舒适性。加快京津冀城市间高等级公路对接，尽快形成覆盖京津冀地区的城市公路客运 3 小时经济圈。利用京津冀协同发展五周年之际，推出"京津冀无障碍通行"纪念活动，撤销市界的收费站点，实现区域内高速公路联网收费。优化市内交通早晚高峰的出行体验，在红绿灯、直行和转向、交汇道路、车辆礼让行人等方面进行优化设计。

以街道和社区为重要载体，打造社会生活的舒适性。以市内的商业街区为重点，打造商业繁荣与商业魅力并存的街道舒适性。围绕中心街区复兴、历史街区开发等进行重点设计与建设，强调各街区独特风格与特色主题的打造。加快街区的消费职能开发，实现日间经济和夜间经济的商业联动与一体化运营。

以人的生活、出行、运动、休闲、娱乐等需求为重点，打造生活与游憩并行的社区舒适性。加大已有社区的修复与改造。完善社区在社会、文化、体育、户外休闲等方面的设施配套。深度了解社区居民的生活需求，提高在社区规划、户外空间、居住社会心理、社区组织与管理等方面的舒适体验。加强大数据在舒适型城市建设中的应用示范。加快形成舒适型城市数据挖掘的全国引领。率先建设与开发舒适型城市的数据库、云平台、社会计算平台、人工智能系统等，加快舒适型城市数据积累，提升大数据对京津冀舒适型城市建设的指导性。通过数据挖掘实现舒适型城市的数据应用。结合乡村振兴、城市高质量发展、雄安新区与京津冀协同发展等主题，加快研究建立适合京津冀城乡居民需求，符合京津冀现阶段特点的舒适型城市具体指导方案。加快市内各区之间在舒适型城市建设与开发一体化上的协调，在城市舒适度的社区边界、区域改造、共享设施建设等方面签订有条件共享合约，加快舒适型城市建设中协调治理的步伐。

（六）提高抗风险的增长韧性，增强增长活力

以增强经济增长动力为抓手，将扩面型增长、补短型增长、升级型增长和育良型增长相结合，持续提升经济体系质量。加快经济扩面与就业增长，保住经济增长基本面。加快经济短板补充，在关键核心技术攻关和新动能培育方面补短板，在实体经济有效投资领域补短板，在现代服务业和民生急需领域补短板，在优化营商环境等制度供给方面补短板。促进传统企业转型升级，以智能科技、大数据、大网络为导向，鼓励"智能化改造""机器换人""企业上云"。加快育良鼎新，抢抓新基建的机遇，优化站点布局与场景应用，建设低时延、高速率、广覆盖、可定制的新一代互联网内外网络，聚焦新型智慧城市等方向，形成有规模效应的应用。

完善经济风险的预警信号与指标体系，变事后救援为事前预防。针对外贸、生态、科技、产业和非传统安全等因素引起的经济风险，建立系统的经济风险预警体系，设立不同的预警级别、风险地图、自动识别和主动提醒等。明确不同风险级别下经济韧性作用的步骤、方式方法、制度保障等，提高突发公共事件报告的及时率、规范处置率和应急处理水平。构建统一指挥、专常兼备、反应灵敏、上下联动、平战结合的经济风险应急管理机制。建立企业内部经济风险的预警机制，明确企业内部的风险管理归口部门。

（七）紧抓落地型政策韧性，完善制度活力

推动政策的网格化下沉，抓好抗风险政策的落实度，加快政策推广的速度。建设一批政策推广的阵地，形成重要政策宣传栏、电子屏、新闻特色节目和宣传点位相结合的推广体系；树立一批政策推广的标杆部门，表彰政策落实卓有成效的示范区、示范部门、示范园区、示范村镇等；举办一批政策推广的活动，积极开展政策进园区、进企业、进机关、进网络的"四进"活动；创建一批政策推广的渠道，形成政府官网、新闻媒体、主流新媒体、线下等多种渠道并行推广。

加快多主体的协作互补，形成政策落实的合力。强化政策"谁发布、谁落实"，强化主体责任。在政策发布部门和与企业联系密切的部门之间建立高效的政策协同实施机制，保证政策发布和政策推广之间的实施联动。鼓励各类商会、行会等社会中介组织积极发挥信息联通和制度协调的桥梁作用，协助政府主管部门做好政策宣传工作。

加强政策评估，重视政策实施的实效。提高减税、减租、减息、续贷、补贴等普惠性扶持政策的覆盖面、作用力和溢出度的评估。将政策的推广力度、作用时效与企业真实需求相匹配，加强对政策实施效果的及时评估

和政策满意度的评估。

通过体制补短板，建立现代治理体系市场机制是增强经济韧性的根本体制安排，推进市场配置资源范围和功能的拓展是增强经济韧性的关键；防风险是增强经济韧性的关键性考核指标。增强经济韧性必须通过强调防范风险累积指标才能推动体制转型。借债发展等惯性思维会直接摧毁增强经济韧性的体制新安排；监管中立性和制度性是增强经济韧性最需补的短板。应加大改善营商环境，用法律法规保障民营企业及其他各类市场主体透明、公平、稳定的营商环境。建立市场准入黑名单，扫除可能会影响良好营商环境的障碍，降低准入门槛，引导和鼓励民营企业进入社会各领域发展。推进政府各职能部门职责优化，加强部门联动，提高服务效率，降低民营企业运行成本。各地政府应加强监管、简政放权，激发市场主体活力，促进地区经济多元发展，以提高地区经济韧性水平。

参考文献

[1] 孙久文，孙翔宇. 区域经济韧性研究进展和在中国应用的探索[J]. 经济地理，2017，37（10）：1-9.

[2] 苏杭. 经济韧性问题研究进展[J]. 经济学动态，2015（08）：144-151.

[3] 冯苑，聂长飞，张东. 中国城市群经济韧性的测度与分析——基于经济韧性的shift-share分解[J]. 上海经济研究，2020（05）：60-72.

[4] 陈奕玮，丁关良. 中国地级市城市经济韧性的测度[J]. 统计与决策，2020，36（21）：102-106.

[5] 谭俊涛，赵宏波，刘文新，张平宇，仇方道. 中国区域经济韧性特征与影响因素分析[J]. 地理科学，2020，40（02）：173-181.

[6] 马德彬，沈正平. 城市韧性与经济发展水平耦合协调研究——以京津冀城市群为例[J]. 资源开发与市场，2021（6）：1-13.

[7] 张平，张自然，袁富华. 高质量增长与增强经济韧性的国际比较和体制安排[J]. 社会科学战线，2019（08）：77-85.

[8] 曾冰. 金融危机背景下我国省域经济韧性的影响因素研究[J]. 金融理论与教学，2018（04）：78-82+93.

[9] 曾冰，张艳. 区域经济韧性概念内涵及其研究进展评述[J]. 经济问

题探索，2018（01）：176-182.

[10] 张振，赵儒煜. 区域经济韧性的理论探讨[J]. 经济体制改革，2021（03）：47-52.

[11] 叶堂林，李国梁，梁新若. 社会资本能有效提升区域经济韧性吗?——来自我国东部三大城市群的实证分析[J]. 经济问题探索，2021（05）：84-94.

[12] 徐圆，张林玲. 中国城市的经济韧性及由来：产业结构多样化视角[J]. 财贸经济，2019，40（07）：110-126.

[13] 吴金明. 稳预期，持续激发经济发展韧性[J]. 新湘评论，2020，（09）：21-23.

[14] 龙丽佳. "六稳"背景下减税降费理论分析[J]. 税收经济研究，2020，25（03）：19-24.

[15] 汤继强. 减税降费有效助力稳预期[N]. 经济日报，2020-01-09（003）.

[16] 刘尚希. 减税降费要着力发挥好引导预期的作用[J]. 山东经济战略研究，2019（10）：35-37.

[17] 朱金鹤，孙红雪. 中国三大城市群城市韧性时空演进与影响因素研究[J]. 软科学，2020，34（02）：72-79.

[18] 彭荣熙，刘涛，曹广忠. 中国东部沿海地区城市经济韧性的空间差异及其产业结构解释[J]. 地理研究，2021，40（06）：1732-1748.

[19] 刘玲，赵松岭，杨欣玥，刘艳. 京津冀城市韧性时空分异格局及影响因素研究[J]. 石家庄学院学报，2020，22（06）：53-60.

第八章　新格局：国际经济发展态势与京津冀协同发展

摘要： 当前阶段，经济增速缓慢、多极化格局明显、全球贸易大幅萎缩以及结构性问题突出给国际经济带来不确定性。而疫情助推数字经济蓬勃发展，加速产业结构重构，全球对绿色发展的共识也达到新高度。对京津冀而言，一方面，错综复杂的外部环境增大了京津冀出口压力、加大了京津冀出口难度，对京津冀高新技术产业形成冲击；另一方面，有利于优化京津冀进出口产业结构、倒逼京津冀产业转型升级，进而促进内循环经济的发展。京津冀应实行产业政策与资源配置双向引导，做好地区整体协同创新规划、科学管理和再规划供应链，以国内国际双循环拓展京津冀协同发展新格局。

关键词： 国际经济形势　挑战　机遇　京津冀协同发展

一、国际经济发展态势

总体来看，近年来国际经济呈现出相对稳定的复苏趋势，然而并未达到预期的增长力度，尤其是全球的新冠肺炎疫情对国际、国内经济产生了深远的影响。具体而言，主要表现在以下方面。

（一）全球疫情仍在加速蔓延，经济复苏势头有所减弱

当前的新冠肺炎疫情对国际经济产生了明显的影响，使得国际经济呈现自二战以来的最严重衰退的态势，并导致了很多国家的失业率快速攀升，国际经济复苏之路面临诸多的不确定性。

首先，各国能否及时接种性能可靠的新冠疫苗，这是国际经济复苏面临的第一个不确定性。目前，世界正在进行新冠疫苗的大规模接种工作，但是，在新冠疫苗生产和运输能力相对有限的条件下，很难短期内实现全

球范围内安全有效疫苗的接种工作，国际经济复苏的不平衡态势将日益加剧。[①]并且，新冠病毒呈现日益变异的趋势，这在很大程度上也会加剧国际经济复苏的不确定性。

其次，近年来，产业空心化、收入差距和不平等现象在发达国家日益加剧，尤其是新冠肺炎疫情以来出现了日益严重的失业问题，引发了各种各样突出的社会矛盾。因此，这使得发达国家出现了更加重视就业和公平转变的趋势。并且，在新经济范式下，发达国家政府很可能会增加财政支出，大力提供就业岗位，通货膨胀有加剧的趋势，这也是国际经济面临的另一大不确定性。[②③]

（二）国际经济正面临百年未遇的困局，经济增速缓慢

从长周期来看，在过去的近 200 年中，经历了两次世界大战和两次工业革命之后，国际经济呈现出了"两起两落"的主要特征，其中在 1882 年和 1929 年前后，分别有两个特别明显的"波谷"，即国际经济增速低点。当前发展阶段的国际经济增长速度，正逐步回落到这个低点水平的附近，工业化进程以来的第三个"波谷"已经出现，其强度和长度很有可能超过20 世纪 70—80 年代石油危机、90 年代的亚洲金融危机以及 2008 年的全球金融危机。根据国务院发展研究中心的预测，2020—2035 年国际经济的平均增速大约为 2.6%；对于发达经济体而言，其经济的平均增速可能放缓至 1.7%左右；对发展中国家而言，其增长速度也会有所下降，可能降至4.9%左右。"十四五"时期，国际经济的增长速度将继续呈现下降趋势，可能在未来较长的一段时间内保持较低的增长速度。[④] 如图 8-1 所示。

与此同时，人口增速放缓、老龄化加速和环境保护日益严格等因素，成为国际经济增长面临的一系列重要约束。国际经济的整体增长速度，能否恢复至历史平均水平，还是一个未知数。具体而言，一是日益放缓的人口增速和日益加剧的老龄化程度，正在成为制约大多数发达国家以及部分

---

① 陈继勇，杨格. 新冠疫情与中美经贸关系重塑[J]. 华南师范大学学报（社会科学版），2020（05）：48-56+189-190.

② 中国人民银行国际司青年课题组. 疫情下的国际经济金融形势[J]. 中国金融，2021（04）：73-76.

③ 黄剑辉. 当前国际经济形势分析与预判[J]. 中国经济报告，2021（01）：130-140.

④ 国务院发展研究中心"国际经济格局变化和中国战略选择"课题组：李伟，隆国强，张琦，赵晋平，王金照，赵福军. 未来 15 年国际经济格局变化和中国战略选择[J]. 管理世界，2018，34（12）：1-12.

发展中国家经济增长的主要因素。有关预测显示，全球人口将由 2015 年的
73.5 亿，增加至 2035 年的 88.9 亿和 2050 年的 97.7 亿；全球老龄人口（65
岁以上）的比重，将由 2015 年的 8.3%上升到 2035 年的 13.0%、2050 年的
15.8%①。二是新技术在能源资源利用领域的不断涌现，全球能源供给和产
业分工的格局将在很大程度受到显著的影响。三是继续深入发展，仍然是
全球化的长期发展趋势，但是在近期内全球化面临一系列挑战将不断出
现。②

因此可以看出，在未来较长一段时期内，由于受到技术、城镇化、人
口、环境等重大基础因素变化的显著影响，国际经济的增速大概率会出现
下降趋势，并且保持较低的增长速度可能会成为一种常态。③④

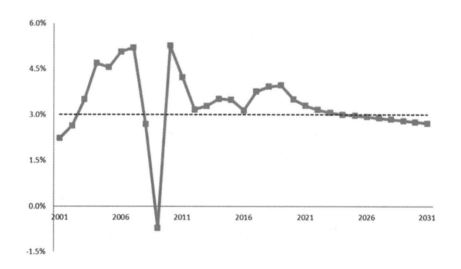

图 8-1 2001—2031 年全球 GDP 增长预测

资料来源：上海发展战略研究所课题组。

---

① 2035 年全球经济增长格局展望，http://www.chinado.c。
② 国务院发展研究中心"国际经济格局变化和中国战略选择"课题组：隆国强，张琦，王金照，赵
福军. 未来 15 年国际经济格局面临十大变化[J]. 中国发展观察，2019（01）：38-42.
③ 国务院发展研究中心课题组，隆国强，张琦，王金照，赵福军. 未来国际经济格局十大变化趋势
[N]. 经济日报，2019-02-12.
④ 益言. 影响未来全球通胀变化的两股力量[J]. 中国货币市场，2021（04）：73-76.

（三）国际经济格局多极化将更明显，但结构性问题预计短期内仍将难有突破

根据国务院发展研究中心的研究，在未来 15 年，国际经济格局将呈现出显著的多极化的变化趋势。具体而言，这些趋势主要有：①

一是 2035 年发展中国家在国际经济和投资中的比重将接近 60%，其 GDP 规模也将超过发达国家。并且，在全球经济中，虽然美国、日本和欧盟仍是经济强国，但是，欧美将不再是国际经济增长的重心，亚洲将取而代之，而且还将对其他发展中国家和地区产生显著的外溢效应。由此可见，伴随着新兴经济体的不断崛起，发展中国家的地位将会越来越重要，国际经济增长的领跑者极有可能变为一部分亚洲国家和非洲国家。

二是美国在短期内可能进一步地释放消费需求，这是其经济增长赖以支撑的关键因素②。在人口低速增长的趋势下，2035 年美国老年人口的数量将会第一次超过未成年人口的数量， 2050 年美国的总人口数量将达到 4 亿左右。因此，美联储预测美国长期的 GDP 增长率将保持在 2%左右。由此可见，美国将继续保持全球超级大国的地位。

三是 2035 年欧洲在国际经济中的地位依然重要，但德国可能成为唯一的全球七大经济体中的欧洲国家。同时，日本将长期保持低位的经济增长速度，预计日本经济在 2035 年的排名可能在第五名左右，将比当前的国际地位有所下降。

四是部分发展中国家具有较大的未来增长潜力，其主要动力表现为在新一轮技术革命推动下的持续城市化进程。2035 年全球城市化率将达到 61.7%，这将有力地推动未来的国际经济增长。③

但是，持续减弱的全球分工效应、日益恶化的贸易环境以及监管缺乏活力等重要因素，将在很大程度上增加国际经济的不稳定性。④

---

① 国务院发展研究中心课题组，执笔人：隆国强 张琦 王金照 赵福军. 未来 15 年国际经济格局变化和中国战略选择[N]. 中国经济时报，2019-03-18.

② 孙伯银. 近年国际经济形势及未来展望[J]. 农村金融研究，2016（03）：31-36.

③ 冯梓峰，王静. 当前国际形势下中国经济发展战略探析[J]. 科技创业月刊，2018，31（10）：63-66.

④ 国务院发展研究中心"国际经济格局变化和中国战略选择"课题组，李伟，隆国强，张琦，赵晋平，王金照，赵福军. 未来 15 年国际经济格局变化和中国战略选择[J]. 管理世界，2018，34（12）：1-12.

（四）中美关系面临的挑战日益严重，金融领域深受影响

2020年1月，中美签署第一阶段经贸协议，持续两年的贸易战暂时缓和。该协议中有两章内容涉及金融领域，分别为金融服务章节和汇率章节。其中，金融服务章节基本上是对中国近年金融业开放成果的重申和细化。金融作为中美重要利益的交汇点，协议的签署有助于推动中美加强金融合作，符合中国自身利益[①]。汇率章节中，中美同意尊重彼此货币政策自主权，实施由市场决定的汇率制度，避免竞争性贬值，通过协商解决分歧。

中美作为世界上最大的两个经济体，就汇率问题达成公平互利的共识，既有利于促进宏观经济的稳健运行，也有利于全球外汇市场的有序运行和调整。然而随着新冠肺炎疫情肆虐，美国政府将其防疫不力责任"甩锅"中国，疯狂出台措施恶化中美关系，在科技、投资、人文等领域推动中美脱钩，并蔓延至金融领域。美国将大量中国企业列入出口管制实体清单，提出"清洁网络"计划，拟对华实施全方位科技封锁。

在特朗普政府要求下，联邦退休基金无限期暂缓对中国金融市场的投资。美国国会全票通过《外国公司问责法案》，要求连续三年无法满足美国审计要求的公司从美国退市。特朗普政府还发布行政命令，禁止美国投资者投资所谓"中共军方企业"，并借涉朝、涉伊、涉疆、涉港等问题频繁对中国个人和企业实施制裁。

拜登政府上台后，由于社会制度、发展阶段、历史文化不同，中美两国仍会存在一些分歧。但中美作为全球最大的两个经济体，中美两国在促进国际经济复苏和长远发展方面也肩负着共同的责任，各方都期待中美关系能够尽快重回正轨。在金融领域，中美两国互补性强，金融脱钩实际上也有损美国自身利益，未来双方需要加强合作，更好地增进两国人民的福祉[②]。

（五）全球贸易呈现大幅萎缩的趋势，而中国贸易则出现逆势上扬的态势

新冠肺炎疫情使全球的生产、需求和物流遭到严重冲击，贸易大幅萎缩。世界贸易组织（以下简称WTO）2020年10月预测，2020年全球货物

[①] 董柳羽，张汝根. 中美贸易战对我国出口贸易的影响及对策[J]. 经济师，2021（06）：10-11.
[②] 高雅. 国际形势变化下我国对外出口型企业的发展困境与对策建议[J]. 现代营销（下旬刊），2020（11）：238-239.

贸易将下降 9.2%。在新冠疫情发生之初，中国进出口贸易面临较大压力，特别是新冠肺炎疫情的冲击暴露了全球产业链过度集中的脆弱性，一些国家和企业意识到"不能把鸡蛋放在同一个篮子里"，希望分散产业链布局以提高风险抵御能力。然而中国自 2020 年第二季度以来，由于有效控制住了疫情，率先复工复产。在全球贸易大幅萎缩的情况下，中国外贸逆势增长，在多数国家供应链受阻的情况下，为全世界提供了必需的防疫物资、医药用品、家居用品和电子产品①。

2020 年，中国以美元计价的出口同比增长 3.6%，进口同比下降 1.1%，贸易顺差为 5350 亿美元。据 WTO 统计，2020 年前 10 个月，中国进出口、出口、进口国际市场份额分别达到了 12.8%、14.2%、11.5%，比历史最高值分别大幅提高了 0.8 个、0.4 个、0.7 个百分点，中国成为 2020 年全球唯一实现货物贸易正增长的主要经济体，贸易第一大国的地位更加稳固②。新冠肺炎疫情的考验也进一步凸显了中国在维护产业链供应链稳定方面的优势，增强了各方信心。WTO 预测 2021 年全球贸易将增长 7.2%，但由于新冠肺炎疫情防控和经济复苏的不确定性，全球贸易的恢复仍有待观察③。

2021 年，中国可能出现出口增速先高后低、在全球出口中的份额回调的情况。一方面，新冠疫苗的普及和全球疫情受控有利于海外供给能力的恢复；另一方面，目前发达国家商品需求已经超过疫情前水平，疫情控制后的经济复苏可能以服务消费复苏为主，且 2020 年大幅增加的防疫物资、医疗产品和居家办公产品的进口需求可能随疫情得到控制而减少，2020 年出口大幅增长的局面恐难长期持续④。

（六）新冠肺炎疫情下的数字经济得到了迅猛发展，加速引发产业结构重构

新冠肺炎疫情发生之前，传统经济增长已显乏力，而数字经济持续快速发展，成为国际经济增长的重要驱动力。新冠肺炎疫情发生之后，社交疏离措施使餐饮、交通运输、旅游、教育等传统经济形式受到巨大冲击，

---

① 万光彩，陈鑫鑫. 新冠疫情冲击下中美贸易摩擦的博弈分析[J]. 中国海洋大学学报（社会科学版），2021（03）：73-83.

② 中国进出口银行战略规划部课题组，缪林燕，宋修远. 2019—2020 年国际经济金融形势简析[J]. 海外投资与出口信贷，2020（01）：10-15.

③ 何鲜. 试析新形势下国际经济贸易发展趋势与对策[J]. 现代商业，2021（13）：47-49.

④ 周元松. 中美贸易摩擦与全球治理变局[J]. 安阳师范学院学报，2020（04）：118-123.

消费者被迫转向线上，在线教育、视频娱乐、远程会议、在线医疗、网上购物等不依赖人员空间物理移动的数字经济形式迎来快速发展契机。[①] 根据国际清算银行（BIS）研究报告，2020年，中国、德国、英国、美国线上销售在零售总额中的占比预计将提高4—7个百分点。在拉丁美洲，一些平台上的消费者在两个月内完成了通常一年内的购买次数。总体上，新冠肺炎疫情加速了经济数字化转型，这些趋势原本可能需要数年，但新冠肺炎疫情促使其在几个月内做出转变。考虑到消费者行为的改变可能具有持久性，新冠肺炎疫情后产业结构将持续调整。由于新冠肺炎疫情带来的心理冲击、网络会议的广泛使用，疫情之后商务旅行、酒店住宿、餐饮等行业可能长期低迷，面临重新洗牌，一些企业会永久退出[②]。与此同时，数字经济的蓬勃发展将产生多方面影响。[③]

第一，各国纷纷加大科技领域投资，科技竞争将更加激烈。拜登政府明确将5G、人工智能、量子计算等数字经济产业列入重点支持领域。欧盟委员会计划在2021—2027年划拨至少6500亿欧元资金，支持可持续基础设施、研究、创新和数字化等领域。

第二，数字经济的快速发展加强了各国的监管力度。2020年11月，欧盟委员会公布《数字服务法案》及《数字市场法案》草案，进一步规范数字经济。较多分析认为，拜登政府会加强对科技公司的监管，加大反垄断和个人信息保护力度。

第三，数字经济的快速发展对劳动力市场产生了深刻的影响。在一些生产和服务领域，社交疏离措施让工人难返工作岗位，企业对劳动力产生更多不稳定预期，未来可能进一步提高自动化水平，机器替代人力的倾向将进一步加剧。同时，结构性失业将在一定时期内突出，传统行业的失业率高企将与新兴数字行业的劳动力不足并存，政府需要加大对劳动力转型的培训。

---

① 吴静，张凤，孙翊，朱永彬，刘昌新. 抗疫情助推我国数字化转型：机遇与挑战[J]. 中国科学院院刊，2020，35（03）：306-311.

② 邹水生. 数字经济内涵、现状及驱动新经济的路径分析[J]. 科技经济导刊，2021，29（17）：209-210.

③ 吴静，张凤，孙翊，朱永彬，刘昌新. 抗疫情助推我国数字化转型：机遇与挑战[J]. 中国科学院院刊，2020，35（03）：306-311.

第四,各国将继续推动制定数字贸易的国际规则体系[①]。美国在"美墨加协定"和"美日数字贸易协定"中都纳入了数字贸易和信息自由流动的条款,积极消除数字贸易壁垒。G20、经合组织、美欧之间也一直就数字税问题进行激烈讨论,未来各方将继续讨论制定相关国际规则[②]。

(七)国际货币政策体系可能会发生新一轮的调整

2008年国际金融危机后,全球普遍存在对货币政策的过度依赖,主要发达经济体在常规货币政策空间被大幅压缩的情况下,纷纷采用非常规货币政策。近年来,一些国家试图恢复货币政策正常化,但低增长、低通胀、低利率的经济环境使得全球中央银行举步维艰。2020年新冠肺炎疫情进一步重创国际经济,为救助经济,各国中央银行不得不在非常规货币政策的泥沼中越陷越深,货币政策框架转型压力进一步增大。从长期看,主要经济体货币政策框架正在酝酿变革性调整,主要表现如下:

第一,发达国家的常规货币政策出现传导机制不畅的现象,主要中央银行已经引入负利率、前瞻性指引、结构性再融资、收益率曲线控制等非常规货币政策工具,且出现了非常规货币政策常态化的倾向[③]。

第二,全球货币政策目标框架中,2%的通胀目标越来越难以实现,新一轮的调整难以避免。为此,理论界和政策界提出了一系列对现行通胀目标制的替代方案。2020年,美联储已完成货币政策框架审议,引入了平均通胀目标制。欧洲中央银行、加拿大中央银行等也在进行货币政策框架审议,计划于2021年完成。

第三,中央银行的自主性面临越来越多的严峻挑战。新冠肺炎疫情暴发后,一些中央银行加大了货币政策和财政政策的协调运作,例如,通过大规模资产购买计划增加市场流动性、降低政府融资成本,或采用多种非常规货币政策工具,直接为中小企业或受困居民提供流动性。各国政府债务负担的进一步上升,引发对未来大规模财政赤字货币化的担忧。

第四,金融科技的广泛运用,推动金融业态的进一步重塑。在提升金

---

① 苏晓. 中国宏观经济研究院盛朝迅:数字经济正成为重要的新动能[N]. 人民邮电,2021-05-31(003).

② 张秉慧,许哲. 中美经贸摩擦的背景、原因与演变趋势研究[J]. 现代商贸工业,2021,42(17):27-31.

③ 中国财政科学研究院课题组,傅志华,马洪范,李成威,景婉博,于雯杰,陈龙.从"逆全球化"看2018年国际经济形势[J]. 财政科学,2018(05):5-12.

融体系效率的同时，也促使银行业竞争加剧，对金融稳定和货币政策产生影响。技术进步催生了数字货币的出现，未来数字货币如果走向普及，将对支付体系运行效率、普惠金融、消费者权益保护等方面产生一系列的深远影响①。

（八）美元呈现逐步进入贬值通道的走势

2018 年以来美国相对于其他发达经济体复苏更快，美联储一度加息，美元缓慢走强，美元指数从 2018 年 1 月底的 89 升至 2020 年 2 月的 99。新冠肺炎疫情发生后，美元大幅波动。2020 年 3 月初，随着疫情在全球蔓延，恐慌情绪加剧，市场流动性枯竭，加之美元作为安全资产受到市场追捧，全球融资市场出现美元荒，美元指数从 2020 年 3 月 9 日的 95 快速升值至 3 月 19 日的 102，达到 2017 年以来新高。为稳定美元融资市场，美联储推出多项措施增加美元流动性，包括加强与欧洲中央银行、日本中央银行、英格兰银行等五大主要中央银行的常备货币互换，降低互换利率，增加互换频率；重启了与九大新兴市场经济体中央银行的临时性货币互换；推出美元临时回购协议（FIMA），允许外国中央银行以美国国债为抵押，通过与美联储的回购操作来获取美元流动性，这些措施迅速稳定了美元融资市场。

自 2020 年 5 月以来，美国经济大幅衰退，政府大规模的经济刺激措施导致美元流动性充裕，年中疫情暂时平稳后投资者风险偏好加大，增加对新兴市场高收益资产的投资从而抛售美元，在多种因素综合影响下，美元开始进入贬值通道，美元指数从 2020 年 5 月中旬的 100 逐步走低，在 12 月跌破 90 关口，全年贬值 6.79%，基本上回吐了本轮自 2018 年以来的所有升值。美元贬值带来一系列影响。美元大幅贬值的背面是其他货币兑美元面临强劲的升值压力，将对其他国家的出口形成一定程度的拖累②。在本币快速升值的背景下，各国汇率问题摩擦增大，2020 年美国罕见地将瑞士和越南列为汇率操纵国，并对越南发起了汇率低估"301 调查"。不过，从另一方面看，美元贬值有利于减轻新兴市场国家和企业的美元债务偿还负担，在当前全球债务高企的环境下具有一定的积极影响。

---

① 库天一. 2020 年二季度国际经济形势分析[J]. 统计科学与实践，2020（08）：9-13.
② 刘江炜. 美国发起贸易战的诉求和影响——重点分析对人民币兑美元汇率的影响[J]. 统计与管理，2020，35（08）：21-26.

拜登政府宣布推动实施 1.9 万亿美元的经济刺激计划，美联储也表示在通胀和就业恢复前继续维持低利率和量化宽松规模，这意味着美元流动性仍将十分充裕，加之美国疫情十分严重，这些都对美元走强产生显著的制约作用。①

（九）一些国家的中央银行加快发展数字货币

2020 年以来，随着新冠肺炎疫情的日益严重，线上经济的快速发展以及对使用纸质现金可能传播病毒的担忧，都催生了公众对无现金支付的现实需求。同时，以天秤币（Libra，现更名为 Diem）为代表的私人部门稳定币项目加速，倒逼部分中央银行关注中央银行数字货币（以下简称 CBDC）。BIS 调查显示，目前全球已有约 80%的中央银行开展了 CBDC 相关研究，至少 46 家中央银行已正式公布 CBDC 项目。其中，11 个经济体同时推动零售及批发型 CBDC 项目，中国、瑞典等 30 个经济体专注于零售型 CBDC 的研发试点，瑞士等 5 个经济体则更关注批发型 CBDC。2020 年中央银行数字货币领域呈现了一些新特征，主要表现以下几方面：

第一，主要发达国家的态度出现积极的信号。日本中央银行此前多次表态暂无发行 CBDC 的必要，但是，其态度于 2020 年 7 月以来开始转向积极，并表示将通过实验的方式验证 CBDC 技术可行性。若现金流通量下降，将发行 CBDC 加以应对，其试点将于 2021 年启动。同时，虽然美联储主席鲍威尔多次表示美国暂不需要 CBDC，但是美联储理事布兰纳德于 2020 年 8 月宣布，美联储正在进行分布式账簿技术和区块链的测试，研究 CBDC 对支付体系、货币政策和金融稳定的影响。

第二，部分发达国家之间加强了 CBDC 领域的合作。BIS 与美联储、欧洲中央银行、英格兰银行、日本中央银行、加拿大中央银行、瑞士中央银行、瑞典中央银行于 2020 年 1 月联合成立中央银行数字货币工作组，其首篇报告于 10 月发布，该报告对中央银行数字货币的基本原则及核心特征进行了分析。

第三，全球首个零售型 CBDC 正式发行，多个试点项目落地。巴哈马于 2020 年 10 月宣布正式推出全球首个 CBDC "沙元"（Sanddollar），柬埔寨中央银行也宣布正式发行名为巴公（Bakong）的 CBDC。2020 年 1 月，

---

① 中国人民银行国际司青年课题组. 疫情下的国际经济金融形势[J]. 中国金融. 2021（04）：73-76.

中国人民银行正式启动数字人民币（e-CNY）的试点工作，首批试点城市包括深圳、苏州、雄安、成都四地。截至 2020 年 10 月末，中国共落实 2.6 万个试点场景，覆盖购物消费、交通出行、政务服务等多领域。瑞典中央银行和瑞士中央银行也进行了相关测试工作。①

（十）绿色金融发展达成共识，发展前景广阔

新冠肺炎疫情促使人们更加重视人与自然的关系，各国政府也将绿色增长作为疫情后经济复苏的新动能。绿色金融是绿色发展的重要组成部分。在这方面，中国人民银行和欧洲部分中央银行做了很多开创性的工作，共同建立了中央银行与监管机构绿色金融网络（NGFS）。中国人民银行还与欧盟委员会等共同建立可持续金融国际平台（IPSF），指导中国金融学会绿色金融专业委员会与伦敦金融城牵头多家机构发起了《"一带一路"绿色投资原则》。上述工作都在绿色金融的国际合作和标准制定方面奠定了良好的基础。未来，绿色金融将进一步受到各国的重视。②

第一，将进一步建设和完善绿色金融的制度③。中国人民银行与欧盟委员会正在联合研究中欧绿色金融分类标准趋同，为形成国际通行标准奠定基础。英国、欧盟、日本、澳大利亚、新西兰都将推动企业气候信息强制披露。

第二，气候变化对货币政策、金融稳定的影响将更加受到重视。美联储在 2020 年 12 月宣布加入绿色金融网络（NGFS）。欧洲中央银行表示，自 2021 年初，将要求金融机构进行气候风险自我评估并提交行动计划。欧洲中央银行将对此进行审议，并将气候风险作为 2022 年压力测试的重点。英格兰银行将于 2021 年 6 月对金融服务和保险部门进行气候风险压力测试。

第三，将继续加强绿色金融的国际合作与交流。2021 年 G20 主席国意大利将可持续金融和应对气候变化作为重点工作之一，嵌入国际经济风险分析、疫后经济复苏、金融监管、基础设施融资等多项议题④。

---

① 国务院发展研究中心课题组，隆国强，张琦，王金照，赵福军. 未来国际经济格局十大变化趋势[N]. 经济日报，2019-02-12.

② Michael D Bordo，Andrew T Levin. 中央银行数字货币与货币政策的未来[J]. 中国货币市场，2021（05）：75-79.

③ 梁广华. 绿色发展再认识及其对我国参与全球治理的启示[J]. 经济论坛，2021（04）：126-132.

④ 陈诚. 数字人民币助推企业向"互联网+财会"模式转型[J]. 中国石化，2021（04）：54-56.

二、对京津冀协同发展的影响分析

上述国际经济发展态势对京津冀协同发展产生了明显的影响，主要是对实体经济和资本流动等方面的影响。具体而言，国际经济发展态势对京津冀协同发展的影响主要表现在以下几方面。

（一）复杂的国际形势给京津冀协同发展带来了不确定性

当前，世界经济政治格局正处于新旧体系缓慢更替的阶段，大国之间各种利益关系包括相互出口、进口和FDI等，金融体系主要表现在流动性和跨国资本流动。大国之间各种利益关系相互博弈、纠缠嬗变，中美经贸摩擦跌宕起伏，新冠肺炎疫情还在全球肆虐蔓延，"逆全球化"思潮风起云涌，5G、人工智能等新技术正在加速商业化应用，这些因素相互交织，复杂多变，给京津冀协同发展带来更多的变数。例如，美国继续对我国科技公司极限打压势必对北京推进全国科技创新中心建设构成较大的威胁。在刚刚结束的中美会谈中，双方存在重要分歧，也未取得实质性的进展，这就使得国际形势更加变幻莫测，充满不确定性。[①]

在当前的新发展格局下，京津冀协同发展将面临新的发展环境，具体主要表现在以下三方面：[②]

一是当前国际经济发展态势要求京津冀尽快解决行政分割和市场分割问题，需要尽快构建京津冀地区的一体化市场，释放内需潜力和发挥市场规模优势。

二是日益突出的全球产业链的本地化趋势将对京津冀的产业链构建产生明显的影响，迫使京津冀地区抓住当前国际经济发展中的机遇，打造现代化、适应国际经济发展态势的产业链、供应链。

三是无法逆转的经济全球化趋势要求后疫情时代的京津冀地区尽快将海空口岸等战略资源的协同发展潜力挖掘和激发出来，提升京津冀地区在全球价值链和产业链中的竞争力。[③]

---

① 王晓红. "十四五"时期推动我国服务贸易创新发展的主要思路[J]. 发展研究，2021，38（05）：52-60.

② 李兰冰. 新发展格局与京津冀协同发展[N]. 天津日报，2021-03-08.

③ 李兰冰. 新发展格局与京津冀协同发展[N]. 天津日报，2021-03-08.

（二）复杂的国际形势加大了京津冀进出口贸易的压力和难度

1. 世界经济下行与外部需求收缩增大了京津冀的出口压力

当前国际经济发展态势，进一步加剧了京津冀地区在国际上遭遇的反倾销、反补贴数量增加趋势，对于京津冀的光伏产业、高技术产业和通信技术等都产生了明显的影响。同时，由于京津冀地区经济的对外依存度较高，一直需要进口国外的大量能源和原材料，这在很大程度上大幅度增加了京津冀地区制造业企业的生产成本，使得消费者最终承担制造业产品的价格上涨部分。[1][2]

2. 大国政治干预与地区政局不稳定加大了京津冀的出口难度

一方面，以美国为首的西方发达经济体，为维持其在全球贸易中的主导地位，极力通过单边主义政策影响世界经济。通过设立贸易壁垒、征收高额税收等方式限制京津冀企业出口，特别是部分发达经济体通过采用区域性的、双边的贸易协定，绕开了世界贸易组织主导的多边贸易体系，设立诸多条款，对以中国为首的发展中国家或地区实行经济压制或控制，加大了京津冀企业的出口难度，试图将京津冀的出口型企业排除在世界贸易圈的范围之外。

另一方面，由于诸多地区政治局势的不稳定，党派斗争与政府治理失衡导致其对外国际形势变化下我国对外出口型企业的发展困境与对策建议。政策的频繁变化，对外投资政策与进出口贸易政策的不确定性增大，这也给我国对外出口型企业在商品外销、海外投资、拓展市场等方面造成了很大的难度，加大了企业的投资风险和出口风险，抑制企业的再生产投入，影响了企业的长远发展。[3]

3. 有助于促进京津冀进出口产业结构的优化

由于京津冀地区的对外出口型企业多以加工制造业为主，长期以来处于国际贸易产业链的末端，除了近年兴起的少部分技术密集型企业，目前大多数企业还是以劳动密集型和资源密集型为主，缺少核心技术和自身品

① 武坦. 新形势下国际经济与贸易发展研究[J]. 投资与合作，2021（03）：72-73.

② 任剑涛. 中国复兴与世界格局变化[J]. 武汉科技大学学报（社会科学版），2020，22（03）：233-244+228.

③ 白宇飞，王楚琪，杜晓雨. 我国中小型出口企业面临的发展困境与解决对策[J]. 中国商贸，2015（02）：92-94.

牌，在国际贸易中始终处于不利位置。因此，当国内用人成本和土地成本不断上升的情况下，周边国家和地区的成本优势开始逐渐显现且备受国际资本青睐，发达经济体通过在当地投资设厂可以生产出价格更低的产品，导致京津冀出口型企业面临着巨大的竞争压力。此外，受限于内部管理不到位、发展规划不清晰和软件配套不健全等问题，京津冀出口型企业特别是中小规模企业的抗风险能力较差，在本轮国际形势恶化下企业的生存和发展显得尤为艰难。

日益复杂的国际经济发展态势，在很大程度上将促进京津冀地区优化进出口商品结构。当前京津冀地区的劳动密集型商品附加值低，并且需求弹性较弱，不但易受国际经济发展态势的影响，而且还可能导致京津冀长期处于全球价值链的低端。这将会促进京津冀加强科技创新，进一步优化产业结构。①②

（三）国际经济发展态势对京津冀地区金融发展的影响

1. 给京津冀的金融市场带来不稳定冲击

在全球新冠肺炎疫情的影响下，2020 年人民币汇率走势总体上是先下行、后震荡上涨，呈现较大的波动程度。在当前中国扩大金融高水平双向开放的政策背景下，人民币大幅升值的预期将影响金融市场的稳定，也会进一步考验京津冀地区的经济金融管理能力和防控风险能力。

2. 有利于京津冀建立和完善市场配置资源新机制

国际经济发展态势的变化，要求京津冀地区正视协同发展面临的问题，进一步深化经济体制改革，建立和完善市场配置资源新机制，尽快构建新型开放经济体制。

一是在天津、河北自贸试验区内加快资本项目自由流动和汇率自由化改革，推动贸易投资新体制的构建。

二是进一步考虑人民币贬值对京津冀地区金融的影响，最大限度地提升京津冀地区金融机构在全球范围内的资产配置能力。

三是京津冀地区的有关政府部门应该加快熟悉相关国际规则，大力提

---

① 陈帅男. 贸易摩擦背景下我国外向型企业面临的困境与应对策略[J]. 对外经贸实务，2020（07）：25-28.

② 夏会敏，周红. 中美经贸摩擦背景下京津冀协同发展战略的研究综述[J]. 商展经济. 2020（03）：76-78.

高行政审批的效率，尽快营造高标准、国际化的投资和商业环境。

（四）国际经济发展态势对京津冀高技术产业的影响

1. 不利于京津冀高新技术产业的健康发展

近期，为了限制"中国制造2025"涉及的十大重点新兴产业和高科技产业，禁止美国企业与中国高科技企业的合作以及中国的高科技企业进入美国及其盟国的市场，进一步强化国际技术联盟对中国的技术封锁，美国公布了一批对中国商品加征25%关税的清单。因此，在经济全球化加快和技术创新引发深刻变化的现实背景下，掌控高新技术产业对于赢得市场主动权具有重要的战略意义。①

近年来，京津冀大力发展知识密集型、技术密集型产业，积极引导各类生产要素流向技术创新领域，本地区的产业结构得到了持续优化。但是，美国为了保住自身竞争优势，提高和增加京津冀部分高科技产品的贸易壁垒和关税，对高新技术产业发展过程中的技术领域和关键零部件方面进行限制，阻碍了京津冀地区的科技进步。②

2. 京津冀地区的企业利润可能会有所减少

生产成本与经营成本显著上升。首先，由于人口红利逐渐减少，京津冀出口型企业的劳动力成本不断上升③。人口老龄化问题凸显，剩余劳动力减少，这造成很多对外出口型企业出现了用人困难、用人成本过高等问题④。其次，由于京津冀对外出口型企业多位于产业链终端，企业类型大多为加工制造业，受国际经济下行影响，导致原材料进口成本不断上升。最后，关税税率和外汇汇率也影响企业成本，特别是伴随着国际贸易保护主义的兴起，以美国为首的发达经济体通过提高关税来限制京津冀企业的出口，这使企业需要承担额外的税费，增加了企业的经营成本。⑤⑥

---

① 陈继勇. 中美贸易战的背景、原因、本质及中国对策[J]. 武汉大学学报（哲学社会科学版），2018，71（05）：72-81.

② 邓仲良. 从中美贸易结构看中美贸易摩擦[J]. 中国流通经济，2018，32（10）：80-92.

③ 孙久文. 新冠肺炎疫情对中国区域经济发展的影响初探[J]. 区域经济评论，2020（02）：8-11.

④ 程杰. 新冠疫情对就业的影响及对策建议[J]. 中国发展观察，2020（Z2）：40-42.

⑤ 梁春艳，段炜悦. 中美贸易摩擦对河北省经济的影响[J]. 华北金融，2019（11）：52-55.

⑥ 曹洋，柳天恩，母爱英. 京津冀构建区域产业价值链驱动产业升级研究[J]. 中共石家庄市委党校学报，2021，23（06）：35-39.

3. 有助于推动京津冀地区的高技术产业倒逼发展

京津冀地区产业结构调整的主要目标之一，就是大力发展战略性新兴产业和高技术产业。具体措施就是重点围绕战略性新兴产业和高技术产业以及相关专项研究，对项目资金进行规划整合，推进科技创新，促使重大创新成果的产生。①由此可见，当前国际经济发展态势倒逼京津冀地区特别是北京和天津大力发展高端制造业，重点推进新兴产业和高技术产业的发展，带动区域协调发展。

（五）国际经济发展态势对京津冀产业转型升级、融合发展的影响

1. 有助于推动京津冀优势产业的培育

在当前国际经济发展态势下，对于京津冀地区一些竞争力较强的劳动密集型企业，为进一步提高在国际价值链中的地位，迫切需要进行结构调整和技术升级。对于一些竞争力不强和产业结构较单一的企业实行优胜劣汰，进一步优化配置京津冀的各类资源要素，这样有助于培育京津冀地区的优势产业，逐步形成具有国际竞争力的先进产业集群，从而实现京津冀产业的高质量发展。

2. 进一步驱动京津冀地区产业转型升级

国际经济形势将对京津冀地区的产业转型升级产生深刻的影响，主要表现在：一是京津冀凭借临近国际市场的优势，有利于吸引大量的外商投资，推动京津冀地区高新技术产业持续发展。二是将京津冀地区的劳动密集型企业疏解到环首都贫困带，为先进制造业和高技术产业的高质量发展提供较大的空间，从而实现产业布局优化。三是结合国际产业分工的大背景，对国内外市场和资源进行充分利用，优化配置全球资源要素，有助于促进产业发展的内外循环②。

三、"十四五"时期推动京津冀协同发展的政策建议

在当前国际经济发展态势下，为了进一步推动京津冀协同发展，实现京津冀地区的高质量发展，政策建议包括以下几方面：

---

① 王云胜，于树江. 中美贸易摩擦对我国产业结构升级的中长期影响研究[J]. 河南社会科学，2020，28（01）：93-101.

② 黄群慧. 从当前经济形势看我国"双循环"新发展格局[N]. 学习时报，2020-07-08（006）.

（一）产业政策与资源配置双向引导

1. 加快京津冀地区贸易政策的调整

长期以来，京津冀地区推行的是出口导向型战略，很难从根本上实现国内产业结构升级，还会经常遇到贸易摩擦。因此，在新发展格局下，京津冀地区需要尽快调整本地区的贸易政策。

一方面，大力提高京津冀贸易救济能力，尽快建立国际贸易的摩擦预警和摩擦争端的反应机制，适应国际贸易惯例与规则，以快速采取措施应对国际贸易过程中产生的摩擦，把贸易损失降至最小化。

另一方面，逐步实施进口导向型战略。该战略的主要目标是将国外的资本和先进的资源要素引入京津冀，形成高新技术的溢出效应，有助于对推动京津冀协同发展和促进京津冀产业结构的升级。①

2. 加强京津冀地区产业政策的重构

长期以来，京津冀地区多从三次产业比例关系协调的视角，调整本地区的产业结构，导致出现调整路径与国际经济发展态势脱节、不适应等问题。因此，在当前国际经济发展态势和新发展格局下，应加快国际对接，加强对国内外两种资源、两个市场的充分利用。同时，产业政策支持因不同产业而异，大力扶持国家战略的重点产业，并以全球产业转移为契机，加快产业结构高度化和专业化的步伐。

3. 优化京津冀的出口结构，加快企业转型升级

在当前国际经济发展态势和新发展格局下，京津冀地区需要加快优化京津冀的出口结构，加快企业转型升级。

一是在京津冀地区现有工业基础和工业体系基础上，推动京津冀制造业的高质量发展，加快京津冀地区创新产业体系的构建，尽早向创新驱动转型，大幅增加进出口附加值，提高外贸竞争力。

二是大力推进投资自由化、贸易便利化，营造良好的外商投资氛围，提高产业开放性和创新能力，实现对外贸易高质量发展。

三是加快"研发—转化—生产"良性生产体系的构建，推进京津冀三地间产业互补与要素协同，推动创新发展，实现京津冀企业和产业的转型

---

① 胡耀岭，范佳奇. 京津冀协同背景下雄安新区发展路径及河北战略措施[J]. 石家庄铁道大学学报（社会科学版），2021，15（02）：1-5.

升级。

4. 进一步推进京津冀地区各类要素的合理与优化配置

一方面，建立市场化的产业退出机制是京津冀产业结构优化的重要路径，但是在当前经济形势下，京津冀地区的现有产业退出存在着较大的难度。因此，面对现在的国际经济发展态势，京津冀地区必须以"僵尸企业"的有效处置为突破口，进一步解决现有企业的产能过剩问题。具体而言，要尽快采取兼并、重组以及破产等措施，加快京津冀地区现有"僵尸企业"的关停并转步伐，并把这一过程中释放出来的存量资本，尽快投入到前景广阔的产业，从而实现要素的合理配置和产业的高质量发展。

另一方面，为了促进生产要素的充分自由流动与优化配置，应对当前的国际经济发展态势，必须进一步加快生产要素市场化流动机制的建立，尽快从根本上解决当前京津冀地区存在第二产业结构总体不均衡、第三产业发展层次整体偏低等重要现实问题。①

（二）大力扶持高新技术产业和战略性新兴产业

1. 进一步强化对京津冀地区高新技术产业的支持

在当前国际经济发展态势下，京津冀地区需要进一步加大对本地区高新技术产业的扶持力度，大力提升高新技术产业的自主创新能力。具体措施如下：

第一，大幅增加对高新技术产业的资本投入数量，构建完善的高新技术产业融资机制，进一步提高京津冀地区高新技术企业的创新研发水平，从而逐步增强本地区高新技术产业对周边地区的辐射和带动能力，促进区域协调发展。

第二，正确分析国际经济发展态势对京津冀协同发展产生的影响，尽快制定相应的支持政策，加快构建高新技术企业的培育机制，进一步提升京津冀地区高新技术产业的环境适应能力。

第三，加快京津冀地区的产业结构转型升级步伐，推进京津冀地区高新技术产业与传统产业之间的有机融合，实现高新技术产业与传统产业的

---

① 陈玉玲，路丽，赵建玲. 区域创新要素协同发展水平测度及协同机制构建——以京津冀地区为例 [J]. 工业技术经济，2021，40（04）：129-133.

协同发展和高质量发展。①

2. 加强对京津冀地区战略性新兴产业的扶持力度

大力发展移动互联网、物流快递、新能源汽车、高端装备制造等战略性新兴产业，既是京津冀地区产业结构转型的主要方向，也是京津冀地区顺应国际经济发展态势的必由之路。因此，在"十四五"时期，面对日益复杂的国际经济发展态势，京津冀地区必须尽快突破战略性新兴产业的关键核心技术，加快自主创新的步伐，早日摆脱对发达国家的技术依赖。具体措施如下：

第一，加快实施京津冀地区高新技术产业的进口替代战略，强化生物、航空航天、芯片、计算机等领域的自主研发，并在战略性新兴产业领域建立产学研创新研究的市场化机制和技术创新的科研综合体，进一步挖掘和激发战略性新兴产业创新研发的内在动力。②

第二，以协同发展为长期目标，加快京津冀地区科技信息共享平台的构建，并尽快推动三地高端创新资源要素的整合与集聚，并把京津冀科技成果转化作为重中之重，大力推进京津冀三地科技成果服务体系的融合，从而真正实现三地企业科技合作的协同发展。

第三，以多方面、多层次政策措施，加大雄安新区对省外院校、科研机构、科技企业的吸引力度，提高雄安新区现有战略性新兴产业的科技水平，形成京津冀协同发展的区域增长极。

尤其是北京应当主动在适应世界百年未有大变局和中央赋予北京重大任务的基础上，主动提速、主动求变，力争"十四五"期间在科创中心核心功能上实现重大突破，特别是要坚持自主创新与国际合作相结合，通过深化改革开放深度嵌入新的全球创新网络，通过实施有效政策积极推动科技创新重点领域提速，实现原始创新、集成创新和引进技术再创新的结合，尽快取得突破未来"卡脖子"关键核心技术的主动权，抢占科技创新

---

① 孙文浩，张杰. 中美贸易战何以影响制造业高质量发展[J]. 科学学研究，2020，38（09）：1559-1569+1596.

② 马天月，丁雪辰. 中美贸易摩擦与中国企业创新路径分析[J]. 科学学与科学技术管理，2020，41（11）：3-15.

的制高点，更好地服务国家改革发展大局。①②

（三）打造有助于京津冀协同创新的良好环境

1. 进一步加快京津冀协同创新机制的构建

一方面，在京津冀协同发展过程中，由于存在较大的地区间行政壁垒，难以形成多层次、多联系、网络化的区域协同创新机制。因此，为了促进国内外创新企业在京津冀地区生根落地和发展壮大，必须进一步加强京津冀的整体协同创新工作，从顶层设计方面研究、规划和制定京津冀三地协同创新发展战略，加快构建京津冀三地协同创新机制，尽快形成京津冀协同创新发展的优质环境。③

另一方面，从京津冀一体化的大区域战略视角，多方面采取措施推动京津冀地方政府间沟通、合作、协商和谈判的常态化，协同推进京津冀地区创新环境基础设施建设和创新投入研发工作，构建京津冀协同创新成果产出共享机制和创新信息互通机制，从而推动京津冀地区的创新协同发展。④

2. 大力加强京津冀三地协同创新分工与合作的协调工作

面对当前日益复杂的国际经济发展态势，为了高效地促进京津冀三地的协同创新，加强三地创新发展中的沟通和协调十分重要，特别是协调在科技创新产业链中的京津冀三地各自的分工与合作关系。具体而言，当务之急是加快营造创新环境和加大创新投入共享，大力推进京津冀三地协同创新功能区的共建，进一步加快滨海－中关村科技园、雄安新区、曹妃甸循环经济示范区、首都新机场临空经济区的共建工作，实质性推动区域协同创新发展的分工与合作，从而实现京津冀三地科技创新的互利共赢。⑤⑥

① 孟胜英. 天津市产业承接转移及财税支持政策研究[D]. 天津财经大学，2019.

② 刘纪艳，陈元良，胡志松. 关于推进北京高精尖产业与北三县协同布局的对策建议[J]. 中国工程咨询，2021（06）：51-56.

③ 黄群慧. 从当前经济形势看我国"双循环"新发展格局[N]. 学习时报，2020-07-08（006）.

④ 刘海云，李清. 协同联动促京津冀产业高质量发展[N]. 经济日报，2021-01-02（006）.

⑤ 石菲. 京津冀协同打造世界级智慧城市[J]. 中国信息化，2021（04）：29-31.

⑥ 陈玉玲，路丽，赵建玲. 区域创新要素协同发展水平测度及协同机制构建——以京津冀地区为例[J]. 工业技术经济，2021，40（04）：129-133.

3. 尽快建立健全京津冀地区的技术交易与成果转化平台

一是加快京津冀科技创新产出成果数据库的建设，对国内外科技创新的成果类型和发展趋势做到精准把握，进一步落实京津冀三地协同创新产出成果应用与推广。

二是推进京津冀三地创新信息、资金、成果和人才的交流与合作，大力推动高质量园区和高水平科技企业孵化器的建设，实现京津冀地区科技创新产出成果的产业化和市场化。

三是尽快建立"良好的创新环境→创新投入加大→创新产出增加→实现社会经济价值→创新环境优化"的循环体系，进一步提升京津冀地区的创新协同发展水平。[①]

（四）合理分工和再布局京津冀产业链，科学管理和再规划京津冀供应链

1. 推进京津冀产业链重新布局和战略调整

在京津冀都市圈建设过程中，核心之一是产业分工和再布局，以及北京非首都功能及产业的疏解。但从近年来实践来看，出现了被疏解对象的动力不足以及疏解承接地吸引力、承载力均不足的问题。"十四五"时期，我国将积极推进产业链重新布局和战略调整，形成自主可控、相对完整、具有国际竞争优势的现代产业体系。京津冀三地有望在这次战略布局调整中加快推进基础设施一体化、生态环境治理、区域协同创新等重点任务，着力解决一些长期想解决却没有解决好的老大难问题，并加快向现代化的世界级城市群迈进。综观世界范围内的大都市，无一不是通过高端经济要素的聚集不断拓展产业链条，以保持该地区的长期全球竞争力优势。[②]

面对国际经济发展态势和全球供应链本地化趋势，京津冀供应链再规划任务艰巨，迫切需要抓住新一轮技术革命和产业革命的历史机遇，着力提升供应链的安全性和弹性，提高供给体系对国内需求的适配性。[③]

2. 加快推进京津冀地区产业链的构建、发展与壮大

面对复杂的国际经济发展态势，京津冀地区需要尽快提高与其他国家经济合作的主动性，积极落实"一带一路"倡议，推进京津冀地区与"一

① 叶堂林，申建军. 完善京津冀产业协同创新链[J]. 北京观察，2021（04）：44-45.
② 顾书桂. 再论中美贸易战的中国经济对策[J]. 西部学刊，2021（05）：133-139.
③ 金微微. 京津冀地区经济协调创新发展体系的构建研究[J]. 中国商论，2020（24）：17-18.

带一路"国家产业合作的区域价值链形成。具体措施如下：

一是加快推动京津冀地区本土企业成为价值链"链主"的培育工作，使之尽快发展升级为京津冀产业链的组织者、治理者。

二是为了进一步提升京津冀地区的产业基础高级化和产业链现代化水平，必须以推进京津冀地区的产业基础再造工程和产业链提升工程为契机，将传统产业的优势放大，进一步加强和保持优势产业的领先地位，加快战略性新兴产业和未来产业的布局。

三是京津冀地区需要以落实"一带一路"倡议为战略抓手，加强京津冀地区与国际之间在产业链发展方面的沟通、协调和合作，促进京津冀地区产业链的高质量协同发展。①

3. 促进京津冀地区的产业链与创新链融合发展

为了应对国际经济发展态势，京津冀地区需要进一步推进促进京津冀地区的产业链与创新链融合发展，具体措施如下：

第一，大力挖掘和充分释放京津冀地区的科技研发潜力，尽快建立京津冀地区科技成果供需对接的专业化平台，进一步加快京津冀地区的传统产业转型、优化和升级。

第二，尽快转变京津冀三地政府的区域产业链布局思路，加快推进京津冀地区产业链与创新链的深度融合发展。具体思路是：重点发展北京的高端产业和战略性新兴产业，利用创新外溢和发展模式外溢等方式，引领京津冀地区产业发展方向；大力推动天津与北京的创新产业对接，构建"创新链"和"产业链"深度融合发展的新格局；进一步强化河北的创新研发工作，加快承接产业与自身产业之间的融合发展。

三是以功能性的区域中心城市建设为契机，加快京津冀区域协同发展步伐。可以对保定、唐山等城市进行扩容，建成功能性的区域中心城市，将有助于促进北京和天津的产业向河北的梯度转移，优化京津冀三地产业的空间布局。②③

　　① 陈玉玲，路丽，赵建玲. 区域创新要素协同发展水平测度及协同机制构建——以京津冀地区为例[J]. 工业技术经济，2021，40（04）：129-133.

　　② 叶堂林，申建军. 完善京津冀产业协同创新链[J]. 北京观察，2021（04）：44-45.

　　③ 陈玉玲，路丽，赵建玲. 区域创新要素协同发展水平测度及协同机制构建——以京津冀地区为例[J]. 工业技术经济，2021，40（04）：129-133.

（五）培育一批世界级产业集群，以"两重一新"为抓手推进京津冀世界级城市群建设

1. 培育具有国际竞争优势的"立市产业"和领军型的优势企业

"十四五"时期，京津冀产业转移协作将转向发展高水平产业链与供应链阶段，电子信息、信息服务、高端装备制造、新能源汽车等产业要实现产业链跨地布局，钢铁、汽车、船舶、医药、化工等产业要实现基地化集中布局，金融服务、现代物流、健康服务等产业要向不同层次、差异化定位的城市功能区集聚。在产业发展方面，经过前几年的存量调整之后，"十四五"将进入"优存量、强增量、谋储量"的阶段，13 个主要城市不论规模大小、行政等级都要着手培育一些具有国际竞争优势的"立市产业"和领军型的优势企业。[①]

2. 进一步推动京津冀地区大中小城市的协调发展

一方面，京津冀三地要加快推进县城补短板、强弱项工作，发展一批宜居宜业的中小城市，提高超大、特大和大城市的城镇化质量和承载力，推进约 5 个都市圈率先建设，形成人口分布合理、都市圈带动、大中小城市协调发展的新格局。[②]

另一方面，实施一批"卡脖子"的水利等重大项目建设，建设一些互联互通的水利工程，将区域内的水利枢纽和调水干渠打通，增强区域内部水资源调配能力。

此外，京津冀三地还要深入部署建设一批新型基础设施，壮大发展区域新动能，着力为数字化、网络化、智能化的现代社会提供有力支撑。[③]

3. 大力打造以首都为核心的世界级城市群

在服务新发展格局中，京津冀世界级城市群建设进一步融入了现代全球化和世界城市网络的范围概念与时代背景，要求具备协同运作的国际网络化平台、高度集聚的全球功能性机构、充满活力和创新的全球引领示范等核心特质，形成融入双循环格局的现代化经济体系，并在未来扮演着跨

---

① 叶振宇，张万春，张天华，张先林. "十四五"京津冀协同发展的形势与思路[J]. 发展研究，2020（11）：40-44.

② 谢惠，张晓光. 京津冀城市群与世界级城市群比较研究[J]. 中国商论，2020（24）：25-29.

③ 何瑾. 城市群发展，重在协同[J]. 产城，2021（04）：58-59.

境经济活动治理中心的角色。①

此外，世界级城市群定位还包含了经济功能以外政治、文化、生态等更为丰富的内容体系②，这意味着京津冀地区不仅要依托首都优势集聚国内国际高端要素，培育全球资源流动与配置的战略性功能，而且要在推动构建人类命运共同体中担当重要角色，在发展模式、治理机制、文化建设、开放程度等方面都要体现大国首都的担当和表率。

（六）紧紧围绕国内国际双循环，拓展京津冀地区协同发展的新格局

区域城市群（都市圈）处于资源配置、技术研发、产业创新、制度规则和经济治理的中心，是经济集聚的载体高地，是国内大循环的重要支点和国内国际双循环的战略联结，在循环体系中发挥着起承转合的重要作用，具备率先畅通经济循环的条件。京津冀地区作为以创新资源富集、市场潜力大、改革条件好、开放程度高、综合优势突出等特征标定的有条件区域，具备畅通双循环、加快构建新发展格局必需的功能集成和无可替代的战略担当，应率先形成良性循环，发挥好连接南北、沟通东西的核心枢纽作用，这必然要求形成与构建新发展格局相协同的新区域空间格局。③

1. 全方位促进京津冀地区的对外开放

为了更好地应对国际经济发展态势，京津冀地区必须尽快缩小与珠三角和长三角在对外开放水平方面的诸多差距，大力提升区域发展能力。同时，要充分发挥京津冀地区的辐射带动作用，带动整个北方地区的开放发展和对外合作。

另外，京津冀三地政府应多方面鼓励区域内企业持续开拓国外市场，紧紧把握和快速适应全球化进程中出现的新动向和新趋势，促进中国产品进入国际高端市场，提升京津冀地区企业的国际竞争力。

2. 以京津冀产业链、供应链、创新链重塑为主线，畅通内部循环

目前，京津冀地区的产业链、供应链、创新链存在明显的区域联动不足、关键环节本地化配套能力不足等问题。因此，京津冀地区必须抓住国

---

① 王红茹. 不再提"经济中心"北京如何带动京津冀成世界级城市群[J]. 中国经济周刊，2021（06）：84-86.

② 卫思谕. 构建京津冀协同发展新格局[N]. 中国社会科学报，2021-03-15（002）.

③ 刘国志. 勠力同心　同卷共答　助推京津冀持续协同发展[N]. 中国移民管理报，2020-12-15（003）.

内大循环快速启动和经济格局重塑的战略时机，采取如下措施：①

一是推动一批区域高端高新产业集群向创新型集群升级，从参与全球供应链向参与全球创新链跃升。

二是借助京津冀三地自贸区政策联动，创新总部—生产基地、产业园区共建等多元化产业链接模式，提升京津冀地区"三链"深度融合和市场化协作水平。

三是围绕京津冀地区工业升级改造应用场景，借助工业互联网平台加快产业链整合、升级、再造，大力提升传统产业数字化、网络化、智能化水平。

四是大力促进京津冀地区科技创新、人力资源、现代金融等要素资源的顺畅流动，提升京津冀地区的产业生态和创新生态活力。②

3. 加快京津冀地区统一大市场的建设步伐，进一步激发内需潜力

一是加快推动京津冀地区一体化市场体系建设。区域市场一体化，以规划制度统一、发展模式共推、治理方式一致、区域市场联动为基本特征，是建设全国统一大市场的重要内容，也是构建新发展格局的关键抓手。③

二是尽快构建布局合理的区域城镇体系。区域统一市场形成的空间载体的建设，需要打造规模适度、结构合理、功能完善的城市群体系。面对当前的国际经济发展态势，京津冀地区需要强化功能性分工，推动形成多中心网络式的京津冀地区空间架构，实现更加均衡的空间发展。④

4. 充分发挥京津冀地区在协同发展改革中的引领作用

京津冀地区作为区域整体协同发展改革引领区，承载着在更高起点上率先谋划和推进改革、服务新发展格局的历史重任。实现国内国际双循环良性互动，既要坚持深化改革与持续的制度创新有机结合，集纳最新改革成果、汇聚先行先试政策，疏通影响国内大循环的堵点，还要坚持以扩大开放促深化改革，在确保开放安全的前提下，推动全面开放导向下的区域

---

① 高钟庭，刘秉镰，李国平，侯永志，武义青，张贵. 构建新发展格局　共谋区域协调发展新思路——新发展格局下我国区域协调发展展望暨京津冀协同发展战略七周年高端论坛专家发言摘编[J/OL]. 经济与管理，2021（03）：23-30.

② 刘国志. 勠力同心　同卷共答　助推京津冀持续协同发展[N]. 中国移民管理报，2020-12-15（003）.

③ 刁琳琳. 立足新发展格局深化京津冀协同发展[J]. 前线，2021（05）：93-96.

④ 曹国宪，任晓刚. 深入实施京津冀协同发展战略的着力点[J]. 人民论坛，2021（09）：54-56.

协同开放。①

通过以更多"首创"政策实施、"首家"资源落地加快构建京津冀高水平开放平台，与长江经济带、粤港澳大湾区合力打造扩大开放共同体，为我国建设更高水平开放型经济新体制提供示范引领，在服务构建新发展格局中形成扩大开放的新优势，最终形成以国内大循环带动国际大循环、以国际大循环促进国内大循环的良性循环体系。②

参考文献

[1] 中国人民银行国际司青年课题组. 疫情下的国际经济金融形势[J]. 中国金融，2021（04）：73-76.

[2] 黄剑辉. 当前国际经济形势分析与预判[J]. 中国经济报告，2021（01）：130-140.

[3] 库天一. "V"型反弹陷入慢慢复苏路国际经济步入短期"滞胀"——第三季度国际经济形势分析[J]. 统计科学与实践，2020（10）：20-24.

[4] 高雅. 国际形势变化下我国对外出口型企业的发展困境与对策建议[J]. 现代营销（下旬刊），2020（11）：238-239.

[5] 中国进出口银行战略规划部课题组，缪林燕，宋修远. 2019—2020年国际经济金融形势简析[J]. 海外投资与出口信贷，2020（01）：10-15.

[6] 何鲜. 试析新形势下国际经济贸易发展趋势与对策[J]. 现代商业，2021（13）：47-49.

[7] 库天一. 2020 年二季度国际经济形势分析[J]. 统计科学与实践，2020（08）：9-13.

[8] 李兰冰. 新发展格局与京津冀协同发展[N]. 天津日报，2021-03-08（010）.

[9] 武坦. 新形势下国际经济与贸易发展研究[J]. 投资与合作，2021（03）：72-73.

[10] 黄群慧. 从当前经济形势看我国"双循环"新发展格局[N]. 学习时报，2020-07-08（006）.

---

① 刁琳琳. 立足新发展格局深化京津冀协同发展[J]. 前线，2021（05）：93-96.
② 叶振宇，张万春，张天华，张先林. "十四五"京津冀协同发展的形势与思路[J]. 发展研究，2020（11）：40-44.

[11] 叶振宇，张万春，张天华，张先林. "十四五"京津冀协同发展的形势与思路[J]. 发展研究，2020（11）：40-44.

[12] 任剑涛. 中国复兴与世界格局变化[J]. 武汉科技大学学报（社会科学版），2020，22（03）：233-244+228.

[13] 白宇飞，王楚琪，杜晓雨. 我国中小型出口企业面临的发展困境与解决对策[J]. 中国商贸，2015（02）：92-94.

[14] 陈帅男. 贸易摩擦背景下我国外向型企业面临的困境与应对策略[J]. 对外经贸实务，2020（07）：25-28.

[15] 陈继勇. 中美贸易战的背景、原因、本质及中国对策[J]. 武汉大学学报（哲学社会科学版），2018，71（05）：72-81.

[16] 邓仲良. 从中美贸易结构看中美贸易摩擦[J]. 中国流通经济，2018，32（10）：80-92.

[17] 王云胜，于树江. 中美贸易摩擦对我国产业结构升级的中长期影响研究[J]. 河南社会科学，2020，28（01）：93-101.

[18] 胡耀岭，范佳奇. 京津冀协同背景下雄安新区发展路径及河北战略措施[J]. 石家庄铁道大学学报（社会科学版），2021，15（02）：1-5.

[19] 王红茹. 不再提"经济中心"北京如何带动京津冀成世界级城市群[J]. 中国经济周刊，2021（06）：84-86.

[20] 中国财政科学研究院课题组，傅志华，马洪范，李成威，景婉博，于雯杰，陈龙. 从"逆全球化"看2018年国际经济形势[J]. 财政科学，2018（05）：5-12.

[21] 孙伯银. 近年国际经济形势及未来展望[J]. 农村金融研究，2016（03）：31-36.

[22] 刘海云，李清. 协同联动促京津冀产业高质量发展[N]. 经济日报，2021-01-02（006）.

[23] 金微微. 京津冀地区经济协调创新发展体系的构建研究[J]. 中国商论，2020（24）：17-18.

[24] 谢惠，张晓光. 京津冀城市群与世界级城市群比较研究[J]. 中国商论，2020（24）：25-29.

[25] 刘国志. 勠力同心 同卷共答 助推京津冀持续协同发展[N]. 中国移民管理报，2020-12-15（003）.

[26] 冯梓峰，王静. 当前国际形势下中国经济发展战略探析[J]. 科技创业（月刊），2018，31（10）：63-66.

[27] 文君，庄芮. 中国以高质量发展应对国际经济新形势[N]. 国际商报，2019-10-12（002）.

[28] 万光彩，陈鑫鑫. 新冠疫情冲击下中美贸易摩擦的博弈分析[J]. 中国海洋大学学报（社会科学版），2021（03）：73-83.

[29] 董柳羽，张汝根. 中美贸易战对我国出口贸易的影响及对策[J]. 经济师，2021（06）：10-11.

[30] 张秉慧，许哲. 中美经贸摩擦的背景、原因与演变趋势研究[J]. 现代商贸工业，2021，42（17）：27-31.

[31] 李燕. 大国关系及美国大选对全球局势的影响：俄罗斯智库与媒体看法[J]. 俄罗斯学刊，2021，11（02）：5-23.

[32] 马天月，丁雪辰. 中美贸易摩擦与中国企业创新路径分析[J]. 科学学与科学技术管理，2020，41（11）：3-15.

[33] 孙文浩，张杰. 中美贸易战何以影响制造业高质量发展[J]. 科学学研究，2020，38（09）：1559-1569+1596.

[34] 刘江炜. 美国发起贸易战的诉求和影响——重点分析对人民币兑美元汇率的影响[J]. 统计与管理，2020，35（08）：21-26.

[35] 陈继勇，杨格. 新冠疫情与中美经贸关系重塑[J]. 华南师范大学学报（社会科学版），2020（05）：48-56+189-190.

[36] 周元松. 中美贸易摩擦与全球治理变局[J]. 安阳师范学院学报，2020（04）：118-123.

[37] 邹水生. 数字经济内涵、现状及驱动新经济的路径分析[J]. 科技经济导刊，2021，29（17）：209-210.

[38] Michael D Bordo，Andrew T Levin. 中央银行数字货币与货币政策的未来[J]. 中国货币市场，2021（05）：75-79.

[39] 陈诚. 数字人民币助推企业向"互联网+财会"模式转型[J]. 中国石化，2021（04）：54-56.

[40] 王晓红. "十四五"时期推动我国服务贸易创新发展的主要思路[J]. 发展研究，2021，38（05）：52-60.

[41] 孟胜英. 天津市产业承接转移及财税支持政策研究[D]. 天津财经

大学，2019.

[42] 刘纪艳，陈元良，胡志松. 关于推进北京高精尖产业与北三县协同布局的对策建议[J]. 中国工程咨询，2021（06）：51-56.

[43] 刁琳琳. 立足新发展格局深化京津冀协同发展[J]. 前线，2021（05）：93-96.

[44] 高钟庭，刘秉镰，李国平，侯永志，武义青，张贵. 构建新发展格局　共谋区域协调发展新思路——新发展格局下我国区域协调发展展望暨京津冀协同发展战略七周年高端论坛专家发言摘编[J]. 经济与管理，2021（03）：23-30.

[45] 何瑾. 城市群发展，重在协同[J]. 产城，2021（04）：58-59.

[46] 石菲. 京津冀协同打造世界级智慧城市[J]. 中国信息化，2021（04）：29-31.

[47] 李国平. 将京津冀打造成区域协同发展的样板[J]. 群言，2021（04）：22-24.

[48] 曹国宪，任晓刚. 深入实施京津冀协同发展战略的着力点[J]. 人民论坛，2021（09）：54-56.

[49] 曹洋，柳天恩，母爱英. 京津冀构建区域产业价值链驱动产业升级研究[J]. 中共石家庄市委党校学报，2021，23（06）：35-39.

[50] 黄群慧. 从当前经济形势看我国"双循环"新发展格局[N]. 学习时报，2020-07-08（006）.

[51] 孙久文. 新冠肺炎疫情对中国区域经济发展的影响初探[J]. 区域经济评论，2020（02）：8-11.

[52] 程杰. 新冠疫情对就业的影响及对策建议[J]. 中国发展观察，2020（Z2）：40-42.

[53] 吴静，张凤，孙翊，朱永彬，刘昌新. 抗疫情助推我国数字化转型：机遇与挑战[J]. 中国科学院院刊，2020，35（03）：306-311.

第九章　新产业：京津冀新型服务业发展

　　摘要：本报告首先基于京津冀新型服务业发展背景，从立足国家新战略、支持发展新格局、完善产业新驱动三个层面阐述了京津冀会展业发展的必要性；其次，报告以"现象—困境—机制—途径"的研究脉络，分析了京津冀各地区会展业发展现状、制约因素和战略定位，并通过借鉴巴黎都市圈、长三角城市群、粤港澳大湾区三个国内外会展业发达地区的发展经验，探索京津冀会展业发展路径；再次，围绕京津冀会展业发展现实需求，以五大发展理念，即品牌化、数字化、协调化、国际化、绿色化为目标体系，从会展业发展驱动要素、会展业发展环境支持要素和会展业动力运行系统三个维度深入探究京津冀区域会展业发展的动力机制；最后，从京津冀区域会展业协同发展和差异化发展两个方面，提出紧抓顶层设计、转变会展模式、体制机制改革、打造品牌项目、增强整合营销、加强市场监督、强化资源整合、优化会展环境等多项发展路径，促进京津冀会展业转型升级与提质增效，为京津冀协同板块下新型服务业高质量发展，真正实现区内外资源整合、优势互补和多方共赢。

　　关键词：新型服务业　会展业　动力机制

　　京津冀协同发展是党中央在新的历史条件下做出的重大决策部署，是面向未来打造新的首都经济圈、推进区域发展体制机制创新的历史性工程。从 2014 年 2 月至今，协同发展不断向纵深推进，取得丰硕成果。站在"十四五"规划的开局之年，京津冀协同发展进入到攻坚克难的关键阶段。新型服务业在京津冀区域发展的历程中特点突出、创新活跃、功能互补、协同有序，高质量发展的新型服务业有助于释放京津冀经济发展的巨大潜力，促使京津冀区域成为中国新型服务产业高地，构建更高水平的对外开放平台。新时代下，为推进京津冀新型服务业不断迈上新台阶，取得新成效，本报告以新型服务业中具有代表性的会展业作为切入点，为京津冀区域会展业提出合理化的发展建议。

一、研究背景与意义

（一）研究背景

"十三五"以来，我国第三产业规模不断扩大，结构持续优化，我国在走向服务业主导的经济转型升级上取得决定性成果。服务业成为促进中国经济提质升级、推动中国经济增长和创造就业的重要抓手。在现代信息技术的推动下，基于大数据、云计算、物联网、人工智能的服务应用和创新日趋活跃，传统服务业转型升级，服务业逐渐发展为新兴产业和传统产业并驾齐驱、新型服务业和传统服务业相互促进的产业新格局。

面对错综复杂的国际形势以及国内发展的现实需求，我国提出了以国内大循环为主体、国内国际双循环相互促进的新发展格局。"十四五"时期是构建新发展格局的关键时段，对我国新型服务业发展提出了更高的要求。当前，在大数据、人工智能、云计算、物联网、5G、区块链等信息技术加快创新下，我国新型服务业规模虽不断壮大，但占 GDP 的比重与发达国家相比还有不少差距，新型服务业的经济效益还有待进一步提升。

在加快区域新型服务业发展进程中，京津冀协同发展作为一项意义重大而深远的国家战略，在深入推进加快各地区新型服务业的发展进程中发挥了重要作用。北京、天津、河北地区经济发展各具特色，其错位发展、区域协同发展进程不断推进，为新型服务业的进一步扩大开放提供了良好的发展环境。在京津冀协同一体化的促进下，其新型服务业已呈现出"你中有我，我中有你"的特点。而会展业作为新型服务业的重要组成部分，在推进各类创新要素、生产要素、资本要素在京津冀城市群间有序流动，服务京津冀功能定位的实现方面具有显著优势。在京津冀协同发展为区域会展业发展带来了机遇的同时，区域内会展业发展不平衡、产业协同力度不足问题逐渐突出。京津冀三地会展业基础不同，城市发展定位不同，决定了三地的会展业将朝不同的方向发展。

（二）研究意义

基于区域协同一体化的战略高度，本报告梳理了京津冀服务业及会展业发展现状，分析了各地区会展业发展中的制约因素，明晰了各地区战略定位，以城市圈群会展业发展为参考，借鉴发展经验与模式，进一步清晰揭示了其会展业协同化、差异化行动路径及举措。整体而言,本报告对于京津冀区域会展业发展路径的探索在国家战略、区域布局、产业驱动三方面都具有重要意义。

1. 立足国家新战略

《中华人民共和国国民经济和社会发展第十四个五年规划和 2035 年远景目标纲要》明确提出,"提高服务效率和服务品质,构建优质高效、结构优化、竞争力强的服务产业新体系"。基于国家新战略,对于新型服务业的研究具有明显战略价值。未来,新型服务部门将创新需求传递给实体产业,将有力实现高质量供给,引领和创造潜在需求,形成宏大顺畅的国内经济循环,从而更好吸引全球资源要素,促进发展新格局的形成。本报告立足国家新战略,对新型服务业的发展现状及制约因素进行系统阐述,为京津冀整体新型服务业的长久发展提供理论支撑,对总体发展状况进行总结,并指出不足,具有宏观指导意义。

2. 支持发展新格局

国家会展中心(天津)项目是服务京津冀协同发展、承接北京非首都功能疏解,并服务"三北"地区的标志性工程。首都功能的疏解工作持续进行,对于天津、河北而言,各自对应一定的承接责任与角色,并需要注意把握重要机遇,实现协同发展。同时,京津冀新型服务业是有功能性分工与地域性特征的布局。因此,京津冀的发展战略或路径,是从协同化和差异化两个方面定义的,本报告通过明确区域内产业服务功能合理布局,建立动力机制模型以支持发展新格局,进而总结并解释行动举措,为京津冀下一步合理布局提供引导。

3. 完善产业新驱动

国家会展中心(天津)项目一期于 2021 年 6 月 24 日正式启用,并迎来名为中国绿色智慧建筑博览会的首展。作为商务部和天津市合作共建项目,国家会展中心天津项目是服务国家战略,推动天津对外开放的国家级平台。另外,对于京津冀整体而言,由于雄安商务服务中心会展中心与大兴国际会展中心的(拟)建设,其会展业布局受到一定影响。新型会展业格局是随着资源的均衡而进行平移的,本报告结合区域间特征表象与驱动要素的呈现,对各个区域的动力系统进行详细阐述,完善地区产业驱动要素,进一步揭示了城市驱动要素对会展业的影响机制,并在创新举措与实施路径上,对城市协同发展与差异化发展深入分析,提出建议以助力城市会展业目标体系的实现。

二、协同一体化背景下京津冀新型服务业发展现状与方向

(一)京津冀新型服务业发展现状

目前京津冀区域在交通、公共服务等诸多方面的协同发展中都取得了初步成效,提高了各地区的对外开放水平、经济发展水平、产业创新能力和服务业发展水平,进一步促进了区域新型服务业发展。但是北京市、天津市及河北省新型服务业发展的产业基础不同,地区间新型服务业发展水平存在较大差距,京津冀区域新型服务业的协同一体化发展仍存在较多困难。

1. 北京市新型服务业发展现状及问题

北京市是服务经济规模最大的城市,构建了以服务经济为主导的发展格局,从产业结构看,科技服务业、信息服务业、文化创意产业等高精尖产业主导的格局加速形成,新型服务业发展水平较高,生产性服务业快速增长。北京市还将不断深化新一轮服务业扩大开放综合试点,全力打造以科技创新、服务业开放、数字经济为主要特征的自由贸易试验区,这为北京市新型服务业的快速发展奠定了良好的基础。但是北京市的生产性服务业发展尚不充分,科技服务模式创新对传统产业升级的辐射带动作用仍有待增强,北京市新型服务业对服务"四个中心"功能建设作用有待增强,对京津冀区域服务业科技创新和新型服务业协同发展的带动作用还不突出。

2. 天津市新型服务业发展现状及问题

天津市作为全国服务贸易创新发展试点城市,依托天津港在承接国内外服务业转移方面具备独特的优势,在现代航运、文化贸易等领域发展较好,其信息服务、科技服务等新型服务业已经形成一定规模,在服务业中的比重不断增加。天津市仍将不断打造"一网、三链、四集群",即打造高能级现代商贸网络体系、航运服务特色链、会展经济特色链、健康产业特色链、金融服务产业集群、商务服务产业集群、设计服务产业集群、智能科技产业集群的现代服务业产业体系,将有效促进天津市新型服务业的高质量发展。但是天津市内新型服务业两极分化进一步扩大,专业化现代服务业园区相对不足,能够吸引生产性服务业的制造业集群相对较少,自贸

区政策优势尚未充分发挥，新型服务业的支撑力度仍有待加强。

3. 河北省新型服务业发展现状及问题

在京津冀区域协同发展的背景下，河北省对构建现代化电子商务和物流金融服务的原有现代服务业发展目标进行了调整，不断推动更多种类和形式的现代服务业落地河北，促使新型服务业的整体发展水平正在不断提升。雄安新区、石家庄市等被列入服务贸易创新发展试点，为新型服务业提供了新的发展机遇，雄安新区在政务服务、数字经济和金融等领域取得的特色成效，也将推动河北省新型服务业的进一步发展。但是相对于北京市和天津市，河北省的服务贸易发展相对缓慢，现代服务业起步晚、尚未形成规模，传统服务业在服务业中占比较高。并且河北省外贸依存度不高，长期依赖劳动投入，产业创新能力不足，对软件与信息服务、中介咨询服务等需求不高等问题限制了新型服务业的发展。

京津冀各地区依据自身发展特点与优势，不断进行产业结构优化，实施了一系列合作协议与细则，促进了产业发展要素的双向流动。但是由于行政区划和资源局限性的限制，京津冀区域新型服务业的协同效应没有充分体现。北京市的优势资源过度集中，未能充分发挥其辐射带动作用，河北省的短板效应明显，资源要素的价格优势未能充分体现，并且京津冀区域产业链和空间链的链接仍不顺畅、契合度不高，整体区域新型服务业发展定位与产业分工仍有待进一步明确。

（二）协同一体化背景下京津冀新型服务业发展方向

1. 京津冀新型服务业的协同化发展

为了更好地促进京津冀区域新型服务业的协同一体化发展，需要打破跨区域的行政制度障碍，完善新型服务业区域协同发展的顶层设计，重视区域性政策的叠加效应，搭建全方位合作框架。加强区域内部有关研发创新的交流，充分重视雄安新区新型服务业建设在京津冀新型服务业协同发展中的杠杆作用，发挥雄安新区中关村科技园、天津滨海—中关村科技园、保定中关村创新中心等产业平台的支撑作用，实现京津冀各地区间新型服务业的转移对接与协作，推动区域新型服务业产业链与创新链的深度融合。不断推进京津冀区域内基础设施和功能载体的建设，强化各地区间在服务贸易领域的国家相关功能区或基地的相互支撑作用，促进各类资源要素的均衡配置，实现区域内新型服务业的优势互补与协同发展，为新型服务业的高质量发展奠定基础。

2. 京津冀新型服务业的差异化发展

在京津冀各地区新型服务业发展的功能与定位上做到求同存异，实现京津冀各地区间新型服务业的错位发展，构建多层次产业分工体系，形成以河北省制造业为基底的上下游协调联动的、产业发展空间布局合理的发展格局。北京市继续做精做细优势新型服务业，加快信息技术、生物等领域的高精尖产业发展，充分发挥北京市的辐射带动作用；天津市推进全国先进制造研发基地建设，促进新型服务业与制造业的深度融合，不断提升新型服务业的支撑作用；河北省高水平建设雄安新区，以高端产业定位塑造新的增长极，突破区域新型服务业发展的薄弱环节，形成以北京市—研发服务、天津市—成果转化、河北省—应用制造的新型服务业协作发展模式。

三、京津冀会展业基本情况与发展思路

作为我国 21 世纪重点扶持的朝阳产业之一，会展业具有推动国民经济发展和优化社会资源配置的能力，是现代服务业发展的新引擎。"十四五"时期，加速推动会展业发展成为促进京津冀区域扩大开放交流、实现产业转型升级的重要途径。因此，选择会展业作为京津冀新型服务业发展的案例研究，具有一定的代表性和典型性，能够为新型服务业有效发挥在现代产业融合发展的引领推动作用提供经验借鉴，助力京津冀区域在协同发展中实现自身创新发展。

（一）京津冀会展业发展现状

京津冀区域会展发展整体势头良好，是我国五大会展经济带之一。近年来，京津冀区域在会展业发展方面均取得了长足的进步。北京市会展总体发展水平稳步提高，会议势头强劲、展览效益上升，会展业蓬勃发展；天津市会展业发展在软硬件方面取得了重大突破，呈现快速发展的态势，自主品牌展会迅速增长，会展规模不断扩大；河北省积极发展会展产业，办展数量稳步上升，经济效益和社会效益持续向好，会展业对经济的引领作用不断增强。2017 年，中共中央、国务院决定设立雄安新区。这一重大决策部署有效推进经济协调发展，对京津冀区域会展业发展具有重大意义。雄安新区的设立，在夯实京津冀区域会展业发展基础的同时，培育创新驱动发展新引擎，并全面提升京津冀区域会展经济的核心竞争力。2015—2019

年京津冀会展业发展情况如图 9-1 所示。

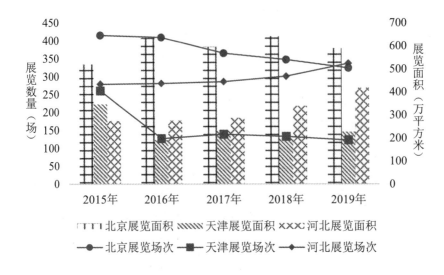

图 9-1　2015—2019 年京津冀会展业发展情况

数据来源：中国会展经济研究会。

1. 北京市会展业发展现状

会展业总体发展水平稳步提高。近年来，北京办展办会质量日趋提升，围绕"四个中心"的功能定位及有序疏解北京非首都功能等战略发展要求，产业结构逐步调整优化，不断谋求高质量发展，将北京打造成具有重大影响力的国际会展中心城市。2009 年至 2019 年间北京举办展览数量基本保持稳定水平；近三年，展会数量占比处于增长态势，会展业总体发展水平稳步提高。

会展经济效益持续增强。北京市作为我国资源最为集中、经济最为发达以及国际化程度最高的城市之一，北京举办展会的品牌影响力以及经济效益依旧显著。从 2004 年的 17.4 亿元上升至 2019 年的 174.9 亿元，增长十倍之多，展览业对北京市经济的综合拉动和规模效益显著提升。

会展设施规模品质不断攀升。北京城市会展相关配套设施完善，场馆数量众多，会展设施、硬件设备、服务条件等建设完备。北京未来将进一步形成以国家会议中心、人民大会堂、雁栖湖国际会都的"会议铁三角"

和以国家会议中心、新国展、大兴机场会展为"展览三峰"的会展发展格局。

2. 天津市会展业发展现状

政府支持力度加大。近年来，天津市为促进会展业进一步发展，颁布了一系列会展业相关政策；2011 年发布了《天津市促进会展业发展办法》，以政府号召带动会展业发展；2018 年发布了《天津市人民政府办公厅关于进一步促进会展业改革发展的意见》，开拓域外市场，扩大消费和促进经济发展；2021 年发布了《津南区人民政府办公室关于促进会展产业发展实施意见（试行）》，支持国家会展中心（天津）做大做强。

会展软硬件建设水平提高。天津会展业发展软硬件建设取得了重大突破，呈现出快速发展态势。天津围绕建设北方服务贸易中心、北方国际航运中心的发展定位，着力提升会展业配套服务设施。国家会展中心（天津）正式运营将进一步提升天津市会展软硬件水平，成为中国会展经济长兴发展的又一新引擎。

自主品牌展会迅速增长。近年来，随着京津冀协同发展战略的深入，天津市会展品牌数量迅速增长，自主培育了华夏家博会、天津工博会等一系列展会。依托自身特色区位优势，天津聚焦现代服务业重点领域和发展短板，促进商务服务、流通服务等生产性服务业向专业化品牌化价值链高端延伸。

3. 河北省会展业发展现状

办展数量和面积稳步提升。近年来，河北省会展业发展规模不断壮大，2015 年至 2019 年全省展览数量和面积均呈上升趋势，增长率也逐年攀升。其中展览数量相对 2015 年增长了 20.8%，年均复合增长率为 4.8%；展览面积增长 51.6%，年均复合增长率为 11%。从展览数量和展览面积的增长情况来看，单体展会规模不断扩大，发展潜力巨大。

县域会展经济成为亮点。河北省具有优越的产业基础和丰富的会展资源，为会展业的发展夯实基础。近年来，河北省的县域会展经济越发凸显，成为河北会展业发展的一大特色，其中日用消费品展和居民服务类展览数量位居所有会展题材榜首，依托当地特色产业举办的产业型展览数量日益增多，全省县域会展经济发展水平稳步上升。

（二）京津冀会展业发展的制约因素

京津冀、长三角、珠三角是我国三大世界级城市群，京津冀区域作为三极之一，地区之间相互呼应、协同发展促进京津冀区域会展经济整体水平的全面提升。但与长三角、珠三角区域会展经济相比，京津冀会展经济发展还存在较大差距。长三角区域已形成以上海为核心的会展经济带，周边城市在上海市的带领下逐渐形成了会展经济发展一体化格局；珠三角区域则以广州、深圳为核心，以强带弱，充分发挥会展区域联动性，带动周边地区会展经济发展，形成珠三角会展经济带。相较而言，京津冀区域会展业水平发展不高，还未形成差异化协同发展格局。

1. 北京市会展业发展的制约因素

近年来，北京产业结构发生变化，随着行政力量对会展资源的配置能力逐步弱化，疏解北京非首都功能战略要求，以及场馆限制等因素，北京展览业的优势和发展动力随之弱化，资源优势对会展业的促进作用减弱。此外，展览设施的瓶颈约束问题日益凸显，北京现有展览场馆在规模和设施条件上难以满足大型国际品牌展会的需求，北京的品牌展会逐渐流失。

2. 天津市会展业发展的制约因素

天津会展业发展态势良好，但天津的产业优势、资源优势并没有在天津会展业发展中得到充分体现。数据显示，天津展览数量有所减少，展览主题分散，没有较为集中的侧重点。此外，天津会展经济受疫情影响长期徘徊，发展速率减缓，亟待创造新的会展经济动力。

3. 河北省会展业发展的制约因素

河北省在京津冀协同发展战略指导下，会展业表现出量值齐增的发展态势，体现出明显的区域特征。但受到环境影响，会展举办环境相对其他城市受限，办会办展条件亟待优化。此外，河北省经济基础较北京、天津还存在一定差距，知名会展企业数量少，市场竞争力较弱，会展业发展的经济条件和市场环境还有待改善。

（三）京津冀会展业的战略定位

京津冀会展业应放眼国际，通过发展多重会展业态，建立完善的会展产业经济生态圈。通过对区域内会展场馆提质升级、对会展人才积极引进、对基础设施不断完善来全面提升京津冀会展业综合竞争力，打造一个结构优化、布局合理、区域联动、绿色生态的区域性国际会展都市圈。

1. 北京会展业的战略定位

北京是我国的首都、政治中心，是各种大型国际会议或国内会议的举办地，因此北京市可以更加侧重会议类会展活动，坚持专业化、国际化、信息化、品牌化道路，做好国内外重大会议的承办服务工作，打造世界会议中心。另外，北京作为全国文化中心，应发挥引领全国文化的作用，举办服务国家战略、促进文化振兴、增强文化自信的各类会展活动。

2. 天津会展业的战略定位

天津市以现代制造业为主，工业基础雄厚，具有港口优势，并且北方最大的会展场馆设施——国家会展中心（天津）已经正式运营，因此天津可以侧重建设大型展览集聚区，培育如工业展等大型设备展，打造国际大型展览之都。

3. 河北会展业的战略定位

河北医疗、建筑等传统产业实力强，但为了与天津会展项目不冲突，河北在会展集聚区内部建设时，应更加注重突出本地地域特色，大力发展旅游类的品牌展会和文化类会展活动，努力打造以雄安新区为核心，连线河北各市的会展产业的会展集聚区，建设国际知名会展城市群。

4. 雄安新区会展业的战略定位

雄安新区的定位为世界眼光、国际标准、中国特色、高点定位，打造国内绿色低碳区和改革先行区。雄安新区应率先引进国际会议、高峰论坛，而后再引进成熟的大型展览活动，打造生态化、技术化、特色化的国际会展区域。

四、国内外城市圈会展业发展对京津冀的启示

（一）巴黎都市圈会展业发展的经验借鉴

1. 发展情况

法国的工业、农业、第三产业在欧洲都占有重要地位，便利的交通和重要的区位优势，再加上美丽的风景和独特的人文环境，都让法国成为世界上会展产业最发达的国家之一。

法国近一半的会展产业集中在"展览之城"巴黎，气候温和、产业完备、交通便利、拥有一流的会展场馆和服务体系。在巴黎举办的大型展览占法国 80%以上，每年参展商近 10 万家，接待观众 900 万人，展会涉及

几乎所有行业。在行业协会方面，法国展览业主要有五大协会，其中巴黎工商会既是代表和维护企业利益的公共事业机构，也直接参与展览中心的管理，加强和法国主管行政部门以及国内外有关机构的协调和联络。在接待设施方面，巴黎依托大都市圈优势，有着强大的航空运输能力，年吞吐量近亿人次，其市区内客房数量就达到76109间。在场馆建设方面，"巴黎展览集团"拥有9个展览厅和会议中心，其中包括著名的维尔班展览中心、凡尔赛展览中心和巴黎会议中心，是世界上最大的展览场地组。

2. 经验借鉴

通过对巴黎都市圈会展业发展特点的分析，可以从以下四个方面借鉴其发展经验。

第一，集中现有资源，加强新型会展场馆的建设。中国会展场馆呈现南多北少的态势，现代化和管理水平低。为了发展高端会展业和建设会展中心区域，京津冀应尽快克服因缺乏大型高端会展场馆而带来的局限性，整合现有资源，提高会场的能力和技术水平，为会展产业提供更多优质的服务。

第二，要重视权威性的行业协会在会展业发展中的作用。京津冀应加强行业协会的设立，借鉴西方先进经验，充分发挥行业协会在自律管理行业发展中的作用，制定行业标准。协会与政府沟通，接受政府委托，主动担任起对会展企业、展览会等的管理和调控责任；协会与企业沟通，保护会展各方利益，联络相关企业，提高区域内会展业运营效率和服务质量。

第三，要对京津冀会展的品牌化予以支持。京津冀区域要打造知名度高、专业性突出、规模成效好、权威性强的会展活动，并对区域内发达产业具有一定的前瞻性和预见性。

第四，继续提高对外开放度，树立良好的城市形象，增强京津冀区域的知名度。京津冀会展业应力求提高展会的国际化水平，增加国外参展商和参观客户的比例，力争使当地品牌展会成为中国甚至全世界的龙头展。京津冀应继续促进与其他国家的交流，在国际关系和政策范围内开辟新发展道路，加大海外宣传力度，吸引更多的海外参展商和游客到京津冀区域参展。

（二）长三角城市群会展业发展的经验借鉴

1. 发展概况

长三角城市群在国家区域发展总体战略全局中占据至关重要的位置，是我国最具经济活力的资源配置中心，具有全球影响力的科技创新高地。长三角城市群具备会展业高质量发展与业态集聚的优越条件，其独特的区域位置、发达的产业结构、雄厚的经济基础、完善的会展项目、成熟的会展队伍、良好的市场环境等优势为会展业高质量发展创造了有利条件。

在上海以及杭州、南京、义乌等重要城市强大的经济辐射带动作用下，长三角城市群借助各种资源优势，通过优势互补，形成合力，已成为全国会展业发展的"领头羊"。长三角会展城市群会展企业数量众多，几乎涵盖了会展产业链的各个环节；会展场馆数量多且基础配套服务完善，场馆实力强，如国家会展中心（上海）、杭州国际博览中心等综合性场馆；大型会展项目多，项目的品牌知名度高、影响力大，项目质量高。在会展业发展方面，长三角城市群已形成独特的产业优势和发展模式，能为其他城市群的发展提供参考和借鉴作用。

2. 经验借鉴

通过了解长三角城市群的会展发展特点，可以发现其存在以下几个值得借鉴的经验。

第一，发挥会展溢出效应和带动效应。长三角城市群构建了以上海为核心的会展经济带，借助上海会展产业优势，充分扩大其会展产业的溢出效应和带动效应，推动周边地区的会展经济发展，形成综合经济发展的格局，使得长三角区域的会展经济呈现出较强的核心竞争力。京津冀区域可借鉴长三角城市群的"上海带动"模式，通过北京的会展溢出效应和带动效应，发挥首都经济圈的作用，促进会展资源在北京、天津以及河北之间的合理配置，提升天津和河北的会展发展水平。

第二，建立区域性会展联盟，促进会展资源协调发展。长三角城市群建立了长三角会展联盟、苏锡常会展业一体化联盟等，进一步促进长三角各城市之间会展行业的互动与共赢，为会展业跨城市（区域）合作提供重要支撑。京津冀区域可建立区域性会展联盟，促进各城市之间在项目、产业、场馆、人才、信息、物流、技术、资本等资源的协调发展。

第三，完善区域内基础设施，加强场馆功能建设。长三角城市群会展场馆规模大，现代化水平高，区域内拥有多个设施完善的会展场馆，如杭州国际博览中心、国家会展中心（上海）等，凭借先进的软硬件设施、一流的展会综合配套服务，成为众多国内外品牌展览活动举办地。京津冀应完善区域内基础设施，加强河北的会展场馆功能建设，打造数据化、智能化场馆，缩小北京、天津、河北之间的会展资源差距，充分发挥国家会展中心（天津）的辐射作用，提升京津冀区域的会展竞争力。

（三）粤港澳大湾区会展业发展的经验借鉴

1. 发展情况

粤港澳大湾区是我国开放程度最高、经济活力最强的区域之一。粤港澳大湾区具有独特的区域优势，港口吞吐量和机场旅客吞吐量位居世界湾区之首；在经济体量、人口规模、土地面积、人才储备等方面可相比于世界三大湾区；拥有发达的制造业、信息产业和高新技术产业等，产业基础雄厚，诸多发展优势为粤港澳大湾区会展业的发展奠定了良好的基础。

粤港澳大湾区内会展城市众多，拥有一批具有影响力的会展集团；会展场馆的国际化水平相对较高，深圳国际会展中心、潭州国际会展中心等会展场馆相继落成或扩充，国际化水平不断提升；会展产业结构特色突出、产业分布密集，形成了广佛肇、深莞惠、珠中江三大会展经济圈等。大湾区内各城市之间已经形成了产业的分工体系，进行会展业差异化竞争，如深圳基于新一代信息技术等战略新兴产业集群，形成了以高交会、文博会为主的科技文化类展会，东莞和惠州依托加工制造业的发展，形成了以家博会、模具展为代表的工业技术类展会。同时各城市间通过建设国际科技创新中心等开展区域会展业的协同发展，并以广州、香港、深圳为核心，引领大湾区内其他城市会展业的发展。

2. 经验借鉴

通过对粤港澳大湾区会展业发展特点的分析，可以从以下四个方面借鉴其发展经验。

第一，加强区域会展产业基础建设。粤港澳大湾区通过打造 1 小时生活圈，加强基础设施互联互通等，为区域会展业的高质量发展奠定了良好的基础。京津冀区域各城市间也应该持续加强公共服务与基础设施的建设，不断提高各地区间的可进入性及会展活动的承载能力，促进会展资源要素的自由化流通，并不断调整各地区产业结构，推进各产业基础建设，促进区域会展业发展。

第二，打造各地区会展行业特色。通过借鉴粤港澳大湾区依托各地主导产业，实现会展业差异化竞争的发展经验。京津冀区域仍需推进会展产业梯度分工体系的建设，实现不同地区功能定位的差异化，突出不同地区特点，实现区域间会展业的优势互补。如北京市依托发达的文化创意产业、科技服务产业等发展高精尖的科创类等会展活动，而河北省则可以结合各地消费特点，重点开发消费类会展活动等。

第三，构建合理的区域会展层级布局。参照粤港澳大湾区合理规划"一个国家、两种制度、三个关税区、四个核心"背景下不同地区会展业发展关系的经验，京津冀区域需要有机连接区域内重要节点城市，形成合理的会展业区域布局、层级布局，推进会展资源的逐层转移。以北京市、天津市、雄安新区构成京津冀区域会展业的核心圈层，不断加强核心圈层对相邻地区会展业的引领及辐射带动作用。

第四，加强区域会展协同创新。借鉴粤港澳大湾区建设国际科技创新中心等协同发展举措，京津冀区域仍需加强政策及制度创新，不断推进中关村科技园与雄安新区、滨海新区等的联动发展，深化京津冀区域会展业的创新合作，构建开放型融合发展的区域会展协同创新共同体。

五、京津冀会展业发展理念与动力机制

面对复杂的国内外经济政治环境，京津冀会展业发展必须紧紧把握京津冀协同发展的重大战略布局，围绕京津冀区域的现实需求，提出会展业创新发展理念，深入探究京津冀区域会展业发展的动力机制，以促进区域会展业提质升级。通过对京津冀区域间会展业发展动力机制的系列探究，明晰京津冀会展业发展的基本动力，有助于会展业服务京津冀功能定位的实现，促进当地会展业在新一轮会展竞争中取得新突破，并为国内外城市圈会展业协调发展提供有效参考。

（一）京津冀会展业创新发展理念

创新、协调、绿色、开放、共享的新发展理念是我国经济高质量发展的着力点，也成为新型服务业发展的价值导向。围绕京津冀协调发展的战略布局，洞悉会展业发展新阶段的特征，提出具有会展业特色的京津冀会展业发展新理念，有助于为当地会展业创新发展提供理论指导和行动指南，

促进京津冀区域发展成为具有全球影响力的会展城市群。

1. 坚持品牌化发展理念

会展品牌建构是提升地区会展业竞争力的必然之举。京津冀会展业发展应当坚持品牌化发展理念，按照差异竞争、错位发展、优势互补的发展思路，培育打造一批具有地区特色和产业特色的品牌展会。京津冀区域应聚焦服贸会、夏季达沃斯论坛、吴桥国际杂技艺术节等一系列成熟品牌会展活动，利用其品牌效应和溢出效应，促进优势产业、城市名片与会展品牌相辅相成、互相促进，推动京津冀建设具有国际影响力的会展城市群。此外，京津冀应当注重品牌定位、品牌塑造与品牌传播环节的创新联结，形成系统性的主副品牌组合，提升品牌会展的国际影响力，提高品牌会展的规模效益和活动能级，以京津冀协同发展的全局视野来推动地区品牌会展活动的构建。

2. 坚持数字化发展理念

后疫情时代，线上会展活动加速发展，会展活动结构不断优化，数字会展已经成为会展业增强竞争力和实现可持续发展的重要支撑。在此背景下，京津冀会展业发展应当打破传统发展观念，坚持数字化发展理念，创新产品供给、招商引资、展会服务模式，推动数字会展协调创新发展。京津冀区域应把握数字化、智能化发展趋势，以数字基建和数字服务为创新着力点，加强探索以数字化新会展为统领的消费转换新模式，促进智慧会展平台成为京津冀区域城市和产业的新展示窗口和营销平台。

3. 坚持协调化发展理念

协调发展理念契合京津冀协同发展的战略定位，有助于优化市场环境，消除京津冀会展业内部发展阻力。京津冀会展业发展应当坚持协调化发展理念，把握京津冀发展方向和轨迹，构建支撑新常态会展业资源整合协调的保障网，加快区域内部的资源共享和协同发展。同时，在后疫情时代，京津冀会展业发展还要注重与上下游产业间的协调发展，加强产业间协同合作，以会展活动提振产业信心，帮助行业走出困境恢复正常发展，最终实现京津冀区域经济高质量发展。

4. 坚持国际化发展理念

在经济全球化和"双循环"的时代背景下，京津冀会展业正全面步入产业战略重构和创新蜕变的全新发展时期。京津冀会展业应把握国际化发展理念，加强发挥会展业作为外向型经济重要引擎的作用，搭建国际合作舞台，推动京津冀区域全面发展新格局。京津冀会展业开放发展需要重视区域间的交流沟通，积极利用国内国际两个市场、两种资源，以国际展会作为资源配置平台和对外开放枢纽，加强与国际会展业发达地区的合作，学习先进理念和技术，推动会展价值链的升级重构，开拓更加广阔的市场，推动京津冀会展业提质发展。

5. 坚持绿色化发展理念

绿色理念为会展业发展提供持续动力，会展产业生态化已经成为中国会展业发展的重要趋势。京津冀会展业创新发展必须遵循绿色化发展理念，全面推动地区会展产业绿色转型升级。京津冀会展业发展不仅需要提倡节约低碳环保的会展营销、展示新方式，重视会展业基础设施的生态化设计和环保搭建，推动办会办展设施循环使用；还需要共同研究制定具有区域特色的会展业可持续发展行业标准，为生态会展发展提供保障标准，从政府、市场、项目等多角度入手，确保会展业生态发展长期有效，最终助力京津冀区域绿色低碳循环发展经济体系的建立。

（二）京津冀会展业发展动力机制研究

本部分以会展业发展驱动要素、会展业发展环境支持要素和会展业发展动力运行系统为支撑，通过共性发展规律的思考，对京津冀展开个性研究，结合各城市发展特点与定位，分析京津冀会展业发展环境与发展阶段，明确区域会展业发展的驱动要素，以实现京津冀会展业发展目标。

1. 京津冀会展业发展驱动要素及阶段

（1）区域会展业发展驱动要素

区域会展业发展驱动要素主要根据推动地区会展业发展的主导因素确定。由于不同地区优势各异，会展产业政策、产业基础、经济发展水平、公共服务体系、城市会展设施、营商环境、地区辐射力、旅游环境等都有可能成为会展业发展的主导因素。结合我国会展业发展的实际，提出旅游资源、政府行为、区域产业、消费市场、场馆建设、综合实力六种不同的区域会展业发展动力要素。如表9-1所示。

表 9-1 我国区域会展业发展的各类主驱动模式

类型	会展地特征	主导因素	辅助因素
旅游资源驱动型	既有高强度旅游、文化吸引力，又有较广泛的经济文化联系	城市人文、旅游资源的独特性高品位，节庆吸引，有一定的经济影响力	城市综合配套设施，会展服务
政府行为驱动型	政府对会展业的财政补贴力度强，拥有促进会展业发展的相关政策，会展业在当地的产业地位较高	政府行政力量的大力支持，政府财政经费支持	城市交通等基础设施建设，会展配套设施
区域产业驱动型	区域性的会展中心，传统意义上市场与贸易的有机结合和良性互动，经济联系较广泛	依靠城市某些特色或支柱产业而形成了一定规模的市场体系，产业链较齐全，且市场化程度较高	较完善的会展服务等基础设施和较灵活的市场交易环境
消费市场驱动型	经济发达，市场需求和供给相对完善，产业基础和市场化程度都相对发达开放程度高	市场发育充分，经济外向型强，市场供给与需求旺盛	信息、技术交流畅通，基础设施完善，会展服务水平较高
场馆建设驱动型	拥有大型会展场馆，场馆各项设施水平处于区域领先水平，一般有专业的场馆运营机构进行管理	场馆面积较大，配套设施相对完善，场馆地理位置优越	城市基础设施相对完善，城市交通便利
综合实力驱动型	会展业总体实力强，对外社会、经济、文化联系广泛，以大流通为特征的综合经济、文化活力	城市经济发达，人均 GDP 较高，经济辐射力强，市场开放程度高，工业体系完备，第三产业占比高	城市基础设施完善，人文自然环境良好，城市总体形象好，会展服务水平高

（2）京津冀会展业发展驱动要素构建

对于会展业不断创新发展的京津冀而言，会展业的稳定、可持续发展需要多种要素共同作用。在实现京津冀协同发展战略背景下发展会展业，是面向未来打造新的首都经济圈，探索完善城市会展群布局和会展生态建设的必然选择。在这一战略的实施过程中，会展业作为连接供给与需求的重要服务桥梁，需要有力推进各类创新要素、生产要素、资本要素在京津冀城市群间有序流动，扩大区域间开放交流。因此，构建京津冀发展驱动要素需要从六个驱动要素着手，包括旅游资源、政府行为、区域产业、消费市场、场馆建设、综合实力六大要素。

依托城市的旅游资源驱动城市会展业的发展。京津冀旅游资源丰富，5A 级景区 19 处。京津冀旅游协同发展第七次会议也提出"要实现旅游协同发展，培育京津冀旅游协同发展五大示范区知名品牌"。京津冀旅游业的发展，会进一步带动会展业的成长，吸引更多企业来到京津冀参展参会。

借助政策红利推动城市会展业升级。京津冀树立整体发展的全局意识，制定了完善的会展扶持政策：北京市政府颁布了《关于进一步促进展览业创新发展的实施意见》(京商务贸发字〔2017〕37 号)、《关于促进天津市商业会展业高质量发展的若干措施（暂行）》（京商贸发字〔2019〕12 号）；天津市政府颁发《天津市人民政府办公厅关于进一步促进会展业改革发展的意见》（津政办发〔2017〕94 号）；河北省政府颁布〔2015〕40 号文件，印发了《河北省人民政府关于促进展览业改革发展的实施意见》；2021 年，雄安新区管理委员会印发了《全面深化服务贸易创新发展试点实施方案》（雄安政发〔2021〕1 号）。京津冀区域政策红利推动效果明显，对会展项目发展提供大力支持，促进地区会展业向品牌化、数字化、协调化、开放化和绿色化的方向发展。

依托优势产业打造专业展会。2016 年颁布的《京津冀产业转移指南》提出构建"一个中心、五区五带五链、若干特色基地"的产业发展格局。河北省相关部门联合京津经（工）信部门共同编制《京津冀区域产业协同发展规划（2021—2025 年）》，配合工业和信息化部制定《国家推动制造业产业转移指导意见》，完善京津冀三地经（工）信部门协同机制，充分发挥渤海新区、北戴河生命健康产业创新示范区等 43 个合作平台优势，一业一策、一园一策、一企一策，实现北京产业有序疏解与津冀的精准承接。同时，京津冀依托高新技术产业、制造业、外贸业等优势产业，大力开办与产业结构关联度高的大型专业展会，在助推优势产业与会展业良性循环的同时，实现产业更高层次转型升级。

市场驱动为会展业的发展提供需求。2019 年京津冀常住人口数量约为11204 万人，区域消费市场广泛。2020 年 2 月，《中国(河北)自由贸易试验区大兴机场片区（北京区域）外汇管理改革试点实施细则》出台，大兴机场片区新增市场主体 306 家，新增注册资本共计 265.07 亿元。京津冀市场主体活跃，市场需求和市场供给均呈上升态势，消费市场发展前景广阔，对会展业招商和宣传都起到了十分重要的作用。

　　场馆建设为会展活动举办提供更多的机会。虽然北京在市场规模、基础设施、人力资源等多方面均具有举办大型展览会的独特优势，但在疏解城市压力、保障首都功能和促进展览业发展的过程中存在许多现实冲突。国家会展中心（天津）的正式运营有助于天津承办更高规格的大型国际展会活动，为天津会展业开拓更大的发展空间，更好服务京津冀协同发展国家战略，对承接北京非首都功能疏解起到重要作用。目前京津冀区域共有31个会展场馆（1万平方米以上），为京津冀未来承接大规模会展活动提供了必要的场馆基础。

　　京津冀会展业发展模式如图9-2所示。

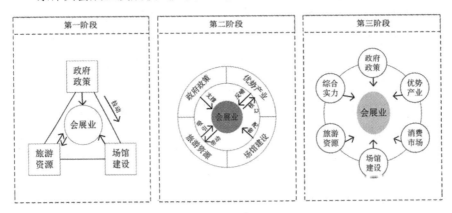

图9-2　京津冀会展业发展模式

　　目前京津冀会展业的发展主要由政府资金政策、旅游资源和场馆建设三体驱动，培育和举办了北京奥运会、世界园艺博览会、中国国际服务贸易会、夏季达沃斯论坛、中国吴桥国际杂技艺术节等品牌会展项目。从协同发展的角度来看，京津冀会展业发展驱动要素的构建仍在演化中，由于综合实力和消费市场相较长三角、珠三角存在差距，在城市功能定位、区域综合收入等方面都有一定差异，因此整体发展仍处于第二阶段到第三阶段过渡的过程中。对于区域内各城市，北京市是全国首都与政治文化中心，其会展业发展的六大要素驱动齐全；随着天津特色的"1+3+4"产业体系逐渐成形和国家会展中心（天津）正式投入运营，天津市会展业正从第二阶段向第三阶段迈进；而对于河北省及雄安新区来说，需要借助虹吸效应与政策利好，整合优势资源，实现第一阶段到第二阶段的跨步。

2. 会展业发展环境支持要素

（1）区域会展业发展环境支持要素构成

会展业发展环境共分为五层，如图9-3所示，从下到上分别为会展业基础环境层、会展业项目环境层、会展业企业环境层、会展业城市环境层和会展业使命环境层。每一环境层的形成均依赖下一层级的发展，五层环境层层递进，在每一层环境都被满足后最终可实现京津冀会展产业的发展使命。

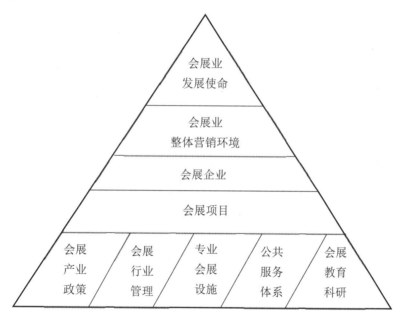

图9-3　区域会展业发展环境支持要素

首先，会展业基础环境层包括会展产业政策、会展行业管理、专业会展设施、公共服务体系、会展教育科研等方面；其次，会展项目是在满足会展业基础环境条件下运行的活动，同时也是会展经济发展的引擎；再次，会展企业是会展项目持续输出和更新的动力源泉，项目是推动会展企业不断做优做强的核心动力；同时，会展业整体营销环境包括会展基础环境、会展项目和会展企业，会展业整体形象代表了会展产业发展的好坏；最后，会展业发展使命是在满足各环境层后自然达到的成果。

（2）京津冀会展业发展金字塔构成

基础环境层。京津冀为推动会展产业的发展，出台了《关于促进天津市商业会展业高质量发展的若干措施（暂行）》（京商贸发字〔2019〕12号）等一系列扶持政策；投资建设了国家会议中心（北京）、国家会展中心（天津）等专业会展设施；拥有10个民用机场和多家高星级酒店，会展公共基础设施和服务体系较为完善。京津冀会展业基础环境在总体上取得了较好的发展，为会展业良好发展提供基本保障。

项目环境层。近年来，京津冀会展项目的数量与质量均得到了不同程度的提升，培育和打造服贸会、夏季达沃斯论坛、吴桥国际杂技艺术节等品牌会展项目，拥有UFI认证展会项目15个，会展活动能级不断提升，品牌效应和溢出效应得到了充分释放。优秀的会展项目是增强区域会展综合实力的重要支撑，有助于京津冀城市群间资源有序流动，扩大区域间开放交流，推动京津冀协同一体化发展。

企业环境层。京津冀区域会展企业已逐渐形成了链条完整、优势互补、管理科学的会展产业集群，行业联动效益不断增强。虽然目前京津冀区域拥有UFI认证会员31家，但民营会展企业仍存在着资金紧缺、抗风险能力差等问题。京津冀会展业亟须培育一批规模大、资源广、组展能力强的会展市场主体，并通过学习借鉴国内外优秀技术和管理经验，使其成为京津冀会展业发展的中坚力量，助力京津冀会展业在协同一体化中实现创新发展。

区域环境层。会展业整体营销是把城市视为一个企业，将城市的各种资源，以现代市场营销手段，向目标客户进行宣传，以达到推广的目的。目前京津冀区域已经形成了有一定国际影响力和知名度的会展名片，但是会展业整体营销潜力仍有待挖掘。京津冀区域应在继续开展会展推介活动的基础上，采取整合营销方式，加快对区域形象的宣传营销。同时京津冀区域内部城市应当坚持差异化发展思路，优化自身营商环境，打造优势互补、各具特色的会展城市名片，最大限度提升城市及区域美誉度。

使命环境层。京津冀会展业的发展使命是提高京津冀国际化会展眼光，促进会展领域要素自由流通，打造具有国际影响力的会展城市群，推动京津冀会展业在新一轮会展竞争中取得新突破。同时通过加快培育发展以会展业等为代表的开放型、生态型新型服务业体系，能够促进京津冀区域进一步挖掘新的消费需求，扩大区域间开放交流，激发区域发展活力与动力，带动上下游产业发展，提升京津冀国际化水平与层次，最终推动京津冀协同一体化发展。

3. 京津冀会展业发展动力运行系统

（1）区域会展业发展动力运行系统

会展业发展系统是深入探究会展业发展的动力机制，明晰其发展的基本动力及支撑因素的基础模型，明确五大系统的具体支撑因素，有利于该产业的发展，促进会展业提质升级。在区域会展业发展系统中，需求作为产业发展的基本动力之一；会展业是产业关联度较高的行业，因而会展业的供给系统涉及领域也较为广泛；区域会展市场引力系统是一个由城市会展业吸引要素构成的子系统；会展业支持系统是指支持会展市场需求和供给而存在和发展着的环境系统，一般来说城市会展业发展支持系统可以概括为会展大环境，是社会、经济、文化与自然的统一；会展业中介系统（行业协会、专业代理机构、研究机构）是联络会展产品和消费的中间环节。

（2）京津冀会展业发展动力运行系统构建

京津冀会展业发展需求系统，如图9-4所示，主要从城市目的地营销、企业产品展示、新技术与新科技的展示、新型综合市场的出现、重大事件会展工程因素出发，构建京津冀会展需求系统。城市目的地营销对京津冀区域会展公关活动的需求旺盛，而企业产品展示与新技术、新科技的展示将会对行业展会产生更集中的需求，近几年新型综合市场的出现为消费型会展活动提供发展活力。另外，多场重大事件会展工程，如奥运会、世界园艺博览会、中非合作论坛峰会对于城市会展业发展的助推作用显著，对城市后续发展潜力影响深远。京津冀区域经济贸易活动日益增长，会展企业和国际参展客商数量逐年增加，会展产业发展成效显著，需求系统发展呈现稳步上升态势。

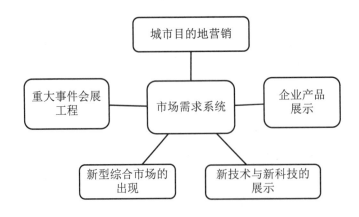

图9-4 京津冀会展业发展需求系统

京津冀会展业发展供给系统，如图9-5所示，京津冀区域会展业供给系统主要涉及会展组展方（PCO、PEO）、目的地管理企业（DMC）、会展场馆方、会展运输企业、广告媒体企业、展示设计搭建企业、酒店餐饮企业、旅游休闲娱乐企业等。其中，会展组展方是促进京津冀会展业发展的主要力量，作为城市会展市场的主要供给方，组展企业针对市场需求培育和引进会展项目在各城市举办。其他会展服务企业都围绕组展方的会展项目提供服务。目前，京津冀区域已经形成了较为完整的产业价值链，拥有振威展览有限公司、北辰有限公司等实力强劲的专业组展企业和国家会议中心、国家会展中心等设施齐全的办会办展场所，会展产品和服务供给较为丰富。未来京津冀区域要继续深耕需求市场，提升产品服务供给质量，激发消费升级需求，促进京津冀会展业高质量发展。

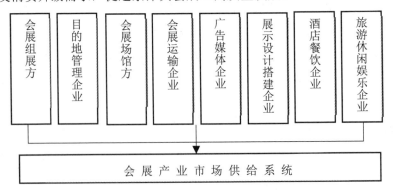

图9-5 京津冀会展业发展供给系统

吸引系统。会展业作为服务贸易行业的一部分，吸引要素并非具体的某一个高质量展会项目或实体，它是对所有会展企业、参展商、专业观众具有吸引力的因素的集合，而当这些吸引因素与会展活动相结合时，这种吸引同时也就转化成为推动会展业的重要力量。京津冀的城市会展业发展吸引系统由产业经济、城市形象、历史文化、旅游资源、政治区位构成。京津冀区域是我国重要的经济增长极，地理位置良好，政策优势明显，历史底蕴丰厚，文旅资源丰富，有助于会展业提质发展。同时，高新技术产业、生产性服务业和高端装备制造业等优势产业能够为会展业发展提供重要支撑，加速会展业服务京津冀功能定位的实现。此外，京津冀在发展过程中注重塑造良好的区域和城市形象，拥有较高知名度和国际影响力，成为推动京津冀会展城市圈建设的强大力量。如图 9-6 所示。

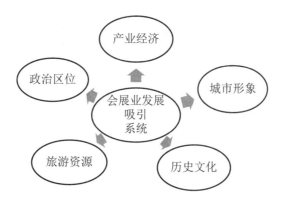

图 9-6　京津冀会展业发展吸引系统

支持系统。大环境对会展城市吸引力的营造具有很强的辅助作用，对会展项目的举办和运作具有推动或制约的作用，对会展活动的质量和效益会产生深刻的影响，甚至直接影响未来会展市场的开拓和发展。城市会展业发展大环境包括硬环境和软环境两个方面。京津冀区域会展硬件环境优越，为会展业提质发展提供硬件保障。随着天津国际会展中心的落成，京津冀区域共有展览面积达 1 万平方米以上的会展场馆 31 座，同时坐拥两处展览面积 10 万平方米超大型场馆，能够更好发挥"筑巢引凤"作用。同时京津冀还拥有中展（唐山）会展产业园，能够助力京冀会展业协同发展，赢得更广阔的发展空间和更大的发展机遇。而京津冀都市圈的张家口市由于深入内陆地区，尚未形成四通八达的交通格局。在软环境方面，京津冀拥有科学的会展管理制度、良好的社会治安、完善的内外贸服务体系、便捷的公共服务体系、鼓励会展业发展的政策法规以及完善的会展人才培养制度，与京津冀会展业发展目标相适配。如表9-2所示。

表 9-2　京津冀会展业发展支持系统

环境类型	评价指标
硬环境	会展场馆设施
	公共交通体系
软环境	会展管理制度
	社会治安
	贸易服务体系
	公共服务体系
	政策法规制度
	人才培养制度

中介系统。中介系统一方面把好的会展项目产品推向市场、引导消费，另一方面将需求信息反馈给各种展会主办方，让他们根据反馈信息调整自身展会的运作，同时协助政府履行相关产业政策的宏观调控职能。中介系统通过人员、信息的流动而达到推动会展市场需求，增强供给，促进城市会展业发展的目的。通过发挥会展行业协会的中介功能来沟通会展需求和供给，实现对会展市场的宏观指导，助力京津冀会展业的规范化、标准化发展。京津冀拥有中国会展经济研究会、中国展览馆协会、河北省会展业协会、天津市会展行业协会等专业协会和北京二外会展研究中心、北辰会展集团会展研究院、天津商业大学会展研究所等研究机构，为会展业发展起到良好的桥梁作用和引擎作用。2019 年 4 月，京津冀会展教育联盟成立，为实现会展教育与产业实际的结合搭建桥梁，为产业人才汇聚提供现实保障。通过发挥会展行业协会、研究机构和会展教育联盟的中介功能，能够有效沟通会展需求和供给，实现对会展市场的宏观指导，促进会展领域要素自由流通，助力京津冀会展业协调高质量发展。如图9-7所示。

通过对会展业发展思路及发展动力机制的探究，有助于明确京津冀区域会展业发展动力要素，理清区域会展业支撑因素，实现区域协同发展下会展业价值创造目标，将为实现京津冀协同发展的重要国家战略提供创新发展思路。

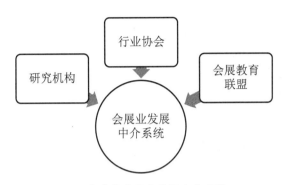

图 9-7　京津冀会展业发展中介系统

六、京津冀会展业差异化协同发展路径

（一）京津冀会展业协同发展举措

1. 紧抓会展顶层设计，落实统筹战略规划

京津冀会展业协同发展首先需要政府进行会展业顶层设计，结合四个地区各自富有资源、自身定位等，进行战略统筹规划。首先，制定京津冀会展发展规划，大型场馆建设数量、会展举办次数和种类、会展经济总量等，以长三角城市群和粤港澳大湾区会展发展现状为参考，从全局角度，以专业视角对京津冀会展业方方面面进行战略制定。其次，对京津冀进行空间统筹，规划对接国际顶级会展的场馆布局。相对于北京、天津和河北其他地区，雄安新区有约 2000 平方千米，可建设空间较大、发展潜力较强，应在该地加强大型场馆建设，转移北京各种大型会展，减轻北京开展大型会展压力。最后，京津冀会展发展协调水平的空间格局差距较大，抓紧顶层设计，打造以北京和天津为两个首位核心，逐渐形成会展业与城市优良协调的城市带。

2. 加快转变发展模式，助力产业转型升级

京津冀会展业发展需要与时俱进、不断转型升级，这需要京津冀会展业从以下四个方面转变发展模式。

一是与关联产业协作发展的模式。整合专业技术、政府政策、创新机构、行业组织等资源，大力将京津冀旅游业、餐饮行业、酒店行业、交通行业等与会展行业融合协作发展，实现信息共享，打造综合、全面的智能

化会展生态体系。

二是在后疫情时代，打造无接触的服务模式。红外测温机器人、机器人导游等融入科技因素的无接触服务在提供安全稳定的会展活动环境的同时，为会展业的发展带来高科技元素，提升会展业竞争力，打造安全、高技术的稳定会展恢复体系。

三是打造"线上+线下"的会展运营模式。传统会展业主要针对线下实体展出，但想要在后疫情时代重振会展业大旗，必须结合互联网，打造"线上+线下"的复合运营模式。该模式以线下会展为依托，运用大数据挖掘、虚拟现实技术、云计算等开发网络会展，打破时间、空间的局限，构建网络交流平台。

四是构建 PPP 融资模式。在会展场馆建设、会展项目开展等过程中，政府部门或地方政府通过政府采购的形式与中标单位组建以会展项目建设为目的的公司，项目建成后，由政府特许会展企业进行项目的开发和运营。PPP 模式在会展业中的实施思路如图 9-8 所示。

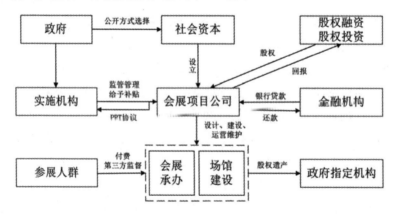

图 9-8　京津冀会展项目建设融资模式

3. 深化体制机制改革，激发会展发展活力

京津冀须将体制机制改革落到实处，其改革思路有以下两点：一是转变政府职能，在举办会展的过程中弱化政府的作用，减少政府直接办展。从宏观和微观两个层面制定相关政策，进行经费政策安排，完善会展业监管部门职能，推行实体单位办展，赋予会展主办方运营自主权。二是改变人才教育机制、保障机制，确保从业人员素质。京津冀会展业需要提升从

业人员所具有的策划能力和品牌意识，确保会展活动既优质又有内容。同时为引进人才，京津冀需要出台相关政策改革人才住房、子女教育以及发展平台等保障机制，提升京津冀区域吸引力，为人才队伍专业素质的提升构建保障。

4. 聚焦品牌项目建设，提升产业竞争实力

京津冀会展业想要在全国会展业中站稳脚跟，需要打造国际化、专业化的拥有首都区域特色的品牌项目。第一，重点打造以国家政治会展项目为依托的"政治型会展"品牌。办好全国人民代表大会、中国人民政治协商会议、中国共产党全国代表大会等有关国家发展战略商讨、对策研究的一线会展项目。第二，着力建成以区域发达产业为主导的"行业型会展"品牌，结合航空航天业、汽车制造业、电子工业、金融业、农业等，举办专业品牌高端展会。第三，创新开发以全国、全球沟通为基调的"交流型会展"品牌。开展好奥运会等国际重大体育赛事项目，"一带一路"国际合作高峰论坛等。第四，构建以丰富民生为目的的"特色型会展"，举办马拉松、艺术展、晚会、商品贸易展览等。四种会展品牌项目协同发展，共同助力京津冀打造以政治为中心的"专业型大会展品牌"。如图9-9所示。

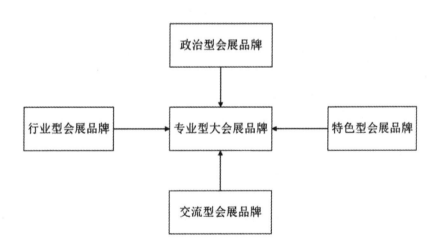

图9-9　京津冀会展业品牌项目构建模式

5. 推进区域整合营销，扩大项目影响范围

为适应后疫情时代会展业营销外部环境的变化，京津冀区域应转变营销思路，树立大市场营销观念，建立京津冀整体市场营销体系，制定区域

总体市场营销战略，进而提高会展项目整体的影响效应。同时，会展营销应合理利用公关关系这一工具，帮助京津冀会展企业建立并提高公众信任度，树立企业良好的形象。另一方面，营销方法也应随环境变化进行动态调整。京津冀会展业需采取区域协同营销手段，建立协同联合营销专项基金，整合区域内部的人力、资金、技术等各项资源，进行会展品牌和项目营销，达到增强会展企业竞争力、扩大会展项目影响范围、开拓京津冀会展业高效联动新局面的发展目标。

6. 理顺会展管理体系，发挥市场监管机制

目前，京津冀的会展业尚未形成协调统一的管理体系，分散的管理机制阻碍了会展业的协同发展与市场监管机制的有效发挥。在此背景下，京津冀应尽快理顺区域范围内的会展管理体系，以政府主管机构为核心，以行业协会为桥梁，以会展企业为基础，构建完善的大区域会展管理机制。北京市的会展处、天津市的会展经济处、河北省的会展促进中心要以实现高效协同的会展管理为目标，推动各区域相关职能的协作联动，从而营造更规范、更公平、更公正的会展市场环境。行业协会作为管理体系中必要的一环，京津冀区域必须充分发挥其对会展协同管理以及其他方面的协调作用。会展企业应完善自身内部组织机构的管理机制，以内部改革推动会展业整体的管理体系实现调整升级。此外，京津冀应建立统一的会展业监管机构，制定相关的法律法规和统一的行业标准，并对市场进入、市场行为实行多方面有效的监管，及时遏制不良竞争现象，规范会展市场秩序。

7. 加强资源整合力度，构建会展共享平台

京津冀区域在推动会展业协同发展的过程中，应进一步完善区域内部的常态化联络机制，将四个区域的会展资源按照区域合作的要求加以整合，包括人才、运输、项目、宣传、信息等资源，进而形成相互协作、相互支持、互惠共赢的会展紧密合作关系，推动四个区域的会展业共同进步、共同发展。天津、河北、雄安要以自身资源特色积极与北京会展资源接轨，增强自身发展会展业的实力，同时在经济、项目、客源等方面接受北京的辐射作用，在管理、宣传等方面接受北京的带动作用。另一方面，京津冀要结合各区域产业发展需求，连接会展产业各环节，协力构建资源共享平台，并将资源共享的理念落实到实践中，具体表现可为场馆资源共享、宣传渠道共享、市场信息共享等，通过这一系列措施促进会展产业链多方资

源对接，推动京津冀的会展资源实现合理化配置。

8. 增强"软件+硬件"联动，优化会展整体环境

会展"软件"与"硬件"的联动主要具有两方面的作用：提升会展服务质量，提高产业服务品质；优化会展整体发展环境。"软实力"的建设对会展业的可持续发展具有重要意义。京津冀区域应加强会展业与其他各行业的交流，创建多方位、多层次的交流合作平台，在合作交流中取长补短，促进会展业的发展。例如，加强会展业与教育业的联系，为会展人才的培养做好准备；强化会展信息化建设，促进会展服务水平专业化。完备的硬件基础设施是会展业发展的基本条件。完善京津冀区域整体的公共基础设施建设，其中机场、火车站、汽车站均要在规模、设施及服务质量上做进一步提升。在会展功能区加大酒店、餐饮、金融功能区建设力度，引进更多的高档酒店、连锁餐饮企业及相应的金融机构，并不断完善海关、商检、运输保险、贸易咨询等配套服务，推进综合服务体系高质量建设。

（二）京津冀会展业差异化发展举措

1. 结合产业现状，优化发展政策

北京会展业发展在京津冀较为成熟，会展基础设施建设较为良好，北京是京津冀会展产业发展的领跑者。在政府发展政策中应始终坚守服从服务于"四个中心"功能建设、坚持国际化发展方向、坚持市场导向、坚持区域协同发展等四条基本原则，坚持会展业的持续创新。

天津会展业发展也较为成熟，但其产业和资源优势并没有在会展业中体现，是速度较慢的追赶者。政府在规划天津市会展业发展的过程中，应设计优化鼓励政策，加强促进产业联动发展，构建新型产业集群；建立各具特色的会展中心场馆，发展集群会展经济；加强资金引导，营造宽松的市场环境，加强会展活动管理和知识产权保护。在原有会展发展的基础上转型升级，打破发展壁垒。

河北现阶段会展业发展在京津冀区域较为落后，在京津冀会展业的定位中，河北属于参与者。首先，政府部门应出台相关品牌会展扶持政策，在河北省内选择、评价一些能够体现地区特点、重点发展的会展项目，利用会展专项资金给予扶持，同时进一步明确河北省会展业发展目标、方向及鼓励政策，增加河北会展业市场主体。河北省要参考其他省市优秀做法，积极制定《河北省关于会展聚集区的若干指导意见》《河北省会展业发展规

划（2020—2025）》等，吸引会展人才向河北聚集。

雄安新区处于发展初期，是京津冀会展业中速度较快的追赶者。政府部门应大力优化会展业相关规划，与实际情况结合、与自身特点结合；重新优化健全人才引进机制，在雄安新区商务服务中心建成的基础上，再横向增加多个大型会展中心，承接北京部分大型会展活动的举办。

2. 强化产业依托，精化产品供给

依据战略定位，北京市未来要重在发展国家重大战略型展会和重大国际会议，打造国际化知名会展品牌。此外，北京市的金融业、批发零售业、信息服务产业、科研服务产业、文化产业在全国乃至全球都占据重要的地位和行业话语权，强大的产业支撑为会展实现跨界融合提供了广阔的发展空间。北京的传统文化源远流长，新兴文化不断涌现，文化产业得以实现快速发展。北京会展功能区可以此为主题打造系列文化展览，推动文化产业与会展业共同发展。开发"名会展+名城市"的一体化建设，培育符合北京首都形象的国际化名牌会展。

天津能源产业发展水平十分突出，航空航天产业、生物医药产业、国防科技产业发展也非常迅速，整体产业体系相对完善。基于现实的产业发展现状，天津会展业应集聚资源着重建立国家经贸工业类品牌会展，承办中国大型经济类展会，并围绕优势产业，打造出一系列高精尖的行业专业展会及会议项目。

河北的优势产业主要表现为农业与工业。依托这一产业基础，河北省会展业应加强与农业跨界融合的进度，进一步完善农业科技博览园的建设，突出展示河北农业发展的先进水平。此外，河北省在保持发展中国永年紧固件及其设备博览会、中国白沟国际箱包皮具博览会等原有展会的同时，进一步强化河北工业优势，打造具有国际影响力的品牌会展项目。

雄安新区目前的产业体系尚需完善，但高新技术和金融等领域发展已卓有成效，并且"五区"的建设也为会展业的发展指明了方向。绿色、科技、创新、协调、开放是未来雄安新区产业发展的基调。因此雄安新区会展产品供给应以高端会议、论坛为主，展览为辅，打造高质量、绿色环保会展活动，为北京会展业分流做出准备。

3. 瞄准市场定位，细化产品营销

京津冀想要细化会展营销，首先要明确各个城市在国内市场的地域分工和经济分工关系，对于城市而言，市场营销的主要内容是举办会展的环境。

北京拥有得天独厚的人文资源和地理资源，有较足的办展经验。为更好地营销，北京应将会展市场定位在政治市场，将政府的行政推广力量与营销推广手段结合，制定相关市场营销战略性计划，结合数字化媒体的优势，包括了网络传播渠道、立体化的沟通交流等，进一步提升会展业的发展质量，在建立品牌的基础上，打出品牌，树立品牌效应。

天津虽已有碧海钓具展 、世界冰淇淋展、北方自行车电动车展等具有影响力的会展活动，但与国际国内会展业发达城市相比，堪称城市名片的精品会展项目还是较少，天津在立足产业，打造专业化产业会展的同时，要结合自己的交通优势和产业优势，运用城市形象营销，建立一个便利、高科技、高产能的会展城市的印象，吸引会展落户天津。

河北省作为人口和工业大省，人力资源相对充足，在会展业的营销中，河北省可以将市场定位在农业、工业的企业中，立足服务营销，构建本省会展服务体系，在周边区域内以高质量服务弥补基础设施上的不足。充分利用当地高校的人才优势，招聘高校的优秀毕业生进行会展方案的制定，并为其提供足够的薪酬支撑，不断提高人才的核心竞争力。

雄安新区立足绿色发展理念，借助绿色营销，打造环保城市，制定市场营销策略时，将需求、利益和环境保护有机结合，将市场定位于绿色环保型会展，对外打造出绿色会展概念。

4. 发挥地缘优势，推进招商引资

北京市作为政治中心、文化中心、国际交流中心，地缘优势较其他区域更加明显。高等学府林立，优质人才数量众多，经济、文化、科技发展水平领先全国，交通体系完善，作为世界城市具有无可比拟的全球视野。会展业应充分利用现有条件，加大项目推介力度，创新招商引资办法，积极推进"以商招商"、产业链招商，增强招商引资实效。

天津市具有完善成熟的城建、交通、金融、港口、物流等优势，并在北京的支持下将建设成为北方经济中心。天津市首先应结合自身发展条件，充分发挥地缘优势，精准开展招商引资。其次，与会展龙头企业进行深入洽谈，与其签订战略合作协议，有效带动会展品牌企业投资天津。

河北省拥有环渤海湾的港口优势，又环抱北京、天津两大都市，无论从陆港一体化的物流服务体系，还是围绕生存发展的农产品供应，河北都拥有发展会展业的巨大优势。此外，河北省在土地及其他多项资源方面具有价格优势，可以吸引国内外知名会展企业进入，进而扩大会展行业规模。

雄安新区，政策优势显著，交通便捷通畅，生态环境优良，资源环境承载能力较强，产业发展空间充裕，具备高起点高标准开发建设的基本条件。雄安新区可以借助各项政策优惠措施，做好精准招商、精准推荐和精准对接，深入推进招商引资、招展引会、招才引智融合发展，吸引一批实力强劲的会展企业投资入驻。

会展业作为新型服务业中的重要一环，其差异化协同发展路径为新型服务业中其他组成部分提供了创新发展的新思路。如智慧旅游、网络接待服务等在京津冀一体化发展过程中，均可以通过制定统筹发展战略规划、转变发展模式、改革机制体制、加强项目建设、实行区域整合营销、健全管理体系、整合相关资源、完善基础设施等实现高效协同发展，同时可以在政策支持、产业供给、产品营销、招商引资等方面结合自身区域特色和产业现状，进行差异化发展。推进京津冀新兴服务业协同发展，要以优化区域分工和产业布局为重点、以资源要素空间统筹规划利用为主线，四个区域要依据战略定位，立足产业现状，推动新型服务业整体高质量发展。

参考文献

[1] 白思然，赵丽华，李祯，李运平. 河北发展现代服务业的对策研究[J]. 邢台职业技术学院学报，2019（04）：57-59.

[2] 北京市政协提案委课题组，程红，桑琦，申金升，王铁铮. 充分发挥服务业对北京经济增长的引擎作用[J]. 前线，20209（05）：69-72.

[3] 戴慧. 对服务业高质量发展研究——基于北京市服务业发展问题的思考与建议[J]. 价格理论与实践，2019（08）：36-38.

[4] 洪晔. 京津冀地区品牌会展发展现状与发展策略[J]. 出版广角，2015（15）：78-79.

[5] 贾璇. 以扩大开放提升北京服务业发展质量[J]. 北方经济，2019（02）：66-69.

[6] 康巍巍. 国外经验加快河北现代服务业发展[J]. 北华航天工业学院学报，2017（02）：29-31.

[7] 李林，徐大海. 天津现代服务业空间布局的战略思考[J]. 经济界，2017（04）：70-76.

[8] 李燕，骆秉全. 京津冀体育旅游全产业链协同发展的路径及措施[J]. 首都体育学院报，2019，31（04）：305-310.

[9] 李志伟，蔡翼飞. 构建开放、高效的现代服务体系 加快北京服务业转型升级[J]. 财经智库，2017（03）：48-57.

[10] 刘大均，陈君子，贾垚焱. 中国会展客流的空间格局与影响因素[J]. 经济地理，2019（12）：103-109.

[11] 施志艳，郭晓慧，侯冬梅，侯静敏. 新时期京津冀协同发展河北省现代服务业的问题研究[J]. 北华航天工业学院学报，2019（01）：18-20.

[12] 太平，鞠波. 京津对外开放的服务业空间效应与协同发展[J]. 首都经济贸易大学学报，2012（01）：60-69.

[13] 田英法，赵丽丽. 巩固领跑好态势 五大支点齐发力——河北服务业发展对比分析及对策建议[J]. 统计与管理，2018（07）：33-41.

[14] 王春才. 基于比较优势理论的京津冀会展业协同发展研究[J]. 商业经济研究，2015（15）：140-142.

[15] 王春燕. 天津现代服务业水平提升路径研究——基于京津冀协同发展背景[J]. 天津商务职业学院学报，2019（02）：31-36.

[16] 王得新. 构建京津冀协同发展的现代产业体系研究[J]. 天津行政学院学报，2018（02）：36-43.

[17] 王涛. 会展业发展与提升天津城市竞争力探析[J]. 天津经济，2019（07）：30-34.

[18] 吴秀云，高媛媛，金艳. 新常态下河北省服务业创新能力提升路径选择[J]. 统计与管理，2017（03）：114-115.

[19] 薛文铮，高颖，庞博. 雄安新区的设立与河北会展经济的发展[J]. 河北企业，2017（08）：127-128.

[20] 薛占峰，薛文铮. 论京津冀协同发展下的河北会展经济[J]. 经济论坛，2017（08）：13-17.

[21] 岳辉. 京津冀会展业协同发展探讨[J]. 北京经济管理职业学院学报，2016（03）：21-24.

[22] 张海洲，陆林. 会展业与城市协调发展研究——以京津冀与长三

角都市圈为例[J]. 地域研究与开发，2017（03）：46-54.

[23] 张盛军. 京津冀会展业协同发展初探[J]. 商业经济研究，2016（02）：192-193.

[24] 赵云峰. 京津冀服务业发展现状分析研究[J]. 环渤海经济瞭望，2019（07）：62-63.

[25] 赵云峰. 京津冀服务业区域差异影响因素与协同发展分析[J]. 环渤海经济瞭望，2020（09）：4-6.

[26] 周俊玲. 北京服务业高质量发展稳步推进[J]. 中国信息报，2019-11-08（03）.

后　记

　　"十四五"时期京津冀协同发展站在了新的历史起点上，哲学社会科学工作者应以时不我待的紧迫感、只争朝夕的精气神、砥砺前行的责任感，完成好习近平总书记交付给的各项任务，建设好总书记亲自设计、亲自推动的重大国家战略，打造区域高质量发展的全国样板。为此，天津市哲学社会科学工作办公室委托南开大学京津冀协同发展研究院开展"京津冀协同发展智库课题研究"，项目编码为 TJZK20（九个子项目分别为 TJZK20—01 至 09），子项目分别是"十四五"时期区域治理与京津冀协同发展的新方向、新对策，京津雄创新特区与京津冀区域协同创新共同体研究，京津冀协同发展背景下我市产业链深度融合和产业区域配套研究，新时期天津深度嵌入京津冀世界级城市群的政策建议，"十四五"时期天津新型城镇化建设新思路与新举措研究，京津冀协同发展背景下新基建与我市新动能研究，后疫情时代天津的经济抗风险和恢复能力研究，中美贸易摩擦加剧背景下京津冀协同发展的新格局、新制约与天津对策，后疫情时代提振天津会展经济的策略研究。这批项目有力地支撑了京津冀协同发展研究院科研工作和人才团队建设，助力申报国家高端智库试点单位。

　　为更好推动这批科研成果有效转化和扩大社会影响，发挥京津冀协同发展研究院集体科研力量，扩大社会影响力，将九个项目最终成果集中打包为皮书形式，由南开大学出版社出版，研究成果统一对外发布。皮书以"'十四五'时期京津冀协同发展的新格局"为主题，由总论、分报告、专题报告三大部分构成，对原有九个项目做适当调整和扩展，即总报告为"十四五"时期京津冀协同发展的新方向与新对策（作者：刘秉镰、孙超、周玉龙），四个分报告（治理篇）为创新治理：京津冀区域协同创新共同体建设（作者：张贵、蔡盈）、产业治理：京津冀产业链深度融合和产业区域配套（作者：刘玉海、刘轩、宋悦）、空间治理：京津冀优化国土空间布局与世界级城市群建设（作者：郭琪）、城乡治理：京津冀新型城镇化建设（作者：李兰冰、张云矿），四个专题报告（四新篇）为新开发：新基建与京津冀协同发展（作者：周玉龙、刘秉镰）、新举措：京津冀的经济韧性和发展活力（作者：周密、张颖昕）、新格局：国际经济发展态势与京津冀协同发展（作者：王家庭、袁春来）、新产业：京津冀新型服务业发展（作者：马明）。

在本书付梓之际，首先感谢天津市哲学社会科学工作办公室原袁世军主任（现任天津市社会科学界联合会专职副主席）的鼎力帮助和支持，感谢现任王庆杰主任对项目研究的指导和帮助，感谢工作办的工作人员、相关研究的专家学者，是各位同行的深入分析使得本书进一步完善。

还要感谢南开大学出版社有限公司邵刚董事长、王冰编辑以及其编校人员在本书出版过程中给予的大力支持和协调工作，使得本书能够顺利出版，他们的无私付出和出色工作为本书增色不少，并且使我们的研究成果很快面世。当然，文责自负！